2025대비

COMPACT 변시 2024년 8모 민사법 (선택·사례·기록형) 해설

| 변호사/법학박사 | 이관형 공저 |
| 변호사 | 송재광 공저 |

머리말

8월 모의고사 해설서를 내놓게 되었습니다. 6월 모의고사와 작업을 같이한 송재광 변호사가 수고를 해주었습니다. 이후 박혜원 변호사 검수를 해주어서 해설서의 완성도를 높일 수 있었습니다. 교재 이외에 강의가 필요한 분들은 https://www.passonpass.com/ 에서 8모 선택형, 사례형, 기록형 강의를 참고하셔도 좋습니다. 해설 이외에 중요판례에 대한 설명도 함께 하였으니 도움이 될 것이라 믿습니다. 10월 모의고사 이전에 출간하려 하였으나 강의 일정상 출간이 다소 늦어진 점에 양해의 말씀을 드리며 2024년 8월 모의고사 머리말을 마칩니다.

합격의 순간이 반드시 찾아올 것입니다.

이관형 & 송재광 변호사 올림

목 차

제1편 선택형 ··· 1
제2편 사례형 ··· 103
제3편 기록형 ··· 147

COMPACT 변시 2024년 8모 민사법 해설

제 1 편
선택형

1. 채권의 목적에 관한 설명 중 옳지 <u>않은</u> 것을 모두 고른 것은? (다툼이 있는 경우 판례에 의함)

ㄱ. 乙이 甲에게 사과 10상자를 주문하여 甲이 약정된 날짜에 乙의 주소지로 이를 배달하였으나 乙이 아무런 사전 연락 없이 외출하여 사과를 인도하지 못하고 되돌아오던 중 甲의 경과실로 사과가 훼손되었다면, 甲은 훼손된 상태 그대로 사과를 乙에게 인도하면 된다.
ㄴ. 甲이 乙이 소유하고 있는 물건 A와 B 중 어느 하나를 매수하기로 하고 그 선택을 甲이 하기로 한 경우, 甲의 과실로 A가 멸실되었더라도 甲은 여전히 B의 인도를 청구할 수 있다.
ㄷ. 甲이 乙이 소유하고 있는 물건 A와 B 중 어느 하나를 매수하기로 하고 그 선택을 甲이 하기로 한 경우, 甲은 乙의 동의가 있더라도 甲 자신이 매매목적물로 A를 선택한 것을 철회할 수 없다.
ㄹ. 甲이 乙에 대하여 소비대차에 기한 금전채권을 가지고 있고 그 약정이율이 연 3%인 경우, 乙의 채무불이행으로 인한 지연손해금은 약정이율에 의하여 산정된다.

① ㄱ, ㄴ   ② ㄴ, ㄷ   ③ ㄷ, ㄹ
④ ㄱ, ㄷ   ⑤ ㄴ, ㄹ

해설

㉠ (O)
1) 채권의 목적을 종류로만 지정한 경우에 법률행위의 성질이나 당사자의 의사에 의하여 품질을 정할 수 없는 때에는 채무자는 중등품질의 물건으로 이행하여야 한다(민법 제375조 제1항). 특정물인도 이외의 채무변제는 채권자의 현주소에서 하여야 한다(민법 제467조).
2) 사과 10상자의 인도는 종류채권(채무)로서 지참채무이고, 채권자의 주소에서 현실의 제공을 한 때 특정이 된다. 따라서 甲이 약정된 날짜에 乙의 주소지로 배달한 시점에 위 채권은 특정채권이 된다.
3) 채무의 내용인 급부가 실현되기 위하여 채권자의 수령 그 밖의 협력행위가 필요한 경우에, 채무자가 채무의 내용에 따른 이행제공을 하였는데도 채권자가 수령 그 밖의 협력을 할 수 없거나 하지 않아 급부가 실현되지 않는 상태에 놓이면 채권자지체가 성립한다. 채권자지체의 성립에 채권자의 귀책사유는 요구되지 않는다(대법원 2021. 10. 28. 선고 2019다293036 판결).
4) 특정물의 인도가 채권의 목적인 때에는 채무자는 그 물건을 인도하기까지 선량한 관리자의 주의로 보존하여야 한다(민법 제374조). 특정물의 인도가 채권의 목적인 때에는 채무자는 이행기의 현상대로 그 물건을 인도하여야 한다(민법 제462조). 채권자지체 중에는 채무자는 고의 또는 중대한 과실이 없으면 불이행으로 인한 모든 책임이 없다(민법 제401조).
5) 채무자 甲은 특정물이 된 사과 10박스를 인도하기 전까지 채무자에게 거래상 일반적으로 요구되는 선량한 관리자의 주의로 물건을 보존한 다음, 사과 10상자를 인도할 때의 현상대로 인도하면 된다. 다만, 목적물이 된 특정물의 변질·훼손에 채무자의 귀책사유가 있으면, 변질·훼손된 목적물을 그대로 인도하는 것과는 별개로 채무불이행책임(민법 제390조)을 져야한다.
ⓐ 사과 10상자는 특정물이 되었으므로 甲은 훼손된 상태 그대로 인도하면 된다.
ⓑ 乙의 부재로 채권자지체 중 甲의 경과실로 특정물이 된 사과 10상자의 훼손이 있었으므로, 사과 10상

자의 훼손에 대하여 甲의 선관주의의무의 위반(귀책사유)이 없다. 따라서 甲은 민법 제390조 채무불이행 책임도 지지 않는다.

종류채권이 이행의 제공으로 특정채권으로 된 다음 위험부담이 채권자에게 이전하는 문제는 일견 쉬워보이지만 ⓐ의 국면과 ⓑ의 국면을 나누어 생각하는 습관을 들이지 않으면 답을 내리는 데 어려움을 겪게 되니 주의해야 한다.

ⓒ (O)
1) ⓐ 선택권 있는 당사자의 과실로 어느 급부가 불능이 된 경우, 채권은 잔존급부에 대해서만 존재한다(민법 제385조 제1항 후문). ⓑ 선택권 없는 당사자의 과실로 어느 급부가 불능이 된 경우에는 선택채권에 아무런 영향이 없다(민법 제385조 제2항). 따라서 선택권자가 채권자인 경우 불능인 급부를 선택하여 채무자에게 전보배상을 청구할수 있고, 선택권자가 채무자인 경우에는 불능인 급부를 선택하여 채무를 면할 수 있다. 설문은 ⓐ의 경우로서 甲은 잔존급부 B의 인도를 청구할 수 있다.
2) 채권의 목적으로 선택할 수 개의 행위 중에 처음부터 불능한 것이나 또는 후에 이행불능하게 된 것이 있으면 채권의 목적은 잔존한 것에 존재한다(민법 제385조 제1항). 선택권없는 당사자의 과실로 인하여 이행불능이 된 때에는 전항의 규정을 적용하지 아니한다(민법 제385조 제2항).

ⓒ (×) 채권자나 채무자가 선택하는 경우에는 그 선택은 상대방에 대한 의사표시로 한다(민법 제382조 제1항). 전항의 의사표시는 상대방의 동의가 없으면 철회하지 못한다(민법 제382조 제2항).

ⓔ (×) 민법 제397조 제1항은 본문에서 금전채무불이행의 손해배상액을 법정이율에 의할 것을 규정하고 그 단서에서 "그러나 법령의 제한에 위반하지 아니한 약정이율이 있으면 그 이율에 의한다"고 정한다. 이 단서규정은 약정이율이 법정이율 이상인 경우에만 적용되고, 약정이율이 법정이율보다 낮은 경우에는 그 본문으로 돌아가 법정이율에 의하여 지연손해금을 정할 것이다(대법원 2009. 12. 24. 선고 2009다85342 판결).

정답 ③

2. 甲은 乙로부터 2019. 5. 1. 2,000만 원을 빌리면서(A 차용금) 이자는 월 1%로 매월 말일 지급하기로 하고 변제기는 2019. 12. 31.로 정하였다. 2019. 10. 1. 甲은 다시 乙로부터 2,000만 원을 빌렸고(B 차용금), 이자는 월 1.5%로 매월 말일에 지급하며 변제기는 2020. 4. 30.로 정하였다. 위 사안에서 甲의 변제제공이 위 채무 전부를 소멸하게 하지 못하는 경우에 관한 설명으로 옳은 것을 모두 고른 것은? (다툼이 있는 경우 판례에 의함)

ㄱ. 甲과 乙의 합의로 乙이 적당하다고 인정하는 순서와 방법에 의하여 변제충당하기로 한 경우, 乙이 그 약정에 따라 충당을 하였다면 甲에 대한 의사표시와 관계없이 충당의 효력이 있다.
ㄴ. 甲에게 어느 채무에 충당할지에 대한 지정권이 있고 甲이 이를 행사하지 않는 경우 乙이 지정권을 행사할 수 있지만, 乙의 지정에 의한 변제의 충당에 대하여 甲은 즉시 이의를 제기할 수 있다.
ㄷ. 甲이 乙에게 2020. 1. 31. 1,000만 원을 변제한 경우, 법정변제충당의 순서는 고이율의 이자로 변제이익이 많은 B 차용금의 원본이 A 차용금의 원본보다 우선한다.
ㄹ. 甲과 乙의 합의로 민법 제479조의 비용·이자·원본 순서 규정과 달리 변제충당의 순서를 정할 수 있다.

① ㄱ, ㄴ
② ㄴ, ㄷ
③ ㄱ, ㄴ, ㄷ
④ ㄱ, ㄷ, ㄹ
⑤ ㄱ, ㄴ, ㄹ

해설

㉠ (○)
1) 변제충당지정은 상대방에 대한 의사표시로써 하여야 하나, 채권자와 채무자 사이에 변제충당에 관한 약정이 있고, 그 약정내용이 변제가 채권자에 대한 모든 채무를 소멸시키기에 부족한 때에는 채권자가 적당하다고 인정하는 순서와 방법에 의하여 충당하기로 한 것이라면, 변제수령권자인 채권자가 위 약정에 터 잡아 스스로 적당하다고 인정하는 순서와 방법에 좇아 변제충당을 한 이상 변제자에 대한 의사표시와 관계없이 충당의 효력이 있다고 해석하는 것이 타당하다(대법원 2012. 4. 13. 선고 2010다1180 판결).
2) 위의 변제충당지정합의는 합의충당이다. 지정충당이라고 착각해서는 안된다. 위 1)과 같이 미리 변제충당에 관한 별도의 약정이 있는 경우에는 채무자가 변제를 하면서 위 약정과 달리 특정 채무의 변제에 우선적으로 충당한다고 지정하더라도 그에 대하여 채권자가 명시적 또는 묵시적으로 동의하지 않는 한 그 지정은 효력이 없어 채무자가 지정한 채무가 변제되어 소멸하는 것은 아니다(대법원 2004. 3. 25. 선고 2001다53349 판결).

㉡ (○) 채무자가 동일한 채권자에 대하여 같은 종류를 목적으로 한 수 개의 채무를 부담한 경우에 변제의 제공이 그 채무 전부를 소멸하게 하지 못하는 때에는 변제자는 그 당시 어느 채무를 지정하여 그 변제에 충당할 수 있다(민법 제476조 제1항). 변제자가 전항의 지정을 하지 아니할 때에는 변제받는 자는 그 당시 어느 채무를 지정하여 변제에 충당할 수 있다. 그러나 변제자가 그 충당에 대하여 즉시이의를 한 때에는 그러하지 아니하다(민법 제476조 제2항).

㉢ (×)
1) 당사자가 변제에 충당할 채무를 지정하지 아니한 때에는 다음 각호의 규정에 의한다(민법 제477조).
  1. 채무 중에 이행기가 도래한 것과 도래하지 아니한 것이 있으면 이행기가 도래한 채무의 변제에 충당한다.
  2. 채무 전부의 이행기가 도래하였거나 도래하지 아니한 때에는 채무자에게 변제이익이 많은 채무의 변제에 충당한다.
  3. 채무자에게 변제이익이 같으면 이행기가 먼저 도래한 채무나 먼저 도래할 채무의 변제에 충당한다.
  4. 전 2호의 사항이 같은 때에는 그 채무액에 비례하여 각 채무의 변제에 충당한다.
2) 1,000만 원의 변제시점인 2020. 1. 31.은 A 차용금채무의 변제기가 도래한 시점이지만, B 차용금채무의 변제기는 도래하지 않은 시점이다. 따라서 민법 제477조 제1호가 적용되어 ⓐ A채권 이자 및 지연손해금 ⓑ B채권 이자 및 지연손해금 ⓒ A채권 원금 ⓓ B채권 원금 순으로 충당된다.

㉣ (○)
1) 채무자가 1개 또는 수 개의 채무의 비용 및 이자를 지급할 경우에 변제자가 그 전부를 소멸하게 하지 못한 급여를 한 때에는 비용, 이자, 원본의 순서로 변제에 충당하여야 한다(민법 제479조 제1항).
2) 변제충당 지정은 상대방에 대한 의사표시로서 하여야 하는 것이기는 하나, 변제충당에 관한 민법 제476조 내지 제479조의 규정은 임의규정이므로 변제자(채무자)와 변제수령자(채권자)는 약정에 의하여 위 각 규정을 배제하고 제공된 급부를 어느 채무에 어떤 방법으로 충당할 것인가를 결정할 수 있다(대법원 2004. 3. 25. 선고 2001다53349 판결).

정답 ⑤

3. 상계에 관한 설명 중 옳지 않은 것은? (다툼이 있는 경우 판례에 의함)

① 채권양수인이 양수채권을 자동채권으로 하여 그 양수채권의 채무자가 채권양수인에 대해 가지고 있던 기존 채권과 상계하는 경우, 채권양도 전에 이미 양 채권의 변제기가 도래하였다면 상계의 효력은 변제기로 소급한다.

② 채권의 일부 양도가 이루어지면 특별한 사정이 없는 한 각 분할된 부분에 대하여 독립한 분할채권이 성립하고, 그 채권에 대하여 양도인에 대한 반대채권으로 상계하고자 하는 채무자는 양도인을 비롯한 각 분할채권자 중 어느 누구도 상계의 상대방으로 지정하여 상계할 수 있다.
③ 동시이행관계에 있는 자동채권과 수동채권이라고 해도 서로 현실적으로 이행하여야 할 필요가 없는 경우라면 특별한 사정이 없는 한 상계가 허용된다.
④ 상계적상의 시점 이전에 수동채권에 대하여 이자나 지연손해금이 발생한 경우, 상계적상 시점까지 수동채권의 이자나 지연손해금을 계산한 다음 자동채권으로써 먼저 수동채권의 이자나 지연손해금을 소각하고 잔액을 가지고 원본을 소각하여야 한다.
⑤ 유치권이 인정되는 아파트를 경락·취득한 자가 유치권자에 대한 임료 상당의 부당이득금 반환채권을 자동채권으로 하고 유치권자의 종전 소유자에 대한 유익비상환채권을 수동채권으로 하여 상계하는 것은 허용되지 않는다.

해설

① (✕) 민법 제493조 제2항은 "상계의 의사표시는 각 채무가 상계할 수 있는 때에 대등액에 관하여 소멸한 것으로 본다."라고 정하고 있으므로 상계의 효력은 상계적상 시로 소급하여 발생한다. 상계적상은 자동채권과 수동채권이 상호 대립하는 때에 비로소 생긴다. 채권양수인이 양수채권을 자동채권으로 하여 그 채무자가 채권양수인에 대해 가지고 있던 기존 채권과 상계한 경우, 채권양수인은 채권양도의 대항요건이 갖추어진 때 비로소 자동채권을 행사할 수 있으므로 채권양도 전에 이미 양 채권의 변제기가 도래하였다고 하더라도 상계의 효력은 변제기로 소급하는 것이 아니라 채권양도의 대항요건이 갖추어진 시점으로 소급한다(대법원 2022. 6. 30. 선고 2022다200089 판결). 즉, 상계적상은 자동채권과 수동채권이 상호 대립하는 때에 비로소 생기므로, 대항요건이 갖추어진 때 비로소 채무자와 채권양수인 사이에 채권의 상호 대립관계가 성립하여 상계적상이 있는 것이다.

② (○) 채권의 일부 양도가 이루어지면 특별한 사정이 없는 한 각 분할된 부분에 대하여 독립한 분할채권이 성립하므로 그 채권에 대하여 양도인에 대한 반대채권으로 상계하고자 하는 채무자로서는 양도인을 비롯한 각 분할채권자 중 어느 누구도 상계의 상대방으로 지정하여 상계할 수 있고, 그러한 채무자의 상계 의사표시를 수령한 분할채권자는 제3자에 대한 대항요건을 갖춘 양수인이라 하더라도 양도인 또는 다른 양수인에 귀속된 부분에 대하여 먼저 상계되어야 한다거나 각 분할채권액의 채권 총액에 대한 비율에 따라 상계되어야 한다는 이의를 할 수 없다(대법원 2002. 2. 8. 선고 2000다50596 판결).

③ (○)
1) 동시이행의 항변권의 대항을 받는 채권을 자동채권으로 하여 상대방의 채권과의 상계를 허용하면 상계자 일방의 의사표시에 의하여 상대방의 항변권 행사의 기회를 상실시키는 결과가 되어서 그러한 상계는 허용될 수 없는 것이 원칙이다(대법원 2004. 5. 28. 선고 2001다81245 판결).
2) 상계제도는 서로 대립하는 채권·채무를 간이한 방법에 의하여 결제함으로써 양자의 채권·채무 관계를 원활하고 공평하게 처리함을 목적으로 하고 있으므로, 상계의 대상이 될 수 있는 자동채권과 수동채권이 동시이행관계에 있다고 하더라도 서로 현실적으로 이행하여야 할 필요가 없는 경우라면 상계로 인한 불이익이 발생할 우려가 없고 오히려 상계를 허용하는 것이 동시이행관계에 있는 채권·채무 관계를 간명하게 해소할 수 있으므로 특별한 사정이 없는 한 상계가 허용된다(대법원 2006. 7. 28. 선고 2004다54633 판결).

④ (O) 상계의 의사표시는 각 채무가 상계할 수 있는 때에 대등액에 관하여 소멸한 것으로 본다(민법 제493조 제2항). 상계의 의사표시가 있는 경우 채무는 상계적상 시에 소급하여 대등액에 관하여 소멸하게 되므로, 상계에 따른 양 채권의 차액 계산 또는 상계 충당은 상계적상의 시점을 기준으로 한다. 따라서 그 시점 이전에 수동채권에 대하여 이자나 지연손해금이 발생한 경우 상계적상 시점까지 수동채권의 이자나 지연 손해금을 계산한 다음 자동채권으로써 먼저 수동채권의 이자나 지연손해금을 소각하고 잔액을 가지고 원본을 소각하여야 한다(대법원 2021. 5. 7. 선고 2018다25946 판결).

⑤ (O)
[1] 상계는 당사자 쌍방이 서로 같은 종류를 목적으로 한 채무를 부담한 경우에 서로 같은 종류의 급부를 현실로 이행하는 대신 어느 일방 당사자의 의사표시로 그 대등액에 관하여 채권과 채무를 동시에 소멸시키는 것이고, 이러한 상계제도의 취지는 서로 대립하는 두 당사자 사이의 채권·채무를 간이한 방법으로 원활하고 공평하게 처리하려는 데 있으므로, 수동채권으로 될 수 있는 채권은 상대방이 상계자에 대하여 가지는 채권이어야 하고, 상대방이 제3자에 대하여 가지는 채권과는 상계할 수 없다고 보아야 한다. 그렇지 않고 만약 상대방이 제3자에 대하여 가지는 채권을 수동채권으로 하여 상계할 수 있다고 한다면, 이는 상계의 당사자가 아닌 상대방과 제3자 사이의 채권채무관계에서 상대방이 제3자에게서 채무의 본지에 따른 현실급부를 받을 이익을 침해하게 될 뿐 아니라, 상대방의 채권자들 사이에서 상계자만 독점적인 만족을 얻게 되는 불합리한 결과를 초래하게 되므로, 상계의 담보적 기능과 관련하여 법적으로 보호받을 수 있는 당사자의 합리적 기대가 이러한 경우에까지 미친다고 볼 수는 없다.
[2] 유치권이 인정되는 아파트를 경락·취득한 자가 아파트 일부를 점유·사용하고 있는 유치권자에 대한 임료 상당의 부당이득금 반환채권을 자동채권으로 하고 유치권자의 종전 소유자에 대한 유익비상환채권을 수동채권으로 하여 상계의 의사표시를 한 사안에서, 상대방이 제3자에 대하여 가지는 채권을 수동채권으로 하여 상계할 수 없음에도, 그러한 상계가 허용됨을 전제로 위 상계의 의사표시로 부당이득금 반환채권과 유익비상환채권이 대등액의 범위 내에서 소멸하였다고 본 원심판결에 법리오해의 위법이 있다고 한 사례(대법원 2011. 4. 28. 선고 2010다101394 판결).

정답 ①

4. 손해배상에 관한 설명 중 옳은 것(○)과 옳지 않은 것(×)을 올바르게 조합한 것은? (다툼이 있는 경우 판례에 의함)

ㄱ. 지체상금이 손해배상의 예정으로 인정되어 감액하는 경우, 민법 제398조 제2항에 따라 감액하는 것과는 별도로 과실상계를 적용하여 감경하여야 한다.
ㄴ. 위약벌 약정에 대해서는 민법 제398조 제2항을 유추적용하여 그 액을 감액할 수는 없지만, 위약벌 약정의 대상이 된 채무의 강제에 의하여 얻어지는 채권자의 이익에 비하여 약정된 벌이 과도하게 무거울 때에는 그 일부 또는 전부가 공서양속에 반하여 무효가 될 수 있다.
ㄷ. 채무불이행에 관하여 손해배상액을 예정한 경우에 채권자는 통상의 손해만이 아니라 특별한 사정으로 인한 손해에 관해서도 예정된 배상액만을 청구할 수 있고, 특별한 사정이 없는 한 손해배상의 예정액을 초과한 배상액을 청구할 수 없다.
ㄹ. 건물건축공사에 관한 도급계약에서 수급인이 건축공사를 지체하여 약정기한까지 건물을 완성하여 인도하지 않은 경우, 건물에 대한 임료 상당액을 통상의 손해로 배상하여야 한다.

① ㄱ(○), ㄴ(×), ㄷ(○), ㄹ(○)
② ㄱ(○), ㄴ(○), ㄷ(×), ㄹ(○)
③ ㄱ(×), ㄴ(○), ㄷ(×), ㄹ(×)
④ ㄱ(×), ㄴ(○), ㄷ(○), ㄹ(○)
⑤ ㄱ(×), ㄴ(○), ㄷ(○), ㄹ(×)

해설

㉠ (×) 지체상금이 손해배상의 예정으로 인정되어 이를 감액함에 있어서는 채무자가 계약을 위반한 경위 등 제반사정이 참작되므로 손해배상액의 감경에 앞서 채권자의 과실 등을 들어 따로 감경할 필요는 없다(대법원 2002. 1. 25. 선고 99다57126 판결).

㉡ (○) 위약벌의 약정은 채무의 이행을 확보하기 위하여 정하는 것으로서 손해배상의 예정과 다르므로 손해배상의 예정에 관한 민법 제398조 제2항을 유추 적용하여 그 액을 감액할 수 없고, 다만 의무의 강제로 얻는 채권자의 이익에 비하여 약정된 벌이 과도하게 무거울 때에는 일부 또는 전부가 공서양속에 반하여 무효로 된다(대법원 2016. 1. 28. 선고 2015다239324 판결).

㉢ (○) 계약 당시 손해배상액을 예정한 경우에는 다른 특약이 없는 한 채무불이행으로 인하여 입은 통상손해는 물론 특별손해까지도 예정액에 포함되고 채권자의 손해가 예정액을 초과한다 하더라도 초과부분을 따로 청구할 수 없다(대법원 1993. 4. 23. 선고 92다41719 판결).

㉣ (○) 원래 물건의 인도의무의 이행지체를 이유로 한 손해배상의 경우에는 일반적으로 그 물건을 사용수익함으로써 얻을 수 있는 이익, 즉 그 물건의 임료 상당액을 통상의 손해라고 볼 것이므로, 건물건축공사에 관한 도급계약에 있어서도 그 수급인이 목적물인 건물의 건축공사를 지체하여 약정기한까지 이를 완성, 인도하지 않은 때에는 적어도 당해 건물에 대한 임료 상당의 손해액을 배상하여야 한다(대법원 1995. 2. 10. 선고 94다44774 판결).

정답 ④

5. 채권자 甲이 채무자 乙에 대하여 가지는 A 채권을 보전하기 위하여 乙의 丙에 대한 B 채권을 대위하여 소송을 제기하였다. 이에 관한 설명 중 옳지 <u>않은</u> 것은? (다툼이 있는 경우 판례에 의함)

① 甲의 乙에 대한 A 채권이 존재하는지 여부는 소송요건으로서 법원의 직권조사사항이다.
② 丙은 乙에 대해 가지는 항변사유로 甲에게 대항할 수 있으나, 甲은 자신과 丙 사이의 독자적인 사정에 기한 사유를 주장할 수 없다.
③ A 채권의 소멸시효가 완성된 경우, 丙은 이를 원용하여 시효의 이익을 받을 수 없다.
④ 乙이 甲의 채권자대위권 행사의 통지를 받은 후 丙이 乙의 채무불이행을 이유로 계약을 해제한 경우, 특별한 사정이 없는 한 丙은 그 계약해제를 이유로 甲에게 대항할 수 있다.
⑤ 丙은 甲의 乙에 대한 권리가 변제로 소멸하였다는 사실을 주장하여 채권자의 채무자에 대한 권리의 인정 여부를 다툴 수 없다.

해설

① (○) 채권자대위권에서 ⓐ 피보전채권의 존재 ⓑ 보전의 필요성 ⓒ 채무자의 권리불행사는 적법요건이고 요건흠결 시 소각하 사유이다. ⓓ 피대위채권의 존재는 본안요건으로 요건흠결 시 청구기각 사유이다.

② (○) 채권자대위권은 채무자의 제3채무자에 대한 권리를 행사하는 것이므로, 제3채무자는 채무자에 대해 가지는 모든 항변사유로 채권자에게 대항할 수 있으나, 채권자는 채무자 자신이 주장할 수 있는 사유의 범위 내에서 주장할 수 있을 뿐 자기와 제3채무자 사이의 독자적인 사정에 기한 사유를 주장할 수는 없다(대법원 2009. 5. 28. 선고 2009다4787 판결).

③ (○) 채권자가 채권자대위권을 행사하여 제3자에 대하여 하는 청구에 있어서, 제3채무자는 채무자가 채권자에 대하여 가지는 항변으로 대항할 수 없고, 채권의 소멸시효가 완성된 경우 이를 원용할 수 있는 자는

원칙적으로는 시효이익을 직접 받는 자뿐이고, 채권자대위소송의 제3채무자는 이를 행사할 수 없다고 할 것이나, 채권자가 채무자에 대한 채권을 보전하기 위하여 제3채무자를 상대로 채무자의 제3채무자에 대한 채권에 기한 이행청구의 소를 제기하는 한편, 채무자를 상대로 피보전채권에 기한 이행청구의 소를 제기한 경우, 채무자가 그 소송절차에서 소멸시효를 원용하는 항변을 하였고, 그러한 사유가 현출된 채권자대위소송에서 심리를 한 결과, 실제로 피보전채권의 소멸시효가 적법하게 완성된 것으로 판단되면, 채권자는 더 이상 채무자를 대위할 권한이 없게 된다고 할 것이다(대법원 2008. 1. 31. 선고 2007다64471 판결).

④ (○)
1) 민법 제405조 제2항은 '채무자가 채권자대위권행사의 통지를 받은 후에는 그 권리를 처분하여도 이로써 채권자에게 대항하지 못한다'고 규정하고 있다. 위 조항의 취지는 채권자가 채무자에게 대위권 행사사실을 통지하거나 채무자가 채권자의 대위권 행사사실을 안 후에 채무자에게 대위의 목적인 권리의 양도나 포기 등 처분행위를 허용할 경우 채권자에 의한 대위권행사를 방해하는 것이 되므로 이를 금지하는 데에 있다. 채무자가 자신의 채무불이행을 이유로 매매계약이 해제되도록 한 것을 두고 민법 제405조 제2항에서 말하는 '처분'에 해당한다고 할 수 없다. 따라서 채무자가 채권자대위권행사의 통지를 받은 후에 채무를 불이행함으로써 통지 전에 체결된 약정에 따라 매매계약이 자동적으로 해제되거나, 채권자대위권행사의 통지를 받은 후에 채무자의 채무불이행을 이유로 제3채무자가 매매계약을 해제한 경우 제3채무자는 계약해제로써 대위권을 행사하는 채권자에게 대항할 수 있다. 다만 형식적으로는 채무자의 채무불이행을 이유로 한 계약해제인 것처럼 보이지만 실질적으로는 채무자와 제3채무자 사이의 합의에 따라 계약을 해제한 것으로 볼 수 있거나, 채무자와 제3채무자가 단지 대위채권자에게 대항할 수 있도록 채무자의 채무불이행을 이유로 하는 계약해제인 것처럼 외관을 갖춘 것이라는 등의 특별한 사정이 있는 경우에는 채무자가 피대위채권을 처분한 것으로 보아 제3채무자는 계약해제로써 대위권을 행사하는 채권자에게 대항할 수 없다(대법원 2012. 5. 17. 선고 2011다87235 전원합의체 판결).

⑤ (×)
1) 채권자가 채권자대위소송을 제기한 경우, 제3채무자는 채무자가 채권자에 대하여 가지는 항변권이나 형성권 등과 같이 권리자에 의한 행사를 필요로 하는 사유를 들어 채권자의 채무자에 대한 권리가 인정되는지 여부를 다툴 수 없지만, <u>채권자의 채무자에 대한 권리의 발생원인이 된 법률행위가 무효라거나 위 권리가 변제 등으로 소멸하였다는 등의 사실을 주장하여 채권자의 채무자에 대한 권리가 인정되는지 여부를 다투는 것은 가능하고, 이 경우 법원은 제3채무자의 주장을 고려하여 채권자의 채무자에 대한 권리가 인정되는지 여부에 관하여 직권으로 심리·판단하여야 한다</u>(대법원 2015. 9. 10. 선고 2013다55300 판결).
2) **참고** : 채권자대위권에서 ⓐ 피보전채권의 존재 ⓑ 보전의 필요성 ⓒ 채무자의 권리불행사는 적법요건이고 요건흠결 시 소각하 사유이다. 적법요건의 구비여부는 소송요건에 해당하므로 당사자의 주장여부(변론주의)와 관계없이 법원의 직권조사사항이다.

정답 ⑤

6. 채권자취소권에 관한 설명 중 옳지 <u>않은</u> 것은? (다툼이 있는 경우 판례에 의함)

① 채무자의 수익자에 대한 채권양도가 사해행위로 취소되고 그에 따른 원상회복으로서 제3채무자에게 채권양도가 취소되었다는 통지가 이루어진 경우, 채권자는 채무자를 대위하여 제3채무자에게 채권에 관한 지급을 청구할 수 없다.

② 사해행위인지가 문제되는 법률행위가 대리인에 의하여 이루어진 때에는 수익자의 사해의사 또는 전득자의 사해행위에 대한 악의의 유무는 그 대리인을 표준으로 결정하여야 한다.

③ 사해행위 후 그 목적물인 부동산에 관하여 선의의 제3자가 저당권을 취득하였음을 이유로 수익자에게 가액배상을 명하는 경우, 사해행위 당시 일반 채권자들의 공동담보로 되어 있었던 부동산 가액에서 제3자가 취득한 저당권의 피담보채권액을 공제할 것은 아니다.

④ 수익자가 사해행위 취소에 따른 원상회복으로서 가액배상을 할 경우, 수익자가 채무자에 대한 채권자라는 이유로 채무자에 대하여 가지는 수익자 자신의 채권과의 상계를 주장할 수 없다.

⑤ 채권자가 채권자취소권을 행사하여 직접 수령한 가액배상금에 대하여 채무자의 다른 채권자는 취소채권자를 상대로 채권액에 따른 안분액의 지급을 청구할 수 있다.

해설

① (○) 채무자의 수익자에 대한 채권양도가 사해행위로 취소되는 경우, 수익자가 제3채무자에게서 아직 채권을 추심하지 아니한 때에는, 채권자는 사해행위취소에 따른 원상회복으로서 수익자가 제3채무자에게 채권양도가 취소되었다는 취지의 통지를 하도록 청구할 수 있다. 그런데 사해행위의 취소는 채권자와 수익자의 관계에서 상대적으로 채무자와 수익자 사이의 법률행위를 무효로 하는 데에 그치고, 채무자와 수익자 사이의 법률관계에는 영향을 미치지 아니한다. 따라서 채무자의 수익자에 대한 채권양도가 사해행위로 취소되고, 그에 따른 원상회복으로서 제3채무자에게 채권양도가 취소되었다는 취지의 통지가 이루어지더라도, 채권자와 수익자의 관계에서 채권이 채무자의 책임재산으로 취급될 뿐, 채무자가 직접 채권을 취득하여 권리자로 되는 것은 아니므로, 채권자는 채무자를 대위하여 제3채무자에게 채권에 관한 지급을 청구할 수 없다(대법원 2015. 11. 17. 선고 2012다2743 판결).

② (○)
1) 의사표시의 효력이 의사의 흠결, 사기, 강박 또는 어느 사정을 알았거나 과실로 알지 못한 것으로 인하여 영향을 받을 경우에 그 사실의 유무는 대리인을 표준하여 결정한다(민법 제116조 제1항).
2) 사해행위인지가 문제되는 법률행위가 대리인에 의하여 이루어진 때에는 수익자의 사해의사 또는 전득자의 사해행위에 대한 악의의 유무는 대리인을 표준으로 결정하여야 한다(대법원 2006. 9. 8. 선고 2006다22661 판결).

③ (○)
1) 어느 부동산에 관한 법률행위가 사해행위에 해당하는 경우에는 원칙적으로 그 사해행위를 취소하고 소유권이전등기의 말소 등 부동산 자체의 회복을 명하여야 하는 것이나, 다만 원물반환이 불가능하거나 현저히 곤란한 경우에는 원상회복의무의 이행으로서 사해행위 목적물의 가액 상당의 배상을 명하여야 하는 것이고, 이러한 가액배상에 있어서는 일반 채권자들의 공동담보로 되어 있어 사해행위가 성립하는 범위 내의 가액의 배상을 명하여야 하는 것이므로, 사해행위 후 그 목적물에 관하여 선의의 제3자가 저당권을 취득하였음을 이유로 가액배상을 명하는 경우에는 사해행위 당시 일반 채권자들의 공동담보로 되어 있었던 부동산 가액 전부의 배상을 명하여야 할 것이고, 그 가액에서 제3자가 취득한 저당권의 피담보채권액을 공제할 것은 아니고, 증여의 형식으로 이루어진 사해행위를 취소하고 원물반환에 갈음하여 그 목적물 가액의 배상을 명함에 있어서는 수익자에게 부과된 증여세액과 취득세액을 공제하여 가액배상액을 산정할 것도 아니다(대법원 2003. 12. 12. 선고 2003다40286 판결).
2) 어느 부동산에 관한 법률행위가 사해행위에 해당하는 경우에는 원칙적으로 그 사해행위를 취소하고 소유권이전등기의 말소 등 부동산 자체의 회복을 명하여야 할 것이나, 사해행위를 취소하여 그 부동산 자체의 회복을 명하게 되면 당초 일반 채권자들의 공동담보로 되어 있지 아니하던 부분까지 회복을 명하는 것이 되어 공평에 반하는 결과가 되는 경우에는 그 부동산의 가액에서 공동담보로 되어 있지 아니하던

부분의 가액을 공제한 잔액의 한도에서 사해행위를 취소하고 그 한도에서 가액의 배상을 명함이 상당하다(대법원 2010. 2. 25. 선고 2007다28819 판결).

④ (O) 사해행위취소의 소에서 수익자가 원상회복으로서 채권자취소권을 행사하는 채권자에게 가액배상을 할 경우, 수익자 자신이 사해행위취소소송의 채무자에 대한 채권자라는 이유로 채무자에 대하여 가지는 자기의 채권과 상계하거나 채무자에게 가액배상금 명목의 돈을 지급하였다는 점을 들어 채권자취소권을 행사하는 채권자에 대해 이를 가액배상에서 공제할 것을 주장할 수 없다. 그러나 수익자가 채권자취소권을 행사하는 채권자에 대해 가지는 별개의 다른 채권을 집행하기 위하여 그에 대한 집행권원을 가지고 채권자의 수익자에 대한 가액배상채권을 압류하고 전부명령을 받는 것은 허용된다. 이는 수익자의 채무자에 대한 채권을 기초로 한 상계나 임의적인 공제와는 내용과 성질이 다르다. 또한 채권자가 채무자의 제3채무자에 대한 채권을 압류하는 경우 제3채무자가 채권자 자신인 경우에도 이를 압류하는 것이 금지되지 않으므로 단지 채권자와 제3채무자가 같다고 하여 채권압류 및 전부명령이 위법하다고 볼 수 없다(대법원 2017. 8. 21. 자 2017마499 결정).

⑤ (×)
1) 사해행위의 취소와 원상회복은 모든 채권자의 이익을 위하여 그 효력이 있으므로(민법 제407조), 채권자취소권의 행사로 채무자에게 회복된 재산에 대하여 취소채권자가 우선변제권을 가지는 것이 아니라 다른 채권자도 총채권액 중 자기의 채권에 해당하는 안분액을 변제받을 수 있는 것이지만, 이는 채권의 공동담보로 회복된 채무자의 책임재산으로부터 민사집행법 등의 법률상 절차를 거쳐 다른 채권자도 안분액을 지급받을 수 있다는 것을 의미하는 것일 뿐, <u>다른 채권자가 이러한 법률상 절차를 거치지 아니하고 취소채권자를 상대로 하여 안분액의 지급을 직접 구할 수 있는 권리를 취득한다거나, 취소채권자에게 인도받은 재산 또는 가액배상금에 대한 분배의무가 인정된다고 볼 수는 없다.</u> 가액배상금을 수령한 취소채권자가 이러한 분배의무를 부담하지 아니함으로 인하여 사실상 우선변제를 받는 불공평한 결과를 초래하는 경우가 생기더라도, 이러한 불공평은 채무자에 대한 파산절차 등 도산절차를 통하여 시정하거나 가액배상금의 분배절차에 관한 별도의 법률 규정을 마련하여 개선하는 것은 별론으로 하고, 현행 채권자취소 관련 규정의 해석상으로는 불가피하다(대법원 2008. 6. 12. 선고 2007다37837 판결).
2) **참고** : 법원의 판결주문도 위와 같은 법리에 기초하여 가액 전액의 반환을 선고해야 한다.
채권자취소권의 요건을 갖춘 각 채권자는 고유의 권리로서 채무자의 재산처분 행위를 취소하고 원상회복을 구할 수 있다. 그러므로 여러 채권자가 동시에 또는 시기를 달리하여 사해행위취소 및 원상회복청구의 소를 제기한 경우, 어느 한 채권자가 동일한 사해행위에 관하여 사해행위취소 및 원상회복청구를 하여 승소판결을 받아 그 판결이 확정되었다는 것만으로는 그 후에 제기된 다른 채권자의 동일한 청구가 권리보호의 이익이 없게 되는 것은 아니고, 그에 기하여 재산이나 가액의 회복을 마친 경우에 비로소 다른 채권자의 사해행위취소 및 원상회복청구가 그와 중첩되는 범위 내에서 권리보호의 이익이 없게 된다. <u>따라서 여러 채권자가 사해행위취소 및 원상회복청구의 소를 제기하여 여러 개의 소송이 계속 중인 경우에는 각 소송에서 채권자의 청구에 따라 사해행위의 취소 및 원상회복을 명하는 판결을 선고하여야 하고, 수익자가 가액배상을 하여야 할 경우에도 수익자가 반환하여야 할 가액 범위 내에서 각 채권자의 피보전채권액 전액의 반환을 명하여야 한다</u>(대법원 2022. 8. 11. 선고 2018다202774 판결). **정답 ⑤**

7. 채권양도에 관한 설명 중 옳지 <u>않은</u> 것은? (다툼이 있는 경우 판례에 의함)

① 채권의 양수인이 채권에 양도금지특약이 있다는 사실을 알았더라도 채무자가 그 양도에 대하여 사후에 승낙을 한 경우, 다른 약정이 없는 한 채권양도는 그 양도 당시로 소급하여 유효하게 된다.

② 제3자가 채권양도금지 특약에 대하여 악의인 경우는 물론 이를 알지 못한 데에 중대한 과실이 있는 경우에도 채권양도금지 특약으로써 대항할 수 있고, 제3자의 악의 내지 중과실은 채권양도금지 특약으로 양수인에게 대항하려는 자가 이를 주장·증명하여야 한다.
③ 지명채권의 양도통지를 한 후 양도계약이 해제된 경우에 채권양도인이 해제를 이유로 다시 원래의 채무자에 대하여 양도채권으로 대항하려면, 채권양도인이 채권양수인의 동의를 받거나 채권양수인이 채무자에게 그 해제의 사실을 통지하여야 한다.
④ 채무자에 대하여 대항요건을 갖추지 못한 채권의 양수인이 채무자를 상대로 재판상 청구를 한 경우, 이는 소멸시효 중단사유인 재판상의 청구에 해당한다.
⑤ 채권양도 후 대항요건이 구비되기 전에 채권양도인은 채무자의 제3채무자에 대한 채권을 가압류할 수 있다.

해설

① (×) 당사자의 양도금지의 의사표시로써 채권은 양도성을 상실하며 양도금지의 특약에 위반해서 채권을 제3자에게 양도한 경우에 악의 또는 중과실의 채권양수인에 대하여는 채권 이전의 효과가 생기지 아니하나, 악의 또는 중과실로 채권양수를 받은 후 채무자가 그 양도에 대하여 승낙을 한 때에는 채무자의 사후승낙에 의하여 무효인 채권양도행위가 추인되어 유효하게 되며 이 경우 다른 약정이 없는 한 소급효가 인정되지 않고 양도의 효과는 승낙시부터 발생한다. 이른바 집합채권의 양도가 양도금지특약을 위반하여 무효인 경우 채무자는 일부 개별 채권을 특정하여 추인하는 것이 가능하다(대법원 2009. 10. 29. 선고 2009다47685 판결).

② (○) 채권은 양도할 수 있다. 그러나 채권의 성질이 양도를 허용하지 아니하는 때에는 그러하지 아니하다(민법 제449조 제1항). 그리고 채권은 당사자가 반대의 의사를 표시한 경우에는 양도하지 못한다. 그러나 그 의사표시로써 선의의 제3자에게 대항하지 못한다(민법 제449조 제2항). 이처럼 당사자가 양도를 반대하는 의사를 표시(이하 '양도금지특약'이라고 한다)한 경우 채권은 양도성을 상실한다. 양도금지특약을 위반하여 채권을 제3자에게 양도한 경우에 채권양수인이 양도금지특약이 있음을 알았거나 중대한 과실로 알지 못하였다면 채권 이전의 효과가 생기지 아니한다. 반대로 양수인이 중대한 과실 없이 양도금지특약의 존재를 알지 못하였다면 채권양도는 유효하게 되어 채무자는 양수인에게 양도금지특약을 가지고 채무이행을 거절할 수 없다. 채권양수인의 악의 내지 중과실은 양도금지특약으로 양수인에게 대항하려는 자가 주장·증명하여야 한다(대법원 2019. 12. 19. 선고 2016다24284 전원합의체 판결).

③ (○) 지명채권의 양도통지를 한 후 그 양도계약이 해제된 경우에, 양도인이 그 해제를 이유로 다시 원래의 채무자에 대하여 양도채권으로 대항하려면 양수인이 채무자에게 위와 같은 해제사실을 통지하여야 한다(대법원 1993. 8. 27. 선고 93다17379 판결).

④ (○) 채권양도는 구 채권자인 양도인과 신 채권자인 양수인 사이에 채권을 그 동일성을 유지하면서 전자로부터 후자에게로 이전시킬 것을 목적으로 하는 계약을 말한다 할 것이고, 채권양도에 의하여 채권은 그 동일성을 잃지 않고 양도인으로부터 양수인에게 이전되며, 이러한 법리는 채권양도의 대항요건을 갖추지 못하였다고 하더라도 마찬가지인 점, 민법 제149조의 "조건의 성취가 미정한 권리의무는 일반규정에 의하여 처분, 상속, 보존 또는 담보로 할 수 있다."는 규정은 대항요건을 갖추지 못하여 채무자에게 대항하지 못한다고 하더라도 채권양도에 의하여 채권을 이전받은 양수인의 경우에도 그대로 준용될 수 있는 점, 채무자를 상대로 재판상의 청구를 한 채권의 양수인을 '권리 위에 잠자는 자'라고 할 수 없는 점 등에 비추어 보면, 비록 대항요건을 갖추지 못하여 채무자에게 대항하지 못한다고 하더라도 채권의

양수인이 채무자를 상대로 재판상의 청구를 하였다면 이는 소멸시효 중단사유인 재판상의 청구에 해당한다고 보아야 한다(대법원 2005. 11. 10. 선고 2005다41818 판결).
⑤ (O) 채권양도 후 대항요건이 구비되기 전의 채권양도인은 채무자에 대한 관계에서는 여전히 채권자의 지위에 있으므로 채무자의 제3채무자에 대한 채권에 대하여 채권가압류 등의 보전조치를 할 수 있고, 이 경우 채권가압류에 기하여 채권양도인이 배당절차에서 배당을 받았다면 그 배당은 유효하다고 봄이 상당하다(대법원 2019. 5. 16. 선고 2016다8589 판결).

정답 ①

8. 채권자취소소송에 관한 설명 중 옳지 않은 것은? (다툼이 있는 경우 판례에 의함)

① 채권자취소소송의 계속 중 동일한 채권자가 피보전권리를 달리하여 동일한 사해행위에 대하여 채권자취소소송을 이중으로 제기하는 경우, 전소와 후소는 소송물이 동일하다.
② 수익자가 원상회복으로서 가액배상을 할 경우, 수익자가 채권자취소권을 행사하는 채권자에 대하여 가지는 별개의 다른 채권을 집행하기 위하여 그에 대한 집행권원을 가지고 채권자의 수익자에 대한 가액배상채권을 압류하고 전부명령을 받을 수 있다.
③ 부동산에 관한 법률행위가 사해행위에 해당하여 취소된 경우, 수익자가 사해행위 이후 그 부동산을 직접 사용하였다면 원상회복으로서 그 부동산을 반환하는 외에 그 사용이익을 반환해야 한다.
④ 어느 한 채권자가 동일한 사해행위에 관하여 채권자취소 및 원상회복청구를 하여 승소판결을 받아 그 판결이 확정되고 그에 기하여 재산이나 가액의 회복을 마친 경우에는, 다른 채권자의 채권자취소 및 원상회복청구는 그와 중첩되는 범위 내에서 소의 이익이 없게 된다.
⑤ 사해행위취소의 청구에는 그 취소판결이 미확정인 상태에서도 그 취소의 효력을 전제로 하는 원상회복청구를 병합하여 제기할 수 있다.

해설

① (O)
1) 채권자가 채무자의 어떤 금원지급행위가 사해행위에 해당된다고 하여 그 취소를 청구하면서 다만 그 금원지급행위의 법률적 평가와 관련하여 증여 또는 변제로 달리 주장하는 것은 그 사해행위취소권을 이유 있게 하는 공격방법에 관한 주장을 달리하는 것일 뿐이지 소송물 또는 청구 자체를 달리하는 것으로 볼 수 없다(대법원 2005. 3. 25. 선고 2004다10985,10992 판결). 따라서 피보전채권을 추가하거나 변경하는 것은 소의 변경(민사소송법 제262조)에 해당하지 않으므로 사해행위취소의 소의 제척기간 준수여부를 판단하는 데 영향이 없고, 전소 계속 중 피보전채권만 달리할 뿐 당사자와 소송물이 동일하다면 중복소제기에 해당하며, 전소 판결확정 후 신소제기의 경우라면 기판력도 미친다.
2) **참고**
ⓐ 확인의 소의 소송물은 청구취지에 의하여 특정된다. 소유권 확인의 소에서 소송물은 '소유권 자체의 존부'이다. 소유권 확인의 청구원인으로 매매, 시효취득, 상속 등을 주장하는 경우 공격방법에 불과하다.
ⓑ 말소등기청구사건의 소송물은 당해 등기의 말소등기청구권이고 그 동일성 식별의 표준이 되는 청구원인, 즉 말소등기청구권의 발생원인은 당해 등기원인의 무효라 할 것으로서 등기원인의 무효를 뒷받침하는 개개의 사유는 독립된 공격방어방법에 불과하여 별개의 청구원인을 구성하는 것이 아니라 할 것이므로 전소에서 원고가 주장한 사유나 후소에서 주장하는 사유들은 모두 등기의 원인무효를 뒷받침하는 공격

방법에 불과할 것일 뿐 그 주장들이 자체로서 별개의 청구원인을 구성한다고 볼 수 없고 모두 전소의 변론종결 전에 발생한 사유라면 전소와 후소는 그 소송물이 동일하여 후소에서의 주장사유들은 전소의 확정판결의 기판력에 저촉되어 허용될 수 없는 것이다(대법원 1993. 6. 29. 선고 93다11050 판결).
ⓒ 부당이득반환청구에서 (소송물은 민법 제741조 부당이득반환청구권 그 자체이므로) 법률상의 원인 없는 사유를 계약의 불성립, 취소, 무효, 해제 등으로 주장하는 것은 공격방법에 지나지 않으므로, 그중 어느 사유를 주장하여 패소한 경우에 다른 사유를 주장하여 청구하는 것은 기판력에 저촉되어 허용할 수 없다. 또한 판결의 기판력은 그 소송의 변론종결 전에 주장할 수 있었던 모든 공격방어방법에 미치는 것이므로, 그 당시 당사자가 알 수 있었거나 또는 알고서 이를 주장하지 않았던 사항에 한해서만 기판력이 미친다고 볼 수 없다(대법원 2022. 7. 28. 선고 2020다231928 판결).

② (O)
[1] 사해행위취소의 소에서 수익자가 원상회복으로서 채권자취소권을 행사하는 채권자에게 가액배상을 할 경우, 수익자 자신이 사해행위취소소송의 채무자에 대한 채권자라는 이유로 채무자에 대하여 가지는 자기의 채권과 상계하거나 채무자에게 가액배상금 명목의 돈을 지급하였다는 점을 들어 채권자취소권을 행사하는 채권자에 대해 이를 가액배상에서 공제할 것을 주장할 수 없다. 그러나 수익자가 채권자취소권을 행사하는 채권자에 대해 가지는 별개의 다른 채권을 집행하기 위하여 그에 대한 집행권원을 가지고 채권자의 수익자에 대한 가액배상채권을 압류하고 전부명령을 받는 것은 허용된다. 이는 수익자의 채무자에 대한 채권을 기초로 한 상계나 임의적인 공제와는 내용과 성질이 다르다. 또한 채권자가 채무자의 제3채무자에 대한 채권을 압류하는 경우 제3채무자가 채권자 자신인 경우에도 이를 압류하는 것이 금지되지 않으므로 단지 채권자와 제3채무자가 같다고 하여 채권압류 및 전부명령이 위법하다고 볼 수 없다.
[2] 상계가 금지되는 채권이라고 하더라도 압류금지채권에 해당하지 않는 한 강제집행에 의한 전부명령의 대상이 될 수 있다(대법원 2017. 8. 21.자 2017마499 결정).

③ (×) 채권자취소권은 채무자가 채권자를 해함을 알면서 일반재산을 감소시키는 행위를 한 경우에 그 행위를 취소하여 채무자의 재산을 원상회복시킴으로써 채무자의 책임재산을 보전하기 위하여 인정된 권리로서, 사해행위의 취소 및 원상회복은 책임재산의 보전을 위하여 필요한 범위 내로 한정되어야 하므로 원래의 책임재산을 초과하는 부분까지 원상회복의 범위에 포함된다고 볼 수 없다. 따라서 부동산에 관한 법률행위가 사해행위에 해당하여 민법 제406조 제1항에 의하여 취소된 경우에 수익자 또는 전득자가 사해행위 이후 그 부동산을 직접 사용하거나 제3자에게 임대하였다고 하더라도, 당초 채권자의 공동담보를 이루는 채무자의 책임재산은 당해 부동산이었을 뿐 수익자 또는 전득자가 그 부동산을 사용함으로써 얻은 사용이익이나 임차인으로부터 받은 임료상당액까지 채무자의 책임재산이었다고 볼 수 없으므로 수익자 등이 원상회복으로서 당해 부동산을 반환하는 이외에 그 사용이익이나 임료상당액을 반환해야 하는 것은 아니다(대법원 2008. 12. 11. 선고 2007다69162 판결).

④ (O) 채권자취소권의 요건을 갖춘 각 채권자는 고유의 권리로서 채무자의 재산처분 행위를 취소하고 원상회복을 구할 수 있다. 그러므로 여러 채권자가 동시에 또는 시기를 달리하여 사해행위취소 및 원상회복청구의 소를 제기한 경우, 어느 한 채권자가 동일한 사해행위에 관하여 사해행위취소 및 원상회복청구를 하여 승소판결을 받아 그 판결이 확정되었다는 것만으로는 그 후에 제기된 다른 채권자의 동일한 청구가 권리보호의 이익이 없게 되는 것은 아니고, 그에 기하여 재산이나 가액의 회복을 마친 경우에 비로소 다른 채권자의 사해행위취소 및 원상회복청구가 그와 중첩되는 범위 내에서 권리보호의 이익이 없게 된다. 따라서 여러 채권자가 사해행위취소 및 원상회복청구의 소를 제기하여 여러 개의 소송이 계속 중인 경우에는 각 소송에서 채권자의 청구에 따라 사해행위의 취소 및 원상회복을 명하는 판결을 선고하여야 하고, 수익자가 가액배상을 하여야 할 경우에도 수익자가 반환하여야 할 가액 범위 내에서 각 채권자의 피보전채권액 전액의 반환을 명하여야 한다(대법원 2022. 8. 11. 선고 2018다202774 판결).

⑤ (○) 사해행위취소소송은 형성의 소로서 그 판결이 확정됨으로써 비로소 권리변동의 효력이 발생하나, 민법 제406조 제1항은 채권자가 사해행위의 취소와 원상회복을 법원에 청구할 수 있다고 규정함으로써 사해행위취소청구에는 그 취소판결이 미확정인 상태에서도 그 취소의 효력을 전제로 하는 원상회복청구를 병합하여 제기할 수 있도록 허용하고 있다. 또한 원고가 매매계약 등 법률행위에 기하여 소유권을 취득하였음을 전제로 피고를 상대로 일정한 청구를 할 때, 피고는 원고의 소유권 취득의 원인이 된 법률행위가 사해행위로서 취소되어야 한다고 다투면서, 동시에 반소로써 그 소유권 취득의 원인이 된 법률행위가 사해행위임을 이유로 법률행위의 취소와 원상회복으로 원고의 소유권이전등기의 말소절차 등의 이행을 구하는 것도 가능하다. 위와 같이 원고의 본소 청구에 대하여 피고가 본소 청구를 다투면서 사해행위의 취소 및 원상회복을 구하는 반소를 적법하게 제기한 경우, <u>사해행위의 취소 여부는 반소의 청구원인임과 동시에 본소 청구에 대한 방어방법이자, 본소 청구 인용 여부의 선결문제가 될 수 있다. 그 경우 법원이 반소 청구가 이유 있다고 판단하여, 사해행위의 취소 및 원상회복을 명하는 판결을 선고하는 경우, 비록 반소 청구에 대한 판결이 확정되지 않았다고 하더라도, 원고의 소유권 취득의 원인이 된 법률행위가 취소되었음을 전제로 원고의 본소 청구를 심리하여 판단할 수 있다고 봄이 타당하다.</u> 그때에는 반소 사해행위 취소 판결의 확정을 기다리지 않고, 반소 사해행위취소 판결을 이유로 원고의 본소 청구를 기각할 수 있다. 본소와 반소가 같은 소송절차 내에서 함께 심리, 판단되는 이상, 반소 사해행위취소 판결의 확정 여부가 본소 청구 판단 시 불확실한 상황이라고 보기 어렵고, 그로 인해 원고에게 소송상 지나친 부담을 지운다거나, 원고의 소송상 지위가 불안정해진다고 볼 수도 없다. <u>오히려 이로써 반소 사해행위취소소송의 심리를 무위로 만들지 않고, 소송경제를 도모하며, 본소 청구에 대한 판결과 반소 청구에 대한 판결의 모순 저촉을 피할 수 있다</u>(대법원 2019. 3. 14. 선고 2018다277785 판결). 정답 ③

9. **말소등기 또는 말소회복등기에 관한 설명 중 옳은 것을 모두 고른 것은? (각 지문은 독립적이며, 다툼이 있는 경우 판례에 의함)**

> ㄱ. 甲 소유의 X 토지에 관하여 乙이 등기서류를 위조하여 乙 앞으로 소유권이전등기를 마쳤는데, 다시 乙의 채권자인 丙이 X 토지에 관하여 받은 가압류결정에 기하여 가압류기입등기가 경료되었다면, 甲은 乙 명의 소유권이전등기의 말소에 관하여 丙을 상대로 등기상 이해관계 있는 제3자로서 승낙의 의사표시를 구할 수 있다.
> ㄴ. 甲 소유의 X 토지에 설정된 乙 명의 가등기의 등기원인이 실효된 상태에서 丙이 매매에 따른 소유권이전등기를 마쳤는데, 그 후에 乙이 甲과 무효등기의 유용을 합의하여 가등기에 기한 본등기를 마치면서 丙의 등기가 직권으로 말소되었다면, 丙은 말소회복등기가 되기 전이라도 乙을 상대로 乙 명의의 소유권이전등기의 말소를 구할 수 있다.
> ㄷ. 甲 소유의 X 토지에 설정된 乙 명의 가등기의 등기원인이 실효된 상태에서 甲의 채권자인 丙의 신청으로 X 토지에 관하여 강제경매개시결정에 따른 기입등기가 마쳐졌는데, 그 후에 乙이 甲과 무효등기의 유용을 합의하여 가등기에 기한 본등기를 마치면서 그 기입등기가 직권으로 말소되었다. 이때 丙은 강제경매개시결정 기입등기의 말소회복등기에 관하여 乙을 상대로 등기상 이해관계 있는 제3자로서 승낙의 의사표시를 구할 수 있다.
> ㄹ. 甲 소유의 X 토지에 乙 명의 가등기가 설정된 상태에서 丙 앞으로 소유권이전등기가 마쳐진 후 원인 없이 가등기가 말소되었다면, 乙은 가등기가 설정될 당시의 소유자인 甲을 상대로 말소된 가등기의 회복등기절차의 이행을 구하여야 한다.

① ㄱ, ㄴ　　　　　② ㄴ, ㄷ　　　　　③ ㄱ, ㄴ, ㄷ
④ ㄴ, ㄹ　　　　　⑤ ㄴ, ㄷ, ㄹ

해설

㉠ (O) 원인무효인 소유권이전등기 명의인을 채무자로 한 가압류등기와 그에 터잡은 경매신청기입등기가 경료된 경우, 그 부동산의 소유자는 원인무효인 소유권이전등기의 말소를 위하여 이해관계에 있는 제3자인 가압류채권자를 상대로 하여 원인무효 등기의 말소에 대한 승낙을 청구할 수 있고, 그 승낙이나 이에 갈음하는 재판이 있으면 등기공무원은 신청에 따른 원인무효 등기를 말소하면서 직권으로 가압류등기와 경매신청기입등기를 말소하여야 할 것인바, 소유자가 원인무효인 소유권이전등기의 말소와 함께 가압류등기 등의 말소를 구하는 경우, 그 청구의 취지는 소유권이전등기의 말소에 대한 승낙을 구하는 것으로 해석할 여지가 있다(대법원 1998. 11. 27. 선고 97다41103 판결).

㉡ (O)
1) [가] 실질관계의 소멸로 무효로 된 등기의 유용은 그 등기를 유용하기로 하는 합의가 이루어지기 전에 등기상 이해관계가 있는 제3자가 생기지 않은 경우에 한하여 허용된다.
[나] 가등기의 등기원인이 실효된 이후에 전소유자와의 무효등기의 유용에 관한 합의에 따라 가등기 명의인이던 갑 명의로 마쳐진 소유권이전의 본등기는 그 등기유용의 합의가 이루어지기 전에 이미 소유권이전등기를 한 등기상의 이해관계인인 을에 대한 관계에서는 실질관계를 결한 무효의 등기로 평가되므로, 위 갑 명의 소유권이전등기나 이 등기를 기초로 하여 마쳐진 병명의 소유권이전등기가 원인무효의 등기로 말소될 때에는, 직권말소된 을 명의 소유권이전등기에 관하여 등기공무원이 직권으로 그 말소등기의 회복등기를 하여야 하는 것으로서 그 말소회복등기가 되기 전이라도 을은 등기명의인으로서의 권리를 그대로 보유하고 있기 때문에 소유자로 추정된다(대법원 1989. 10. 27. 선고 87다카425 판결). 따라서 丙은 소유권에 기한 방해배제청구권으로서 乙을 상대로 乙 명의의 소유권이전등기의 말소를 구할 수 있다.
2) **참고**
ⓐ 말소회복등기의 절차는 말소등기가 어떻게 이루어졌느냐에 따라 달라진다. 즉, 어떤 등기가 신청이나 법원촉탁에 의하여 말소되었다면 그 회복등기도 신청이나 법원촉탁에 의하고, 등기관의 직권으로 말소되었다면 그 회복등기도 등기관의 직권으로 하여야 한다. 등기관에게 회복등기를 신청하여 등기관이 직권 말소회복등기를 함에 있어서 등기상 이해관계 있는 제3자가 있는 때에는 그 승낙 등을 증명하는 정보가 제공되지 않으면 등기관은 직권으로 회복등기를 할 수 없다(대법원 1982. 1. 26. 선고 81다2329 판결).
ⓑ 단, 위 대법원 1982. 1. 26. 선고 81다2329 판결에서 말하는 '이해관계 있는 제3자'는 말소회복등기와 양립할 수 있는 경우를 전제로 한 것이다. 이해관계가 있는 자 중에서 말소회복등기와 양립할 수 있는 경우에는 승낙의 의사표시를 구하여야 한다. 예컨대 저당권 등기의 말소회복을 신청하는데 제3자 명의의 소유권이전등기가 되어 있는 경우이다.
ⓒ 이해관계가 있는 자 중에서 말소회복등기와 양립할 수 없는 경우에는 먼저, 제3자 명의의 등기를 말소한 다음 말소회복등기를 신청하여야 한다.
ⓓ **선지 사안의 경우** : 丙 명의 소유권이전등기는 乙 명의의 선순위가등기에 기한 소유권이전의 본등기에 저촉되는 등기로서 등기관에 의하여 직권말소되었다. 따라서 등기관의 직권으로 丙 명의 소유권이전등기의 말소회복등기가 있어야 한다. 등기관 직권에 의한 말소등기이므로 乙을 상대로 말소회복등기를 청구할 수는 없다. 한편, 선순위 가등기에 기한 乙명의 소유권이전등기와 위 가등기 순위에 저촉되는 丙 명의 소유권이전등기는 양립할 수 없는 경우에 해당하므로, 丙 명의 소유권이전등기의 말소회복등기신청을 위해서는 먼저 乙 명의의 소유권이전등기가 말소되어야 한다. 이 때 무효인 가등기 유용의 법리 등에

의하여 丙이 소유권에 기한 방해배제청구권으로서 乙을 상대로 乙 명의의 소유권이전등기의 말소를 구할 수 있다고 판시한 것이 1) 선지해설 부분의 대법원 1989. 10. 27. 선고 87다카425 판결이다. 이에 따라 乙 명의의 소유권이전등기가 말소되고 나면, 丙은 등기관에게 직권에 의한 말소회복등기를 乙 명의의 소유권이전등기 말소청구 승소확정판결을 첨부하여 신청하여, 등기관의 직권으로 丙 명의의 소유권이전등기를 회복할 수 있다.

ⓔ 참고판례 : [가] 말소등기의 회복에 있어서 말소된 원등기가 공동신청으로 된 것인 때에는 그 회복등기도 공동신청에 의함이 원칙이나, 다만 등기공무원이 말소할 수 없는 등기를 직권으로 말소한 경우(가등기에 기한 소유권이전의 본등기가 됨으로써 등기공무원이 직권으로 가등기 후에 경료된 제3자의 소유권이전등기를 말소하였으나 그 후 위 가등기에 기한 본등기가 원인무효의 등기라 하여 말소된 때)에는 부동산등기법 제175조를 준용하여 직권으로 말소회복등기를 하여야 하므로 회복등기절차 이행청구는 등기의무자 아닌 자에 대한 청구로서 부적법하다.

[나] 등기공무원이 직권으로 말소회복등기를 할 경우에 등기상 이해관계 있는 제3자가 있는 때에는 그 승낙서 또는 이에 대항할 수 있는 재판서 등본의 제출이 없는 한 그 회복등기를 할 수 없는 것인바, 위의 등기상 이해관계 있는 제3자라 함은 등기 기재의 형식상 말소된 등기가 회복됨으로 인하여 손해를 입을 우려가 있는 제3자를 의미하나 회복될 등기와 등기부상 양립할 수 없는 등기가 된 경우에는 이를 먼저 말소하지 않는 한 회복등기를 할 수 없으므로 이러한 등기(앞서의 가등기에 기한 소유권이전의 본등기)는 회복등기에 앞서 말소의 대상이 될 뿐이고, 그 등기의무자를 승낙청구의 상대방인 이해관계 있는 제3자로 보아 별도로 그 승낙까지 받아야 할 필요는 없으므로, 그 자에 대한 승낙청구는 상대방 당사자의 적격이 없는 자에 대한 청구로서 부적법하다(대법원 1982. 1. 26. 선고 81다2329 판결).

3) 비교

ⓐ 채무자의 부동산에 관하여 무효인 '가압류'의 유용이 있기 전에, 다른 채권자의 '가압류'가 있었던 사안과는 구분해야 한다. 대위채권자는 '가압류권자'로서 부동산 소유권자가 아니어서 유용된 '무효의 선순위 가압류'의 말소를 청구할 수 없었다. 그러자 부동산 소유권자인 채무자를 대위하여 '무효의 선순위 가압류'의 말소를 청구하였는데, 이에 대하여 대법원은 다음 ⓑ와 같이 판시하였다.

ⓑ 채권자대위권은 채무자의 제3채무자에 대한 권리를 행사하는 것이므로, 제3채무자는 채무자에 대해 가지는 모든 항변사유로 채권자에게 대항할 수 있으나, 채권자는 채무자 자신이 주장할 수 있는 사유의 범위 내에서 주장할 수 있을 뿐 자기와 제3채무자 사이의 독자적인 사정에 기한 사유를 주장할 수는 없다. 채권자가 무효인 소유권이전등기청구권이 보전을 위한 가등기의 유용 합의에 따라 부동산 소유자인 채무자로부터 그 가등기 이전의 부기등기를 마친 제3채무자를 상대로 채무자를 대위하여 가등기의 말소를 구한 사안에서, 채권자가 그 부기등기 전에 부동산을 가압류한 사실을 주장하는 것은 채무자가 아닌 채권자 자신이 제3채무자에 대하여 가지는 사유에 관한 것이어서 허용되지 않는다(대법원 2009. 5. 28. 선고 2009다4787 판결).

ⓒ 결국 대위채권자의 청구는 기각된다. 이 때 대위채권자는 가압류 대상 부동산의 배당절차에서, 대위채권자 자신의 가압류가 자신과의 관계에서 무효인 유용된 가압류보다 선순위라는 점을 주장하여 선순위 배당을 받는 방식으로 권리구제를 받을 수 있다.

ⓒ (O) 부동산 강제경매개시결정 기입등기는 채권자나 채무자가 직접 등기공무원에게 이를 신청하여 행할 수는 없고 반드시 법원의 촉탁에 의하여 행하여지는데, 이와 같이 당사자가 신청할 수 없는 강제경매개시결정 기입등기가 법원의 촉탁에 의하여 말소된 경우에는 그 회복등기도 법원의 촉탁에 의하여 행하여져야 하므로, 이 경우 강제경매 신청채권자가 말소된 강제경매개시결정 기입등기의 회복등기절차의 이행을 소구할 이익은 없고, 다만 강제경매개시결정 기입등기가 말소될 당시 그 부동산에 관하여 소유권이전등기를 경료하고 있는 사람은 법원이 강제경매개시결정 기입등기의 회복을 촉탁함에 있어서 등기상 이해

관계가 있는 제3자에 해당하므로, 강제경매 신청채권자로서는 그 사람을 상대로 하여 법원의 촉탁에 의한 강제경매개시결정 기입등기의 회복절차에 대한 승낙청구의 소를 제기할 수는 있다(대법원 2019. 5. 16. 선고 2015다253573 판결). 즉, 유용된 가등기에 기한 乙 명의의 본등기와 회복될 丙 명의의 강제경매개시결정 기입등기는 등기부상 양립할 수 있는 등기이므로, 丙 명의 강제경매개시결정 기입등기를 회복하기 전에 乙 명의의 본등기가 말소될 필요가 없다. 乙을 丙의 회복등기에 대한 이해관계 있는 제3자로 보아 乙에 대한 승낙청구를 청구하면 족하다.

㉣ (×)
1) 말소된 등기의 회복등기절차의 이행을 구하는 소에서는 회복등기의무자에게만 피고적격이 있는바, 가등기가 이루어진 부동산에 관하여 제3취득자 앞으로 소유권이전등기가 마쳐진 후 그 가등기가 말소된 경우 그와 같이 말소된 가등기의 회복등기절차에서 회복등기의무자는 가등기가 말소될 당시의 소유자인 제3취득자이므로, 그 가등기의 회복등기청구는 회복등기의무자인 제3취득자를 상대로 하여야 한다(대법원 2009. 10. 15. 선고 2006다43903 판결).
2) 乙 명의 가등기가 원인 없이 말소될 당시 등기부 기재상 소유자인 丙이 등기의무자이므로, 丙을 상대로 말소된 가등기의 회복등기절차의 이행을 구하여야 한다.

정답 ③

10. X 토지에 관하여 甲 명의의 소유권보존등기와 乙 명의의 소유권이전등기가 순차로 마쳐졌고, 丙은 X 토지의 사정명의인 A의 유일한 상속인이다. 丙이 甲과 乙을 상대로 소유권보존등기 및 소유권이전등기의 말소등기청구를 하였다. 이에 관한 설명 중 옳은 것을 모두 고른 것은? (다툼이 있는 경우 판례에 의함)

ㄱ. 甲은 A로부터 X 토지를 대물변제로 양도받았다고 주장하였고 丙은 甲이 관련서류를 위조하여 등기를 마쳤다고 주장하였다. 양쪽 당사자의 주장사실이 모두 증명되지 못한 경우 법원은 丙의 甲에 대한 청구를 인용한다.
ㄴ. 丙이 甲과 乙을 상대로 승소확정판결을 받더라도 甲과 乙 명의의 등기를 말소한 후 丙 앞으로 소유권보존등기를 신청하기 위해서는 국가를 상대로 하여 X 토지에 관한 소유권확인의 판결을 받아야 한다.
ㄷ. 乙이 등기부취득시효가 완성되어 X 토지의 소유권을 시효취득하였다고 주장하였고 이러한 주장이 받아들여질 경우, 甲도 乙의 시효취득 사실을 원용하여 丙의 소유권을 다툴 수 있다.
ㄹ. 乙이 등기부취득시효가 완성되어 X 토지의 소유권을 시효취득하였다고 주장하였고 이러한 주장이 받아들여질 경우, 丙은 甲에 대하여 甲의 소유권보존등기 말소의무의 이행불능을 이유로 민법 제390조에 따른 손해배상을 청구할 수 있다.

① ㄱ
② ㄱ, ㄴ
③ ㄱ, ㄷ
④ ㄴ, ㄷ, ㄹ
⑤ ㄴ, ㄷ

해설

㉠ (○)
1) 토지조사부에 소유자로 등재되어 있는 자는 재결에 의하여 사정 내용이 변경되었다는 등의 반증이 없는 이상 토지의 소유자로 사정받아 그 사정이 확정된 것으로 추정되어 그 토지를 원시적으로 취득하게 되고, 소유권보존등기의 추정력은 그 보존등기 명의인 이외의 자가 당해 토지를 사정받은 것으로 밝혀지면

깨어지는 것이나, 한편 부동산의 소유권에 기한 물권적 방해배제청구권 행사의 일환으로서 그 부동산에 관하여 마쳐진 타인 명의의 소유권보존등기의 말소를 구하려면 먼저 자신에게 그 말소를 청구할 수 있는 권원이 있음을 적극적으로 주장·입증하여야 하며, 만일 그러한 권원이 있음이 인정되지 않는다면 설사 타인 명의의 소유권보존등기가 말소되어야 할 무효의 등기라고 하더라도 그 청구를 인용할 수 없다. 따라서 사정 이후에 사정명의인이 그 토지를 다른 사람에게 처분한 사실이 인정된다면 사정명의인 또는 그 상속인들에게는 소유권보존등기 명의자를 상대로 하여 그 등기의 말소를 청구할 권원이 없게 되므로 그 청구를 인용할 수 없다(대법원 2008. 12. 24. 선고 2007다79718 판결).

2) X 토지의 사정명의인이 A인 이상, 甲 명의 소유권보존등기의 추정력은 깨어진다. 따라서 甲이 자신 명의의 소유권이전등기가 등기상 원인있음을 증명책임을 진다. 양 당사자의 주장사실이 모두 증명되지 못한 경우 법원은 A의 유일한 상속인 丙의 청구를 인용한다.

ⓒ (×) 토지에 관하여 이미 제3자 명의로 소유권보존등기가 마쳐져 있고, 토지대장상으로도 그 제3자가 소유자로 기재되어 있는 경우에 그 토지의 정당한 소유자라고 주장하는 자는 국가가 제3자의 소유를 부인하면서 계속 국가소유를 주장하는 등 특별한 사정이 없는 한 위 등기명의자를 상대로 하여 자신의 소유임을 확정하는 내용의 등기말소 내지 소유권 확인 판결을 받아야 하고, 별도로 국가를 상대로 소유권 확인을 구할 이익은 없는바, 이는 제3자 명의로소유권이전등기가 마쳐진 토지에 관하여도 마찬가지로 적용되는 법리이다(대법원 1995. 5. 9. 선고 94다39123 판결).

ⓒ (O) 원고가 피고에 대하여 피고 명의로 마쳐진 소유권이전등기의 말소를 구하려면 먼저 원고에게 말소를 청구할 수 있는 권원이 있음을 적극적으로 주장·증명하여야 하고, 만일 원고에게 그러한 권원이 있음이 인정되지 않는다면 설령 피고 명의의 소유권이전등기가 말소되어야 할 무효의 등기라고 하더라도 원고의 청구를 인용할 수는 없다. 피고로부터 매매 등의 방법으로 부동산에 대한 권리가 순차적으로 이전되어 최종적으로 소유권이전등기를 마친 제3자가 시효취득을 원인으로 부동산에 대한 소유권을 취득함에 따라 당초 부동산의 소유자인 원고가 소유권을 상실하게 되면, 비록 피고 명의의 소유권이전등기가 원인무효라고 하더라도 원고에게 피고 명의의 소유권이전등기의 말소를 청구할 수 있는 권원이 없으므로, 원고는 피고에 대하여 소유권에 기한 등기말소청구를 할 수 없다(대법원 2019. 7. 10. 선고 2015다249352 판결).

ⓔ (×) 소유자가 자신의 소유권에 기하여 실체관계에 부합하지 아니하는 등기의 명의인을 상대로 그 등기 말소나 진정명의회복 등을 청구하는 경우에, 그 권리는 물권적 청구권으로서의 방해배제청구권(민법 제214조)의 성질을 가진다. 물권적 청구권은 그 권리자인 소유자가 소유권을 상실하면 이제 그 발생의 기반이 아예 없게 되어 더 이상 그 존재 자체가 인정되지 아니하는 것이므로, 위와 같은 청구권의 실현이 객관적으로 불능이 되었다고 파악하여 등기말소 등 의무자에 대하여 그 권리의 이행불능을 이유로 민법 제390조상의 손해배상청구권을 가진다고 말할 수 없다(대법원 2012. 5. 17. 선고 2010다28604 판결).

정답 ③

11. 甲은 2023. 2. 1. 자신의 동생인 乙과 명의신탁약정을 체결하였고, 乙은 甲이 제공한 매수자금으로 丙으로부터 丙 소유의 X 토지를 매수하여 2023. 2. 3. 乙 명의의 소유권이전등기를 마쳤다. 매매계약 체결 당시 丙은 甲과 乙 사이의 명의신탁약정에 관해서는 알지 못하였다. 현재 甲은 X 토지를 점유하고 있다. 이에 관한 설명 중 옳은 것을 모두 고른 것은? (다툼이 있는 경우 판례에 의함)

ㄱ. 乙은 X 토지의 소유권을 유효하게 취득한다.
ㄴ. 乙이 2023. 11. 3. 甲에게 매수자금 상당의 부당이득반환의무의 이행에 갈음하여 X 토지를 양도하기로 약정한 경우, 명의신탁약정이 무효인 이상 이러한 약정도 무효이다.

ㄷ. 甲은 乙에 대한 매수자금 상당의 부당이득반환청구권을 피담보채권으로 하여 X 토지에 관하여 유치권을 행사할 수 있다.
ㄹ. 甲은 20년간 X 토지를 평온, 공연하게 점유함으로써 X 토지의 소유자를 상대로 점유취득시효 완성으로 인한 소유권이전등기를 청구할 수 있다.

① ㄱ
② ㄱ, ㄴ
③ ㄱ, ㄷ
④ ㄱ, ㄹ
⑤ ㄴ, ㄹ

해설

㉠ (○), ㉡ (×)

부동산 실권리자명의 등기에 관한 법률(이하 '부동산실명법'이라고 한다) 제4조 제1항, 제2항에 의하면, 명의신탁자와 명의수탁자가 이른바 계약명의신탁 약정을 맺고 명의수탁자가 당사자가 되어 명의신탁약정이 있다는 사실을 알지 못하는 소유자와의 사이에 부동산에 관한 매매계약을 체결한 후 매매계약에 따라 당해 부동산의 소유권이전등기를 수탁자 명의로 마친 경우에는 명의신탁자와 명의수탁자 사이의 명의신탁약정의 무효에도 불구하고 명의수탁자는 당해 부동산의 완전한 소유권을 취득하게 되고, 다만 명의수탁자는 명의신탁자에 대하여 부당이득반환의무를 부담하게 될 뿐이다. 그런데 계약명의신탁약정이 부동산실명법 시행 후에 이루어진 경우에는 명의신탁자는 애초부터 당해 부동산의 소유권을 취득할 수 없었으므로 위 명의신탁약정의 무효로 명의신탁자가 입은 손해는 당해 부동산 자체가 아니라 명의수탁자에게 제공한 매수자금이고, 따라서 명의수탁자는 당해 부동산 자체가 아니라 명의신탁자로부터 제공받은 매수자금만을 부당이득한다. 그 경우 계약명의신탁의 당사자들이 명의신탁약정이 유효한 것, 즉 명의신탁자가 이른바 내부적 소유권을 가지는 것을 전제로 하여 장차 명의신탁자 앞으로 목적 부동산에 관한 소유권등기를 이전하거나 부동산의 처분대가를 명의신탁자에게 지급하는 것 등을 내용으로 하는 약정을 하였다면 이는 명의신탁약정을 무효라고 정하는 부동산실명법 제4조 제1항에 좇아 무효이다. 그러나 명의수탁자가 앞서 본 바와 같이 명의수탁자의 완전한 소유권 취득을 전제로 하여 사후적으로 명의신탁자와의 사이에 위에서 본 매수자금반환의무의 이행에 갈음하여 명의신탁된 부동산 자체를 양도하기로 합의하고 그에 기하여 명의신탁자 앞으로 소유권이전등기를 마쳐준 경우에는 그 소유권이전등기는 새로운 소유권 이전의 원인인 대물급부의 약정에 기한 것이므로 약정이 무효인 명의신탁약정을 명의신탁자를 위하여 사후에 보완하는 방책에 불과한 등의 다른 특별한 사정이 없는 한 유효하고, 대물급부의 목적물이 원래의 명의신탁부동산이라는 것만으로 유효성을 부인할 것은 아니다(대법원 2014. 8. 20. 선고 2014다30483 판결).

㉢ (×)

1) 명의신탁자와 명의수탁자가 이른바 계약명의신탁약정을 맺고 명의수탁자가 당사자가 되어 명의신탁약정이 있다는 사실을 알지 못하는 소유자와 부동산에 관한 매매계약을 체결한 뒤 수탁자 명의로 소유권이전등기를 마친 경우에는, 명의신탁자와 명의수탁자 사이의 명의신탁약정은 무효이지만 그 명의수탁자는 당해 부동산의 완전한 소유권을 취득하게 되고(부동산 실권리자명의 등기에 관한 법률 제4조 제1항, 제2항 참조), 반면 명의신탁자는 애초부터 당해 부동산의 소유권을 취득할 수 없고 다만 그가 명의수탁자에게 제공한 부동산 매수자금이 무효의 명의신탁약정에 의한 법률상 원인 없는 것이 되는 관계로 명의수탁자에 대하여 동액 상당의 부당이득반환청구권을 가질 수 있을 뿐이다. 명의신탁자의 이와 같은 부당이득반환청구권은 부동산 자체로부터 발생한 채권이 아닐 뿐만 아니라 소유권 등에 기한 부동산의 반환청구권과 동일한 법률관계나 사실관계로부터 발생한 채권이라고 보기도 어려우므로, 결국 민법 제320조 제1항에서

정한 유치권 성립요건으로서의 목적물과 채권 사이의 견련관계를 인정할 수 없다(대법원 2009. 3. 26. 선고 2008다34828 판결).

2) 다만, 위 판결은 대외적으로는 명의수탁자가 소유자이지만 동시에 명의신탁자와 명의수탁자 사이에는 명의신탁자가 명의신탁 부동산을 무상으로 점유·사용하기로 하는 묵시의 약정이 있었고 명의신탁자가 그러한 약정에 따라 이 사건 부동산을 점유해 온 것으로 봄이 타당하다고 보았다. 따라서 명의신탁자는 이 사건 부동산을 점유·사용하는 중에 지출한 유익비에 관하여 위와 같은 사용대차계약의 당사자인 명의수탁자에게 상환청구권을 행사할 수 있고, 그러한 유익비상환청구권의 변제기는 그에 관한 당사자의 약정 또는 위 사용대차계약 관계를 규율하는 법조항이나 법리에 의하여 정해진다 할 것인데, 당해 사안의 경우 사용대차관계가 종료되어 변제기가 도래하였으므로 민법 제611조 사용대차에서의 유익비상환청구권을 피담보채권으로 한 유치권을 행사할 수 있다고 보았다.

ⓔ (×)

[1] 민법 제197조 제1항에 따라 물건의 점유자는 소유의 의사로 점유한 것으로 추정된다. 점유자가 취득시효를 주장하는 경우 스스로 소유의 의사를 증명할 책임은 없고, 오히려 취득시효의 성립을 부정하는 사람에게 그 점유자의 점유가 소유의 의사가 없음을 주장하여 증명할 책임이 있다. 점유자의 점유가 소유의 의사가 있는 자주점유인지 아니면 소유의 의사가 없는 타주점유인지는 점유자 내심의 의사에 의하여 결정되는 것이 아니라 점유취득의 원인이 된 권원의 성질이나 점유와 관계가 있는 모든 사정에 의하여 외형적, 객관적으로 결정된다. 점유자가 성질상 소유의 의사가 없는 것으로 보이는 권원에 바탕을 두고 점유를 취득한 사실이 증명되었거나, 점유자가 타인의 소유권을 배제하여 자기의 소유물처럼 배타적 지배를 행사하는 의사를 가지고 점유하는 것으로 볼 수 없는 객관적 사정, 즉 점유자가 진정한 소유자라면 통상 취하지 아니할 태도를 나타내거나 소유자라면 당연히 취했을 것으로 보이는 행동을 취하지 아니한 경우 등 외형적, 객관적으로 보아 점유자가 타인의 소유권을 배척하고 점유할 의사를 갖고 있지 아니하였던 것이라고 볼만한 사정이 증명된 경우에도 그 추정은 깨어진다. 그러므로 점유자가 점유개시 당시에 소유권 취득의 원인이 될 수 있는 법률행위 기타 법률요건이 없이 그와 같은 사실을 잘 알면서 타인 소유의 부동산을 무단점유한 것임이 증명되었다면 특별한 사정이 없는 한 점유자는 타인의 소유권을 배척하고 점유할 의사를 갖고 있지 않다고 보아야 한다. 이로써 소유의 의사가 있는 점유라는 추정은 깨어진다.

[3] 계약명의신탁에서 명의신탁자는 부동산의 소유자가 명의신탁약정을 알았는지 여부와 관계없이 부동산의 소유권을 갖지 못할 뿐만 아니라 매매계약의 당사자도 아니어서 소유자를 상대로 소유권이전등기청구를 할 수 없고, 이는 명의신탁자도 잘 알고 있다고 보아야 한다. 명의신탁자가 명의신탁약정에 따라 부동산을 점유한다면 명의신탁자에게 점유할 다른 권원이 인정되는 등의 특별한 사정이 없는 한 명의신탁자는 소유권 취득의 원인이 되는 법률요건이 없이 그와 같은 사실을 잘 알면서 타인의 부동산을 점유한 것이다. 이러한 명의신탁자는 타인의 소유권을 배척하고 점유할 의사를 가지지 않았다고 할 것이므로 소유의 의사로 점유한다는 추정은 깨어진다(대법원 2022. 5. 12. 선고 2019다249428 판결). 정답 ①

12. 물상대위에 관한 설명 중 옳은 것을 모두 고른 것은? (다툼이 있는 경우 판례에 의함)

ㄱ. 저당권의 목적부동산이 수용되는 경우 저당권자의 압류 전에 저당물 소유자가 수용보상금을 수령하였다면, 저당물 소유자는 수령한 금액 가운데 채권최고액을 한도로 하는 피담보채권액을 저당권자에게 부당이득으로 반환할 의무가 있다.

ㄴ. 전세권을 목적으로 한 저당권이 설정된 경우 전세권의 존속기간이 만료되면, 전세권저당권자는 전세권 자체에 대하여 저당권을 실행할 수 없고 전세금반환채권에 대하여 물상대위권을 행사하여 전세금의 지급을 구하여야 한다.

ㄷ. 동산 양도담보의 목적물이 소실되어 양도담보 설정자가 화재보험계약에 따른 보험금청구권을 취득한 경우, 동산 양도담보권자가 물상대위권의 행사로 보험금청구권에 대하여 압류 및 추심명령을 받아 추심권을 행사할 때, 특별한 사정이 없는 한 제3채무자인 보험회사는 양도담보 설정 후 취득한 양도담보 설정자에 대한 채권에 의한 상계로써 양도담보권자에게 대항할 수 없다.

ㄹ. 공동저당에 제공된 채무자 소유 부동산과 물상보증인 소유 부동산 가운데 물상보증인 소유 부동산이 먼저 경매되어 매각대금에서 선순위공동저당권자가 변제를 받은 경우 물상보증인 소유 부동산의 후순위저당권자는 물상보증인이 변제자대위에 의하여 취득하는 채무자 소유 부동산에 대한 선순위공동저당권에 물상대위할 수 있다.

① ㄱ, ㄴ　　　② ㄴ, ㄷ　　　③ ㄷ, ㄹ
④ ㄱ, ㄴ, ㄹ　　⑤ ㄱ, ㄴ, ㄷ, ㄹ

해설

㉠ (○) 저당권자는 저당권의 목적이 된 물건의 멸실, 훼손 또는 공용징수로 인하여 저당목적물의 소유자가 받을 저당목적물에 갈음하는 금전 기타 물건에 대하여 물상대위권을 행사할 수 있으나, 다만 그 지급 또는 인도 전에 이를 압류하여야 하며, 저당권자가 위 금전 또는 물건의 인도청구권을 압류하기 전에 저당물의 소유자가 그 인도청구권에 기하여 금전 등을 수령한 경우 저당권자는 더 이상 물상대위권을 행사할 수 없게 된다. 이 경우 저당권자는 저당권의 채권최고액 범위 내에서 저당목적물의 교환가치를 지배하고 있다가 저당권을 상실하는 손해를 입게 되는 반면에, 저당목적물의 소유자는 저당권의 채권최고액 범위 내에서 저당권자에게 저당목적물의 교환가치를 양보하여야 할 지위에 있다가 마치 그러한 저당권의 부담이 없었던 것과 같은 상태에서의 대가를 취득하게 되는 것이므로, 그 수령한 금액 가운데 저당권의 채권최고액을 한도로 하는 피담보채권액의 범위 내에서는 이득을 얻게 된다. 저당목적물 소유자가 얻은 위와 같은 이익은 저당권자의 손실로 인한 것으로서 인과관계가 있을 뿐 아니라, 공평의 관념에 위배되는 재산적 가치의 이동이 있는 경우 수익자로부터 그 이득을 되돌려받아 손실자와 재산상태의 조정을 꾀하는 부당이득제도의 목적에 비추어 보면 위와 같은 이익을 소유권자에게 종국적으로 귀속시키는 것은 저당권자에 대한 관계에서 공평의 관념에 위배되어 법률상 원인이 없다고 봄이 상당하므로, 저당목적물 소유자는 저당권자에게 이를 부당이득으로 반환할 의무가 있다(대법원 2009. 5. 14. 선고 2008다17656 판결).

㉡ (○) 전세권을 목적으로 한 저당권이 설정된 경우, 전세권의 존속기간이 만료되면 전세권의 용익물권적 권능이 소멸하기 때문에 더 이상 전세권 자체에 대하여 저당권을 실행할 수 없게 되고, 저당권자는 저당권의 목적물인 전세권에 갈음하여 존속하는 것으로 볼 수 있는 전세금반환채권에 대하여 압류 및 추심명령 또는 전부명령을 받거나 제3자가 전세금반환채권에 대하여 실시한 강제집행절차에서 배당요구를 하는 등의 방법으로 물상대위권을 행사하여 전세금의 지급을 구하여야 한다.
전세권저당권자가 위와 같은 방법으로 전세금반환채권에 대하여 물상대위권을 행사한 경우, 종전 저당권의 효력은 물상대위의 목적이 된 전세금반환채권에 존속하여 저당권자가 전세금반환채권으로부터 다른 일반채권자보다 우선변제를 받을 권리가 있으므로, 설령 전세금반환채권이 압류된 때에 전세권설정자가 전세권자에 대하여 반대채권을 가지고 있고 반대채권과 전세금반환채권이 상계적상에 있다고 하더라도 그러한 사정만으로 전세권설정자가 전세권저당권자에게 상계로써 대항할 수는 없다.
그러나 전세금반환채권은 전세권이 성립하였을 때부터 이미 발생이 예정되어 있다고 볼 수 있으므로, 전세권저당권이 설정된 때에 이미 전세권설정자가 전세권자에 대하여 반대채권을 가지고 있고 반대채권의 변제기가 장래 발생할 전세금반환채권의 변제기와 동시에 또는 그보다 먼저 도래하는 경우와 같이 전세권설정자에게 합리적 기대 이익을 인정할 수 있는 경우에는 특별한 사정이 없는 한 전세권설정자는 반대채권을 자동채권으로 하여 전세금반환채권과 상계함으로써 전세권저당권자에게 대항할 수 있다(대법원 2014. 10. 27. 선고 2013다91672 판결).

ⓒ (○)
1) 동산 양도담보권자는 양도담보 목적물이 소실되어 양도담보 설정자가 보험회사에 대하여 화재보험계약에 따른 보험금청구권을 취득한 경우 담보물 가치의 변형물인 화재보험금청구권에 대하여 양도담보권에 기한 물상대위권을 행사할 수 있는데, 동산 양도담보권자가 물상대위권 행사로 양도담보 설정자의 화재보험금청구권에 대하여 압류 및 추심명령을 얻어 추심권을 행사하는 경우 특별한 사정이 없는 한 제3채무자인 보험회사는 양도담보 설정 후 취득한 양도담보설정자에 대한 별개의 채권을 가지고 상계로써 양도담보권자에게 대항할 수 없다(대법원 2014. 9. 25. 선고 2012다58609 판결).
2) 이 판례는 乙의 추심금 청구에 있어서 제3채무자의 지위에 있는 보험회사 A가 자동채권으로 주장하는 채권에 대하여 이른바 '변제기 선도래설'에 근거하여 상계 여부를 판단하지 않은 경우에 해당한다. 다시 말해 압류 당시를 기준으로 판단한 것이 아니라, 양도담보설정시를 기준으로 하여 존재하지 않았던 채권이라면 상계를 주장할 수 있는 자동채권에 해당하지 않는다고 보았다. 이는 아마도 양도담보권자의 우선변제권을 보장하기 위한 법리로 양도담보 해석론과 관련하여 유연한 태도를 보여주는 판례의 입장으로 이해하면 된다.

ⓔ (○) 공동저당에 제공된 채무자 소유 부동산과 물상보증인 소유 부동산 가운데 물상보증인 소유 부동산이 먼저 경매되어, 매각대금에서 선순위 공동저당권자가 변제를 받은 때에는, 물상보증인은 채무자에 대하여 구상권을 취득함과 동시에 변제자대위에 의하여 채무자 소유 부동산에 대한 선순위 공동저당권을 대위취득한다. 또한 물상보증인 소유 부동산에 대한 후순위 저당권자는 물상보증인이 대위취득한 채무자 소유 부동산에 대한 선순위 공동저당권에 대하여 물상대위를 할 수 있다. 이러한 법리는 공동근저당권의 경우에도 마찬가지로 적용된다(대법원 2018. 7. 11. 선고 2017다292756 판결). **정답 ⑤**

13. 민사유치권에 관한 설명 중 옳은 것은? (다툼이 있는 경우 판례에 의함)

① 점유를 침탈당한 자가 가지는 물건의 반환 및 손해배상청구권의 행사에는 1년의 제척기간이 적용되고, 이는 점유를 침탈당한 자가 본권인 유치권 소멸에 따른 손해배상청구권을 행사하는 경우에도 적용된다.
② 유치권자는 채무자의 승낙을 얻어 유치물인 건물을 임대하여 간접점유할 수 있으나, 점유매개관계를 이루는 임대차계약이 해지되어 종료되었다면 유치권은 유치권자의 점유 상실을 이유로 소멸한다.
③ 최우선순위 저당권이 설정된 후에 유치권이 성립한 경우 유치권자는 저당권의 실행으로 매각된 부동산의 소유자에게 유치권으로 대항할 수 없다.
④ 유치권자가 피담보채권에 기하여 유치물을 점유하고 있는 동안에는 피담보채권의 소멸시효가 진행되지 않는다.
⑤ 건물신축 도급계약에서 완성된 신축 건물에 하자가 있고 하자 및 손해에 상응하는 금액이 공사잔대금액 이상이어서 도급인이 하자보수청구권 등에 기하여 수급인의 공사잔대금 채권 전부에 대하여 동시이행 항변을 한 경우, 공사잔대금 채권의 변제기가 도래하였더라도 수급인은 도급인에 대하여 하자보수의무나 하자보수에 갈음한 손해배상의무 등의 이행제공을 하지 않은 이상 유치권을 행사할 수 없다고 보아야 한다.

해 설

① (×) 민법 제204조에 따르면, 점유자가 점유의 침탈을 당한 때에는 그 물건의 반환 및 손해의 배상을 청구할 수 있고(제1항), 위 청구권은 점유를 침탈당한 날부터 1년 내에 행사하여야 하며(제3항), 여기서 말하는 1년의 행사기간은 제척기간으로서 소를 제기하여야 하는 기간을 말한다. 그런데 민법 제204조 제3항은 본권 침해로 발생한 손해배상청구권의 행사에는 적용되지 않으므로 점유를 침탈당한 자가 본권인 유치권 소멸에 따른 손해배상청구권을 행사하는 때에는 민법 제204조 제3항이 적용되지 아니하고, 점유를 침탈당한 날부터 1년 내에 행사할 것을 요하지 않는다(대법원 2021. 8. 19. 선고 2021다213866 판결).

② (×)
1) 유치권자는 채무자의 승낙없이 유치물의 사용, 대여 또는 담보제공을 하지 못한다. 그러나 유치물의 보존에 필요한 사용은 그러하지 아니하다(민법 제324조 제2항). 유치권자가 전2항의 규정에 위반한 때에는 채무자는 유치권의 소멸을 청구할 수 있다(민법 제324조 제3항).
2) 유치권의 성립요건인 유치권자의 점유는 직접점유이든 간접점유이든 관계없다. 간접점유를 인정하기 위해서는 간접점유자와 직접점유를 하는 자 사이에 일정한 법률관계, 즉 점유매개관계가 필요한데, 간접점유에서 점유매개관계를 이루는 임대차계약 등이 해지 등의 사유로 종료되더라도 직접점유자가 목적물을 반환하기 전까지는 간접점유자의 직접점유자에 대한 반환청구권이 소멸하지 않는다. 따라서 점유매개관계를 이루는 임대차계약 등이 종료된 이후에도 직접점유자가 목적물을 점유한 채 이를 반환하지 않고 있는 경우에는, 간접점유자의 반환청구권이 소멸한 것이 아니므로 간접점유의 점유매개관계가 단절된다고 할 수 없다(대법원 2019. 8. 14. 선고 2019다205329 판결).

③ (×) 어느 부동산에 관하여 경매개시결정등기가 된 뒤에 비로소 민사유치권을 취득한 사람은 경매절차의 매수인에 대하여 그의 유치권을 주장할 수 없다. 이러한 법리는 어디까지나 경매절차의 법적 안정성을 보장하기 위한 것이므로, 경매개시결정등기가 되기 전에 이미 그 부동산에 관하여 민사유치권을 취득한 사람은 그 취득에 앞서 저당권설정등기나 가압류등기 또는 체납처분압류등기가 먼저 되어 있다 하더라도 경매절차의 매수인에게 자기의 유치권으로 대항할 수 있다(대법원 2014. 4. 10. 선고 2010다84932 판결).

④ (×) 유치권의 행사는 채권의 소멸시효의 진행에 영향을 미치지 아니한다(민법 제326조).

⑤ (○) 수급인의 공사대금채권이 도급인의 하자보수청구권 내지 하자보수에 갈음한 손해배상채권 등과 동시이행의 관계에 있는 점 및 피담보채권의 변제기 도래를 유치권의 성립요건으로 규정한 취지 등에 비추어 보면, 건물신축 도급계약에서 수급인이 공사를 완성하였더라도, 신축된 건물에 하자가 있고 그 하자 및 손해에 상응하는 금액이 공사잔대금액 이상이어서, 도급인이 수급인에 대한 하자보수청구권 내지 하자보수에 갈음한 손해배상채권 등에 기하여 수급인의 공사잔대금 채권 전부에 대하여 동시이행의 항변을 한 때에는, 공사잔대금 채권의 변제기가 도래하지 아니한 경우와 마찬가지로 수급인은 도급인에 대하여 하자보수의무나 하자보수에 갈음한 손해배상의무 등에 관한 이행의 제공을 하지 아니한 이상 공사잔대금 채권에 기한 유치권을 행사할 수 없다고 보아야 한다(대법원 2014. 1. 16. 선고 2013다30653 판결). **정답 ⑤**

14. 가등기담보에 관한 설명 중 옳지 않은 것은? (다툼이 있는 경우 판례에 의함)

① 공사대금 채권을 담보하기 위하여 설정받은 가등기에 기하여 담보권을 실행하기 위해서는 「가등기담보 등에 관한 법률」(이하 '가등기담보법'이라고 한다)에 따른 청산절차를 거쳐야 한다.

② 가등기담보권자인 채권자가 가등기담보법에 따라 채무자에게 청산통지를 하였다는 사실을 후순위권리자에게 통지하지 않고 채무자에게 청산금을 지급한 경우에는 후순위권리자는 청산금 채권이 아직 소멸하지 않은 것으로 보고 채권자에게 직접 그 권리를 행사할 수 있다.

③ 가등기담보법에 따른 담보가등기가 설정된 부동산에 관한 경매절차에서, 매각대금 중 집행 비용 등을 제외한 배당할 금액이 2,400만 원이고 담보가등기의 피담보채권이 2,000만 원, 선순위와 후순위 가압류채권의 청구금액이 각 1,000만 원씩인 경우, 선순위 가압류채권자는 600만 원, 가등기담보권자는 1,800만 원, 후순위 가압류채권자는 0원을 배당받는다.

④ 위 ③항의 사안에서 선순위와 후순위의 가압류채권자가 동일인인 경우에도 가압류채권자는 합계 600만 원, 가등기담보권자는 1,800만 원을 배당받는다.

⑤ 가등기담보권자는 담보권을 실행하여 담보목적 부동산의 소유권을 취득하기 위해서 채권의 변제기 후에 청산금의 평가액을 채무자에게 통지하여야 하는데, 청산금은 통지 당시의 담보 목적 부동산의 가액에서 채권액을 뺀 금액이다.

해설

① (×)
1) 이 법은 차용물의 반환에 관하여 차주가 차용물을 갈음하여 다른 재산권을 이전할 것을 예약할 때 그 재산의 예약 당시 가액이 차용액과 이에 붙인 이자를 합산한 액수를 초과하는 경우에 이에 따른 담보계약과 그 담보의 목적으로 마친 가등기 또는 소유권이전등기의 효력을 정함을 목적으로 한다(가등기담보법 제1조).
2) 가등기담보법의 적용이 있으려면 피담보채권이 소비대차 또는 준소비대차에 의한 금전채권이어야 한다.

② (○) 가등기담보권자인 채권자가 청산기간이 경과하기 전 또는 가등기담보등에관한법률 제6조 제1항에 의하여 채무자에게 청산통지를 하였다는 사실 등을 후순위권리자에게 통지하지 아니하고, 채무자에게 청산금을 지급한 경우에는 이로써 후순위권리자에게 대항할 수 없는 것이나, 이러한 채권자의 변제 제한의 효력은 후순위권리자에게만 적용되는 상대적인 것이므로, 후순위권리자는 청산금채권이 아직 소멸하지 않은 것으로 보고 채권자에게 직접 권리를 행사할 수 있고 후순위권리자가 채권자에게 청산금을 지급하여 줄 것을 청구하게 되면 채권자로서는 청산금의 이중 지급의 책임을 면할 수 없다는 취지일 뿐이지, 후순위권리자가 존재한다는 사유만으로 채무자에게 담보권의 실행을 거부할 권원을 부여하는 것은 아니다 (대법원 2002. 12. 10. 선고 2002다42001 판결).

③ (○), ④ (○)
1) 가등기담보권자는 그 담보가등기가 경료된 부동산에 대하여 경매 등이 개시된 경우에 다른 채권자보다 자기 채권에 대하여 우선변제를 받을 권리가 있다고 할 것이고 이 경우 그 순위에 관하여는 그 담보가등기권리를 저당권으로 보고 그 담보가등기가 경료된 때에 저당권설정등기가 행해진 것으로 보게 되므로, 가등기담보권에 대하여 선순위 및 후순위 가압류채권이 있는 경우 부동산의 경매에 의한 매득금 중 경매비용을 제외한 나머지 금원을 배당함에 있어 가등기담보권자는 선순위 가압류채권에 대하여는 우선변제권을 주장할 수 없어 그 피담보채권과 선순위 및 후순위 가압류채권에 대하여 1차로 채권액에 따른 안분비례에 의하여 평등배당을 하되, 담보가등기권자는 위 후순위 가압류채권에 대하여는 우선변제권이 인정되어 그 채권으로부터 받을 배당액으로부터 자기의 채권액을 만족시킬 때까지 이를 흡수하여 변제받을 수 있으며 선순위와 후순위 가압류채권이 동일인의 권리라 하여 그 귀결이 달라지는 것이 아니다(대법원 1992. 3. 27. 선고 91다44407 판결).
2) 안분 후 흡수배당의 법리이다.
ⓐ **안분배당 과정** : 1차로 채권액에 따른 안분비례 평등배당을 한다. 선순위 가압류채권자 600만 원, 가등기담보권자 1,200만 원, 후순위 가압류채권자 600만 원씩 배당한다.

ⓑ **흡수배당 과정**: 가등기담보권자는 후순위 가압류채권에 대하여는 우선변제권이 인정되어 그 채권으로부터 받을 배당액 600만 원으로부터 자기의 채권액 2,000만 원을 만족시킬 때까지 이를 흡수하여 변제받을 수 있다. 따라서 결과적으로 선순위 가압류채권자 600만 원, 가등기담보권자 1,800만 원, 후순위 가압류채권자 0원씩 배당한다.

⑤ (O) 가등기담보 등에 관한 법률 제3조, 제4조에 의하면 가등기담보권자가 담보계약에 따른 담보권을 실행하여 담보목적부동산의 소유권을 취득하기 위해서는 채권의 변제기 후에 청산금의 평가액을 채무자 등에게 통지하여야 한다. 여기서 말하는 청산금의 평가액은 통지 당시의 담보목적부동산의 가액에서 그 당시의 피담보채권액(원본, 이자, 위약금, 지연배상금, 실행비용)을 뺀 금액을 의미하므로, 가등기담보권자가 담보권 실행을 통하여 우선변제받게 되는 이자나 지연배상금 등 피담보채권의 범위는 통지 당시를 기준으로 확정된다. 채권자는 주관적으로 평가한 청산금의 평가액을 통지하면 족하고, 채권자가 주관적으로 평가한 청산금의 액수가 정당하게 평가된 청산금의 액수에 미치지 못하더라도 담보권 실행의 통지로서의 효력에는 아무런 영향이 없다(대법원 2016. 6. 23. 선고 2015다13171 판결). **정답 ①**

15. 선의취득에 관한 설명 중 옳지 <u>않은</u> 것을 모두 고른 것은? (각 지문은 독립적이며, 다툼이 있는 경우 판례에 의함)

ㄱ. 丙은 乙 소유의 휴대전화 단말기를 훔쳐 중고거래 플랫폼을 통하여 甲에게 매도하였는데, 甲은 매수 당시 丙이 무권리자임을 알지 못하였으나 알지 못한 데 과실이 없음을 증명하지는 못하였다. 이 경우 乙은 도난당한 때로부터 2년이 경과한 때에는 甲을 상대로 단말기의 반환을 청구할 수 없다.

ㄴ. 甲이 乙의 채권자로서 乙이 점유 중인 丙 소유의 A 동산의 경매를 신청하였고 甲이 그 경매절차에서 A 동산을 매수하였다. 甲이 선의취득의 요건을 갖추었다면 丙은 채무자 乙을 상대로 부당이득으로서 甲이 배당받은 금전 상당액의 반환을 청구할 수 있다.

ㄷ. 위 ㄴ.의 경우에 甲은 선의취득의 효과를 거부하고 丙에게 A 동산을 반환받아 갈 것을 요구할 수도 있다.

ㄹ. 甲이 소유자 乙로부터 보관을 위탁받은 B 동산을 제3자인 丙에게 보관시킨 경우에 甲이 丙에 대한 반환청구권을 丁에게 양도하고 지명채권 양도의 대항요건을 갖추었을 때에는, 丁은 B 동산의 선의취득에 필요한 점유의 취득요건을 충족한다.

① ㄱ, ㄴ　　② ㄱ, ㄷ　　③ ㄱ, ㄴ, ㄷ
④ ㄴ, ㄷ　　⑤ ㄴ, ㄷ, ㄹ

해설

ㄱ (×) 민법 제249조가 규정하는 선의 무과실의 기준시점은 물권행위가 완성되는 때인 것이므로 물권적 합의가 문제로 된 동산의 인도보다 먼저 행하여지면 인도된 때를, 인도가 물권적 합의보다 먼저 행하여지면 물권적 합의가 이루어진 때를 기준으로 해야 하는 것이고 민법 제250조나 제251조는 다같이 민법 제249조의 선의취득의 요건이 충족된 경우들에 관한 규정으로서 위 제250조는 목적물이 진정한 권리자의 의사에 반하거나 의사에 의하지 않고 그 점유를 이탈한 도품, 유실물인 때에 피해자, 유실자는 선의취득자에 대하여 2년간 그 물건의 반환을 청구할 수 있는 제도에 관한 규정이고 위 제251조는 양수인이 위와

같은 도품이나 유실물을 경매나 공개시장 또는 동종류의 물건을 판매하는 상인에게서 선의(무과실)하게 매수한 때에는 종전의 소유자는 그 대가를 변상하고 그 물건의 반환을 청구할 수 있는 제도에 관한 규정인바, 이 사건 기계에 대한 물권적 합의 당시와 그 후 현실적 인도를 받을 당시에 관한 원심설시의 상황 아래서는 민법 제249조와 제251조의 무과실 취득이라고 볼 수 없어 결국 피고는 이 사건 기계인 플레너의 선의취득자일 수 없다는 결론이 자연스럽게 도출되는 것이고 이와 같이 선의취득자가 될 수 없는 이상 선의취득자로 된 경우에 비로소 문제가 되는 도품, 유실품인지에 관하여 원심이 판단하지 않았다해서 어떤 잘못이 있다고도 할 수 없을 뿐만 아니라 양수인이 선의취득자일 때 비로소 그 요건 해당 여부가 문제되는 민법 제251조를 살피지 않았다 해서 법리오해의 위법이 있다고도 할 수 없다(대법원 1991. 3. 22. 선고 91다70 판결).

ⓒ (×), ⓒ (×)
[1] 채무자 이외의 자의 소유에 속하는 동산을 경매한 경매절차에서 그 동산을 경락받아 경락대금을 납부하고 이를 인도받은 경락인이 동산의 소유권을 선의취득한 경우 그 동산의 매득금은 채무자의 것이 아니어서 채권자가 이를 배당을 받았다고 하더라도 채권은 소멸하지 않고 계속 존속하므로, 배당을 받은 채권자는 이로 인하여 법률상 원인 없는 이득을 얻고 소유자는 경매에 의하여 소유권을 상실하는 손해를 입게 되었다고 할 것이니 그 동산의 소유자는 배당을 받은 채권자에 대하여 부당이득으로서 배당받은 금원의 반환을 청구할 수 있고, 이러한 이치는 제3자 소유의 기계·기구가 그의 동의 없이 공장저당법 제4조, 제5조의 규정에 의한 저당권의 목적이 되어 같은 법 제7조의 목록에 기재되는 바람에 공장에 속하는 토지 또는 건물과 함께 일괄 경매되어 경락되고 채권자가 그 기계·기구의 경락대금을 배당받은 경우에도 경락인이 그 기계·기구의 소유권을 선의취득 하였다면 마찬가지라고 보아야 한다.
[2] 민법 제249조의 동산 선의취득제도는 동산을 점유하는 자의 권리외관을 중시하여 이를 신뢰한 자의 소유권 취득을 인정하고 진정한 소유자의 추급을 방지함으로써 거래의 안전을 확보하기 위하여 법이 마련한 제도이므로, 위 법조 소정의 요건이 구비되어 동산을 선의취득한 자는 권리를 취득하는 반면 종전 소유자는 소유권을 상실하게 되는 법률효과가 법률의 규정에 의하여 발생되므로, 선의취득자가 임의로 이와 같은 선의취득 효과를 거부하고 종전 소유자에게 동산을 반환받아 갈 것을 요구할 수 없다.
[3] 채무자 이외의 자의 소유에 속하는 동산을 경매하여 그 매득금을 배당받은 채권자가 그 동산을 경락받아 선의취득자의 지위를 겸하고 있는 경우, 배당받은 채권자가 법률상 원인 없이 이득을 한 것은 배당액이지 선의취득한 동산이 아니므로, 동산의 전 소유자가 임의로 그 동산을 반환받아 가지 아니하는 이상 동산 자체를 반환받아 갈 것을 요구할 수는 없고 단지 배당금을 부당이득으로 반환할 수밖에 없다(대법원 1998. 6. 12. 선고 98다6800 판결).
ⓔ (O) 양도인이 소유자로부터 보관을 위탁받은 동산을 제3자에게 보관시킨 경우에 양도인이 그 제3자에 대한 반환청구권을 양수인에게 양도하고 지명채권 양도의 대항요건을 갖추었을 때에는 동산의 선의취득에 필요한 점유의 취득 요건을 충족한다고 할 것이다(대법원 1999. 1. 26. 선고 97다48906 판결). **정답 ③**

16. 근저당권에 관한 설명 중 옳지 않은 것은? (다툼이 있는 경우 판례에 의함)

① 선순위근저당권의 피담보채무액이 채권최고액을 초과하는 경우에, 후순위근저당권자는 선순위근저당권의 피담보채무가 확정된 이후 채권최고액 상당만을 변제하고 민법 제364조에 따른 선순위근저당권의 소멸을 청구할 수는 없다.
② 피담보채무를 확정시키는 근저당권설정자의 근저당권설정계약의 해제 또는 해지에 관한 권한은 근저당부동산의 소유권을 취득한 제3취득자도 원용할 수 있다.

③ 근저당권자의 경매신청으로 인하여 근저당권의 피담보채권이 확정되었을 경우 확정 이후에 새로운 거래관계에서 발생한 원본채권은 근저당권에 의하여 담보되지 않지만, 확정 전에 발생한 원본채권에 관하여 확정 후에 발생하는 이자나 지연손해금 채권은 채권최고액의 범위 내에서 담보된다.
④ 근저당권을 설정한 후에도 피담보채무가 확정되기 전이라면 근저당권설정자와 근저당권자가 합의하여 채권최고액의 범위 내에서 피담보채무의 범위를 변경할 수 있고, 후순위저당권자와 같은 이해관계인이 생긴 때에도 그 피담보채무의 범위를 변경할 때에 이해관계인의 승낙을 받을 필요가 없다.
⑤ 채무자 소유 부동산과 물상보증인 소유의 부동산에 공동근저당권이 설정된 후 채무자 소유 부동산을 제3자에게 매각하여 그 대가로 피담보채권의 일부를 변제한 경우에, 공동근저당권자는 변제액을 고려하지 않고 채권최고액 전액의 범위에서 물상보증인 소유 부동산의 환가절차상 여전히 우선변제권을 행사할 수 있다.

해설

① (O)
1) 저당부동산에 대하여 소유권, 지상권 또는 전세권을 취득한 제3자는 저당권자에게 그 부동산으로 담보된 채권을 변제하고 저당권의 소멸을 청구할 수 있다(민법 제364조). 저당권은 원본, 이자, 위약금, 채무불이행으로 인한 손해배상 및 저당권의 실행비용을 담보한다. 그러나 지연배상에 대하여는 원본의 이행기일을 경과한 후의 1년분에 한하여 저당권을 행사할 수 있다(민법 제360조). 채무의 변제는 제3자도 할 수 있다. 그러나 채무의 성질 또는 당사자의 의사표시로 제3자의 변제를 허용하지 아니하는 때에는 그러하지 아니하다(민법 제469조 제1항).
2) 민법 제469조에 의한 제3자의 변제는 저당채무자가 부담하는 모든 채무를 변제하여야 하지만, 제364조에 의하면 제3취득자는 저당권자에게 '그 부동산으로 담보된 채권'만 변제하면 되고, 지연이자는 원본의 이행기일을 경과한 후 1년 분만 변제하면 된다고 본다. 따라서 민법 제364조는 제469조의 특칙이다.
3) 민법 제364조는 "저당부동산에 대하여 소유권, 지상권 또는 전세권을 취득한 제3자는 저당권자에게 그 부동산으로 담보된 채권을 변제하고 저당권의 소멸을 청구할 수 있다."고 규정하고 있다. 그러므로 근저당부동산에 대하여 민법 제364조의 규정에 의한 권리를 취득한 제3자는 피담보채무가 확정된 이후에 채권최고액의 범위 내에서 그 확정된 피담보채무를 변제하고 근저당권의 소멸을 청구할 수 있으나, 근저당부동산에 대하여 후순위근저당권을 취득한 자는 민법 제364조에서 정한 권리를 행사할 수 있는 제3취득자에 해당하지 아니하므로 이러한 후순위근저당권자가 선순위근저당권의 피담보채무가 확정된 이후에 그 확정된 피담보채무를 변제한 것은 민법 제469조의 규정에 의한 이해관계 있는 제3자의 변제로서 유효한 것인지 따져볼 수는 있을지언정 민법 제364조의 규정에 따라 선순위근저당권의 소멸을 청구할 수 있는 사유로는 삼을 수 없다(대법원 2006. 1. 26. 선고 2005다17341 판결).
② (O) 피담보채무를 확정시키는 근저당권설정자의 근저당권설정계약의 해제 또는 해지에 관한 권한은 근저당부동산의 소유권을 취득한 제3취득자도 원용할 수 있다고 할 것인데, 제3취득자가 명시적인 해지의 의사표시를 하지는 아니하였지만 근저당권자에게 저당목적 부동산을 취득하였음을 내세우면서 앞으로 대위변제를 통하여 채권최고액 범위 내에서 피담보채무를 소멸시키고 근저당권의 소멸을 요구할 것이라는

전제에서 채무자의 피담보채무에 대하여 채무를 일부 변제하기 시작하는 등 제3취득자가 기존 근저당권설정계약의 존속을 통한 피담보채무의 증감변동을 더 이상 용인하지 아니하겠다는 의사를 파악할 수 있는 어떤 외부적, 객관적 행위를 하고, 채권자도 그러한 사정 때문에 그 계약이 종료됨으로써 피담보채무가 확정된다고 하는 점을 객관적으로 인식할 수 있었던 경우라면, 제3취득자는 근저당권설정계약을 해지하는 묵시적인 의사표시를 한 것으로 볼 수 있으므로, 근저당권의 피담보채무는 그 설정계약에서 정한 바에 따라 확정된다(대법원 2002. 5. 24. 선고 2002다7176 판결).

③ (O) 근저당권자의 경매신청 등의 사유로 인하여 근저당권의 피담보채권이 확정되었을 경우, 확정 이후에 새로운 거래관계에서 발생한 원본채권은 그 근저당권에 의하여 담보되지 아니하지만, 확정 전에 발생한 원본채권에 관하여 확정 후에 발생하는 이자나 지연손해금 채권은 채권최고액의 범위 내에서 근저당권에 의하여 여전히 담보되는 것이다(대법원 2007. 4. 26. 선고 2005다38300 판결).

④ (O) 근저당권은 피담보채무의 최고액만을 정하고 채무의 확정을 장래에 보류하여 설정하는 저당권이다(민법 제357조 제1항 본문 참조). 근저당권을 설정한 후에 근저당설정자와 근저당권자의 합의로 채무의 범위 또는 채무자를 추가하거나 교체하는 등으로 피담보채무를 변경할 수 있다. 이러한 경우 위와 같이 변경된 채무가 근저당권에 의하여 담보된다. 후순위저당권자 등 이해관계인은 근저당권의 채권최고액에 해당하는 담보가치가 근저당권에 의하여 이미 파악되어 있는 것을 알고 이해관계를 맺었기 때문에 이러한 변경으로 예측하지 못한 손해를 입었다고 볼 수 없으므로, 피담보채무의 범위 또는 채무자를 변경할 때 이해관계인의 승낙을 받을 필요가 없다. 또한 등기사항의 변경이 있다면 변경등기를 해야 하지만(민법 제186조), 등기사항에 속하지 않는 사항은 당사자의 합의만으로 변경의 효력이 발생한다(대법원 2021. 12. 16. 선고 2021다264161 판결).

⑤ (X) 공동근저당권자가 스스로 근저당권을 실행하거나 타인에 의하여 개시된 경매 등의 환가절차를 통하여 공동담보의 목적 부동산 중 일부에 대한 환가대금 등으로부터 다른 권리자에 우선하여 피담보채권의 일부를 배당받은 경우, 그와 같이 우선변제받은 금액에 관하여는 공동담보의 나머지 목적 부동산에 대한 경매 등의 환가절차에서 다시 공동근저당권자로서 우선변제권을 행사할 수 없다. 이러한 법리는 채무자 소유 부동산과 물상보증인 소유 부동산에 공동근저당권이 설정된 후 공동담보의 목적 부동산 중 채무자 소유 부동산을 임의환가하여 청산하는 경우, 즉 공동담보의 목적 부동산 중 채무자 소유 부동산을 제3자에게 매각하여 그 대가로 피담보채권의 일부를 변제하는 경우에도 적용되어, 공동근저당권자는 그와 같이 변제받은 금액에 관하여는 더 이상 물상보증인 소유 부동산에 대한 경매 등의 환가절차에서 우선변제권을 행사할 수 없다(대법원 2018. 7. 11. 선고 2017다292756 판결).   **정답 ⑤**

17. 공유물분할에 관한 설명 중 옳지 않은 것은? (다툼이 있는 경우 판례에 의함)

① 공유물분할청구권도 채권자대위권의 목적이 될 수 있지만, 채권자가 자신의 금전채권을 보전하기 위하여 채무자를 대위하여 부동산에 관한 공유물분할청구권을 행사하는 것은 극히 예외적인 경우가 아니라면 보전의 필요성을 인정할 수 없다.

② 부동산의 일부 공유지분에 관하여 저당권이 설정된 후 부동산이 분할된 경우, 그 저당권은 분할된 각 부동산 위에 종전의 지분비율대로 존속하고 분할된 각 부동산은 저당권의 공동담보가 된다.

③ 구분소유적 공유관계에 있는 토지의 특정부분을 구분소유하는 자는 명의신탁 해지를 원인으로 지분이전등기절차의 이행을 구할 수 있을 뿐, 토지 전체에 대한 공유물분할을 청구할 수는 없다.

④ 여러 사람이 공유하는 물건을 현물분할하는 경우에는 분할청구자의 지분한도 안에서 현물분할을 하고 분할을 원하지 않는 나머지 공유자들은 공유자로 남는 방법도 허용된다.
⑤ 공유물을 공유자 중의 1인의 단독소유로 하되 현물을 소유하게 되는 공유자로 하여금 다른 공유자에게 그 지분의 적정하고 합리적인 가격을 배상시키는 방법의 분할도 허용되는데, 이때 법원은 공유지분에 관한 소유권이전등기절차의 이행과 배상액의 지급을 상환이행하도록 명하는 판결을 선고해야 한다.

해설

① (O)
[1] 채권자는 자기의 채권을 보전하기 위하여, 일신에 전속한 권리가 아닌 한 채무자의 권리를 행사할 수 있다(민법 제404조 제1항). 공유물분할청구권은 공유관계에서 수반되는 형성권으로서 공유자의 일반재산을 구성하는 재산권의 일종이다. 공유물분할청구권의 행사가 오로지 공유자의 자유로운 의사에 맡겨져 있어 공유자 본인만 행사할 수 있는 권리라고 볼 수는 없다. 따라서 공유물분할청구권도 채권자대위권의 목적이 될 수 있다.
[2] 권리의 행사 여부는 그 권리자가 자유로운 의사에 따라 결정하는 것이 원칙이다. 채무자가 스스로 권리를 행사하지 않는데도 채권자가 채무자를 대위하여 채무자의 권리를 행사할 수 있으려면 그러한 채무자의 권리를 행사함으로써 채권자의 권리를 보전해야 할 필요성이 있어야 한다. 여기에서 보전의 필요성은 채권자가 보전하려는 권리의 내용, 채권자가 보전하려는 권리가 금전채권인 경우 채무자의 자력 유무, 채권자가 보전하려는 권리와 대위하여 행사하려는 권리의 관련성 등을 종합적으로 고려하여 채권자가 채무자의 권리를 대위하여 행사하지 않으면 자기 채권의 완전한 만족을 얻을 수 없게 될 위험이 있어 채무자의 권리를 대위하여 행사하는 것이 자기 채권의 현실적 이행을 유효·적절하게 확보하기 위하여 필요한지 여부를 기준으로 판단하여야 하고, 채권자대위권의 행사가 채무자의 자유로운 재산관리행위에 대한 부당한 간섭이 되는 등 특별한 사정이 있는 경우에는 보전의 필요성을 인정할 수 없다.
[3] [다수의견] 채권자가 자신의 금전채권을 보전하기 위하여 채무자를 대위하여 부동산에 관한 공유물분할청구권을 행사하는 것은, 책임재산의 보전과 직접적인 관련이 없어 채권의 현실적 이행을 유효·적절하게 확보하기 위하여 필요하다고 보기 어렵고 채무자의 자유로운 재산관리행위에 대한 부당한 간섭이 되므로 보전의 필요성을 인정할 수 없다. 또한 특정 분할 방법을 전제하고 있지 않은 공유물분할청구권의 성격 등에 비추어 볼 때 그 대위행사를 허용하면 여러 법적 문제들이 발생한다. 따라서 극히 예외적인 경우가 아니라면 금전채권자는 부동산에 관한 공유물분할청구권을 대위행사할 수 없다고 보아야 한다 (대법원 2020. 5. 21. 선고 2018다879 전원합의체 판결).
② (O) 부동산의 일부 공유지분에 관하여 저당권이 설정된 후 부동산이 분할된 경우, 그 저당권은 분할된 각 부동산 위에 종전의 지분비율대로 존속하고, 분할된 각 부동산은 저당권의 공동담보가 된다(대법원 2012. 3. 29. 선고 2011다74932 판결).
③ (O) 공유물분할청구는 공유자의 일방이 그 공유지분권에 터잡아서 하는 것이므로, 공유지분권을 주장하지 아니하고 목적물의 특정 부분을 소유한다고 주장하는 자는 그 부분에 대하여 신탁적으로 지분등기를 가지고 있는 자를 상대로 하여 그 특정 부분에 대한 명의신탁 해지를 원인으로 한 지분이전등기절차의 이행을 구하면 되고, 이에 갈음하여 공유물분할청구를 할 수는 없다(대법원 1996. 2. 23. 선고 95다8430 판결).
④ (O) 공유물분할의 소는 형성의 소로서 공유자 상호 간의 지분의 교환 또는 매매를 통하여 공유의 객체를 단독 소유권의 대상으로 하여 그 객체에 대한 공유관계를 해소하는 것을 말하므로, 법원은 공유물분할을

청구하는 자가 구하는 방법에 구애받지 아니하고 자유로운 재량에 따라 공유관계나 그 객체인 물건의 제반 상황에 따라 공유자의 지분비율에 따른 합리적인 분할을 하면 된다. 여러 사정을 종합적으로 고려하여 당해 공유물을 특정한 자에게 취득시키는 것이 상당하다고 인정되고, <u>다른 공유자에게는 그 지분의 가격을 취득시키는 것이 공유자 간의 실질적인 공평을 해치지 않는다고 인정되는 특별한 사정이 있는 때에는 공유물을 공유자 중의 1인의 단독소유 또는 수인의 공유로 하되 현물을 소유하게 되는 공유자로 하여금 다른 공유자에 대하여 그 지분의 적정하고도 합리적인 가격을 배상시키는 방법에 의한 분할도 현물분할의 하나로 허용된다</u>(대법원 2022. 9. 7. 선고 2022다244805 판결).

⑤ (×)
1) 갑이 을을 상대로 제기한 공유물분할청구의 소에 관하여 <u>선고한 원심판결의 주문에서 '1. 가. (가), (나) 부분 토지는 을의 소유로, (다) 부분 토지는 갑의 소유로 각 분할한다. 나. 갑은 을로부터 가액보상금을 지급받음과 동시에, 을에게 (가), (나) 부분 토지 중 갑의 지분에 관하여 공유물분할을 원인으로 한 소유권이전등기절차를 이행하라'고 한 사안</u>에서, 원심판결의 주문 제1의 가항은 형성판결로서 그대로 확정될 경우, 을은 (가), (나) 부분 토지에 관한 단독소유권을 취득하고, 갑은 (다) 부분 토지에 관한 단독소유권을 취득하게 되므로, 을이 단독소유권을 취득하게 될 (가), (나) 부분 토지와 관련하여, 갑이 을에게 (가), (나) 부분 토지 중 갑의 지분에 관하여 소유권이전등기신청에 대한 의사표시를 별도로 할 필요가 없고, 반면에 원심판결의 주문 제1의 나항은 이행판결로서 그대로 확정될 경우, 을이 반대의무인 가액보상금 지급의무를 이행한 사실을 증명하여 재판장의 명령에 의하여 집행문을 받아야만 (가), (나) 부분 토지 중 갑의 지분에 관하여 갑의 소유권이전등기신청에 대한 의사표시 의제의 효과가 발생하므로, 향후 (가), (나) 부분 토지 중 갑의 지분에 관하여 갑의 소유권이전등기신청에 대한 의사표시가 필요하지 않음을 전제로 하는 원심판결의 주문 제1의 가항과 향후 (가), (나) 부분 토지 중 갑의 지분에 관하여 갑의 소유권이전등기신청에 대한 의사표시가 필요함을 전제로 하는 원심판결의 주문 제1의 나항은 효과 면에서 서로 모순되므로, 원심판결에는 이유모순 등의 잘못이 있다고 한 사례(대법원 2020. 8. 20. 선고 2018다241410 판결).
2) <u>공유물분할 판결이 확정되면 「민법」 제187조에 따라 그에 관한 등기가 행해지지 않아도 판결 내용에 따른 소유권의 변동 효력이 발생한다. 따라서 공유지분에 관한 소유권이전등기절차의 이행이 필요없으므로, 배상액의 지급과 상환이행하도록 명하는 판결을 선고하는 것은 적절하지 않다</u>는 것이 위 1) 판례의 내용이다.

정답 ⑤

18. 동시이행의 항변에 관한 설명 중 옳은 것을 모두 고른 것은? (다툼이 있는 경우 판례에 의함)

ㄱ. 채권증서 반환청구권이나 영수증 교부의무는 모두 변제와 동시이행관계에 있다.
ㄴ. 「상가건물 임대차보호법」의 적용을 받는 상가건물의 경우 임차인의 임차목적물 반환의무와 임대인의 권리금 회수 방해로 인한 손해배상의무는 특별한 사정이 없는 한 서로 동시이행관계에 있지 않다.
ㄷ. 동시이행의 관계에 있는 쌍방의 채무 중 어느 한 채무가 이행불능이 됨으로 인하여 발생한 손해배상채무는 여전히 다른 채무와 동시이행관계에 있다.
ㄹ. 임대차 종료 후 임차인의 임차목적물 인도의무와 임대인의 연체임료 기타 손해배상금을 공제하고 남은 임차보증금 반환의무와는 동시이행관계에 있으므로, 임차인이 동시이행항변권에 기하여 임차목적물을 점유하고 사용·수익한 경우 그 점유·사용으로 인한 이익에 대하여 부당이득반환의무가 인정되지 않는다.

ㅁ. 근저당권 실행을 위한 경매가 무효로 되어 근저당권자인 채권자가 채무자를 대위하여 경매절차상 매수인에 대한 소유권이전등기 말소청구권을 행사하는 경우, 매수인이 부담하는 소유권이전등기 말소의무와 위 근저당권자가 매수인에 대하여 부담하는 배당금 반환채무는 서로 이행의 상대방을 달리하는 것으로서 동시이행관계에 있지 않다.

① ㄱ, ㄴ, ㄷ　　② ㄱ, ㄷ, ㄹ　　③ ㄴ, ㄷ, ㄹ
④ ㄴ, ㄷ, ㅁ　　⑤ ㄷ, ㄹ, ㅁ

해설

㉠ (×) 채무자가 채무 전부를 변제한 때에는 채권자에게 채권증서의 반환을 청구할 수 있으며, 제3자가 변제를 하는 경우에는 제3자도 채권증서의 반환을 구할 수 있으나(민법 제475조 참조), 이러한 채권증서 반환청구권은 채권 전부를 변제한 경우에 인정되는 것이고, 영수증 교부의무와는 달리 변제와 동시이행 관계에 있지 않다(대법원 2005. 8. 19. 선고 2003다22042 판결).

㉡ (○) 임차인의 임차목적물 반환의무는 임대차계약의 종료에 의하여 발생하나, 임대인의 권리금 회수 방해로 인한 손해배상의무는 상가건물 임대차보호법에서 정한 권리금 회수기회 보호의무 위반을 원인으로 하고 있으므로 양 채무는 동일한 법률요건이 아닌 별개의 원인에 기하여 발생한 것일 뿐 아니라 공평의 관점에서 보더라도 그 사이에 이행상 견련관계를 인정하기 어렵다(대법원 2019. 7. 10. 선고 2018다242727 판결).

㉢ (○) 동시이행의 관계에 있는 쌍방의 채무 중 어느 한 채무가 이행불능이 됨으로 인하여 발생한 손해배상 채무도 여전히 다른 채무와 동시이행의 관계에 있다고 할 것이다(대법원 2000. 2. 25. 선고 97다30066 판결).

㉣ (×) 임대차계약이 종료된 경우에 임차인이 동시이행 항변권에 기하여 임차목적물을 명도하지 아니하고 계속 사용 수익함으로 인하여 얻은 실질적 이익은 이로 인하여 임대인에게 손해를 끼친 한도에 있어서는 부당이득이 된다(대법원 1981. 1. 13. 선고 80다1201 판결).

㉤ (○) 근저당권 실행을 위한 경매가 무효로 되어 채권자(=근저당권자)가 채무자를 대위하여 낙찰자에 대한 소유권이전등기 말소청구권을 행사하는 경우, 낙찰자가 부담하는 소유권이전등기 말소의무는 채무자에 대한 것인 반면, 낙찰자의 배당금 반환청구권은 실제 배당금을 수령한 채권자(=근저당권자)에 대한 채권인바, 채권자(=근저당권자)가 낙찰자에 대하여 부담하는 배당금 반환채무와 낙찰자가 채무자에 대하여 부담하는 소유권이전등기 말소의무는 서로 이행의 상대방을 달리하는 것으로서, 채권자(=근저당권자)의 배당금 반환채무가 동시이행의 항변권이 부착된 채 채무자로부터 승계된 채무도 아니므로, 위 두 채무는 동시에 이행되어야 할 관계에 있지 아니하다(대법원 2006. 9. 22. 선고 2006다24049 판결). **정답 ④**

19. 甲이 乙에게 X 토지를 매도하는 내용의 계약을 체결한 경우에 관한 설명으로 옳지 않은 것은? (각 지문은 독립적이며, 다툼이 있는 경우 판례에 의함)

① 乙이 잔대금 지급기일까지 그 대금을 지급하지 못하면 그 계약이 자동적으로 해제된다는 취지의 약정이 있더라도, 특별한 사정이 없는 한 甲이 이행의 제공을 하여 乙로 하여금 이행지체에 빠지게 하였을 때 비로소 매매계약이 해제된다고 보아야 한다.

② 매매계약 체결 시 甲과 乙이 매매대금의 지급 방법 및 매매 토지에 관한 기존의 임대차관계 승계 등에 관해 특약을 하였는데, 甲의 계속된 특약사항의 이행촉구가 있었음에도 乙이 특약의 존재를 부정하면서 이를 이행하지 않을 의사를 분명히 표시하였다면, 甲은 자기 채무의 이행 제공이 없더라도 그 매매계약을 해제할 수 있다.

③ 매매계약 체결 당시 X 토지가 丙 소유이고 甲이 丙에 대하여 가지는 소유권이전등기청구권이 가압류되어 있거나 처분금지가처분이 되어 있는데 甲이 그 가압류 또는 가처분 집행을 모두 해제할 수 없는 무자력의 상태에 있다고 인정되는 경우, 乙은 甲의 소유권이전등기의무가 이행불능임을 이유로 매매계약을 해제할 수 있다.
④ 甲이 X 토지에 대한 매매대금을 지급받지 못하여 매매계약을 해제한 경우, X 토지 위에 乙이 신축한 건물의 매수인 丁은 민법 제548조 제1항 단서에서 말하는 제3자에 해당하지 않는다.
⑤ 乙이 X 토지에 대한 소유권이전등기를 마친 후 乙의 채무불이행으로 甲이 적법하게 위 매매계약을 해제한 경우, 乙에 대한 금전채권을 보전하기 위하여 그 계약을 해제하기 전에 X 토지를 가압류한 戊는 민법 제548조 제1항 단서에서 말하는 제3자에 해당하지 않는다.

해설

① (O) 부동산 매매계약에 있어서 매수인이 잔대금 지급기일까지 그 대금을 지급하지 못하면 그 계약이 자동적으로 해제된다는 취지의 약정이 있더라도 매도인이 이행의 제공을 하여 매수인을 이행지체에 빠뜨리지 않는 한 그 약정기일의 도과 사실만으로는 매매계약이 자동 해제된 것으로 볼 수 없으나, 매수인이 수회에 걸친 채무불이행에 대하여 책임을 느끼고 잔금 지급기일의 연기를 요청하면서 새로운 약정기일까지는 반드시 계약을 이행할 것을 확약하고 불이행시에는 매매계약이 자동적으로 해제되는 것을 감수하겠다는 내용의 약정을 한 특별한 사정이 있다면, 매수인이 잔금 지급기일까지 잔금을 지급하지 아니함으로써 그 매매계약은 자동적으로 실효된다(대법원 1996. 3. 8. 선고 95다55467 판결).

② (O)
[1] 일반적으로 쌍무계약에 있어서 당사자의 일방이 미리 자기 채무를 이행하지 아니할 의사를 표명한 때에는 상대방은 이행의 최고나 자기 채무의 이행의 제공 없이 계약을 해제할 수 있고, 이러한 의사의 표명 여부는 계약의 이행에 관한 당사자의 행동과 계약 전후의 구체적 사정 등을 종합적으로 살펴서 판단하여야 한다.
[2] 매도인과 매수인 사이에 토지 매매계약을 체결하면서 매매대금의 지급 방법 및 매매 토지에 관한 기존의 임대차관계 승계 등에 관해 특약을 했음에도 매수인이 매도인의 계속된 특약 사항의 이행 촉구에도 불구하고 그 특약의 존재를 부정하면서 이를 이행하지 아니하였다면 매수인은 위 특약 사항을 이행하지 아니할 의사를 분명하게 표시하였다고 할 것이므로 매도인은 자기의 채무의 이행제공이 없더라도 매매계약을 해제할 수 있다고 한 사례(대법원 1997. 11. 28. 선고 97다30257 판결).

③ (O)
[1] 채무의 이행이 불능이라는 것은 단순히 절대적·물리적으로 불능인 경우가 아니라 사회생활에 있어서의 경험법칙 또는 거래상의 관념에 비추어 볼 때 채권자가 채무자의 이행의 실현을 기대할 수 없는 경우를 말하는 것인바, 매매목적물에 대하여 가압류 또는 처분금지가처분 집행이 되어 있다고 하여 매매에 따른 소유권이전등기가 불가능한 것은 아니며, 이러한 법리는 가압류 또는 가처분집행의 대상이 매매목적물 자체가 아니라 매도인이 매매목적물의 원소유자에 대하여 가지는 소유권이전등기청구권 또는 분양권인 경우에도 마찬가지이다.
[2] 매도인의 소유권이전등기청구권이 가압류되어 있거나 처분금지가처분이 있는 경우에는 그 가압류 또는 가처분의 해제를 조건으로 하여서만 소유권이전등기절차의 이행을 명받을 수 있는 것이어서, 매도인은 그 가압류 또는 가처분을 해제하지 아니하고서는 매도인 명의의 소유권이전등기를 마칠 수 없고, 따라서 매수인 명의의 소유권이전등기도 경료하여 줄 수 없다고 할 것이므로, 매도인이 그 가압류 또는 가처분 집행을 모두 해제할 수 없는 무자력의 상태에 있다고 인정되는 경우에는 매수인이 매도인의 소유

권이전등기의무가 이행불능임을 이유로 매매계약을 해제할 수 있다(대법원 2006. 6. 16. 선고 2005다39211 판결).

④ (○) 계약당사자의 일방이 계약을 해제하여도 제3자의 권리를 침해할 수 없지만, 여기에서 그 제3자는 계약의 목적물에 관하여 권리를 취득하고 또 이를 가지고 계약당사자에게 대항할 수 있는 자를 말하므로, 토지를 매도하였다가 대금지급을 받지 못하여 그 매매계약을 해제한 경우에 있어 그 토지 위에 신축된 건물의 매수인은 위 계약해제로 권리를 침해당하지 않을 제3자에 해당하지 아니한다(대법원 1991. 5. 28. 선고 90다카16761 판결).

⑤ (×) 민법 제548조 제1항 단서에서 말하는 제3자란 일반적으로 해제된 계약으로부터 생긴 법률효과를 기초로 하여 별개의 새로운 권리를 취득한 자를 말하는 것인바, 해제된 계약에 의하여 채무자의 책임재산이 된 계약의 목적물을 가압류한 가압류채권자는 그 가압류에 의하여 당해 목적물에 대하여 잠정적으로 그 권리행사만을 제한하는 것이나 종국적으로는 이를 환가하여 그 대금으로 피보전채권의 만족을 얻을 수 있는 권리를 취득하는 것이므로, 그 권리를 보전하기 위하여서는 위 조항 단서에서 말하는 제3자에는 위 가압류채권자도 포함된다고 보아야 한다(대법원 2000. 1. 14. 선고 99다40937 판결). **정답 ⑤**

20. 甲은 지상에 건물을 신축하기 위하여 2018. 4. 20. 乙로부터 乙 소유의 X 토지를 임대차기간 2018. 4. 20.부터 2021. 4. 19.까지, 임대차보증금 없이 차임 월 300만 원으로 정하여 임차하였다. 甲은 위 X 토지 위에 Y 건물을 지어 2019. 4. 1. Y 건물에 관하여 자신의 이름으로 소유권보존등기를 마쳤다. 이에 관한 설명 중 옳은 것(○)과 옳지 않은 것(×)을 올바르게 조합한 것은? (각 지문은 독립적이며, 다툼이 있는 경우 판례에 의함)

ㄱ. 만약 甲과 乙 사이의 임대차계약 중에 "임대차기간이 만료한 때에는 지상 건물을 철거한 후 대지를 임대인에게 인도한다."는 특약이 포함되어 있다면, 임대차기간 만료 후 甲은 원칙적으로 乙을 상대로 Y 건물에 대한 지상물매수청구권을 행사할 수 없다.

ㄴ. 만약 임대차계약 체결 후 乙이 사업자금이 필요하여 2020. 4. 1. 丙에게 X 토지를 매도하고 다음 날 X 토지에 관하여 丙 앞으로 소유권이전등기를 마쳤다면, 甲은 임대차기간 만료 후 丙이 甲에게 Y 건물을 철거하고 X 토지를 인도할 것을 요구하더라도 丙을 상대로 지상물매수청구권을 행사할 수 있다.

ㄷ. 만약 임대차기간 만료 전인 2020. 5. 1. 甲이 丁에게 Y 건물을 양도하고 다음 날 丁 앞으로 소유권이전등기를 마쳐주었는데 이에 관하여 乙로부터 별도의 동의를 받지 않았다면, 위 임대차기간 만료 후 乙이 Y 건물의 철거 및 X 토지 인도를 요구한 경우 丁은 원칙적으로 乙을 상대로 지상물매수청구권을 행사할 수 있다.

ㄹ. 만약 위 X 토지가 임대차계약 체결 당시부터 제3자인 戊 소유였고 단지 乙이 戊로부터 X 토지의 관리를 위탁받아 甲과 임대차계약을 체결한 것이라면, 甲은 위 임대차기간 만료 후 乙이 Y 건물의 철거 및 X 토지의 인도를 요구한 경우 특별한 사정이 없는 한 乙을 상대로 지상물매수청구권을 행사할 수 없다.

① ㄱ(○), ㄴ(○), ㄷ(×), ㄹ(×)
② ㄱ(○), ㄴ(×), ㄷ(○), ㄹ(×)
③ ㄱ(×), ㄴ(×), ㄷ(○), ㄹ(○)
④ ㄱ(○), ㄴ(×), ㄷ(×), ㄹ(○)
⑤ ㄱ(×), ㄴ(○), ㄷ(×), ㄹ(○)

해설

㉠ (×) 토지임대인과 토지임차인 사이에 임대차기간 만료시에 임차인이 지상건물을 양도하거나 이를 철거하기로 하는 약정은 특별한 사정이 없는 한 민법 제643조 소정의 임차인의 지상물매수청구권을 배제하기로 하는 약정으로서 임차인에게 불리한 것이므로 민법 제652조의 규정에 의하여 무효라고 보아야 한다(대법원 1993. 7. 27. 선고 93다6386 판결).

㉡ (○)
1) 건물의 소유를 목적으로 한 토지임대차는 이를 등기하지 아니한 경우에도 임차인이 그 지상건물을 등기한 때에는 제3자에 대하여 임대차의 효력이 생긴다(민법 제622조 제1항).
2) 건물 등의 소유를 목적으로 하는 토지 임대차에서 임대차 기간이 만료되거나 기간을 정하지 않은 임대차의 해지통고로 임차권이 소멸한 경우에 임차인은 민법 제643조에 따라 임대인에게 상당한 가액으로 건물 등의 매수를 청구할 수 있다. 임차인의 지상물매수청구권은 국민경제적 관점에서 지상 건물의 잔존 가치를 보존하고 토지 소유자의 배타적 소유권 행사로부터 임차인을 보호하기 위한 것으로서, 원칙적으로 임차권 소멸 당시에 토지 소유권을 가진 임대인을 상대로 행사할 수 있다. 임대인이 제3자에게 토지를 양도하는 등으로 토지 소유권이 이전된 경우에는 임대인의 지위가 승계되거나 임차인이 토지 소유자에게 임차권을 대항할 수 있다면 새로운 토지 소유자를 상대로 지상물매수청구권을 행사할 수 있다(대법원 2017. 4. 26. 선고 2014다72449 판결).

㉢ (×) 민법 제644조 소정의 전차인의 임대청구권과 매수청구권은 토지임차인이 토지임대인의 승낙하에 적법하게 그 토지를 전대한 경우에만 인정되는 권리이다. 이러한 법리는 임차인이 임대차목적물을 무단 전대하였다는 이유로 임대인이 임대차계약을 해지한 경우는 물론 임대인이 임대차계약을 해지하지 아니한 채 임대차기간이 만료된 경우에도 동일하게 적용된다 할 것이다(대법원 1993. 7. 27. 선고 93다6386 판결).

㉣ (○)
1) [1] 건물의 소유를 목적으로 하는 토지 임차인의 지상물매수청구권 행사의 상대방은 원칙적으로 임차권 소멸 당시의 토지 소유자인 임대인이다. 토지 소유자가 아닌 제3자가 토지를 임대한 경우에 임대인은 특별한 사정이 없는 한 지상물매수청구권의 상대방이 될 수 없다.
[2] 국가로부터 국유 토지의 관리를 위탁받은 갑 주식회사와 사용수익계약을 체결하여 그 토지 위에 건물을 건축한 을 주식회사가 계약기간 만료 후 갑 회사를 상대로 지상물매수청구권을 행사한 사안에서, 갑 회사는 국유 토지의 관리를 위탁받아 을 회사와 사용수익계약을 체결한 자일뿐 토지 소유자가 아니므로 지상물매수청구권의 상대방이 될 수 없다고 본 원심판단에 법리오해의 잘못이 없다고 한 사례(대법원 2022. 4. 14. 선고 2020다254228 판결).
2) 참고 : 지상물매수청구권의 상대방에 대한 판례군(群)은 단순한 하나의 법리에 기초해 있으나 개별 사안에서는 구체적 타당성을 고려하려는 유혹 때문에 법리를 혼동하기 쉽다.
ⓐ 지상물매수청구권의 상대방은 임대차 종료 당시에 '임대인이면서 동시에 토지소유자'여야 한다.
ⓑ 따라서 임대차계약 체결 당시에는 임대인이 토지소유자였더라도, 임대차 종료 당시 토지의 소유자가 변동되었다면 임차인은 임대인과 토지소유자 누구에게도 지상물매수청구권을 행사할 수 없다(대법원 1994. 7. 29. 선고 93다59717 판결). 다만, 토지의 새로운 소유자가 임대차계약을 계약인수하거나 토지임차인이 대항력을 취득하는 등으로, 임대인 지위가 승계된다면'임대인이면서 동시에 토지소유자'에 해당하게 되므로 그를 상대로 건물매수청구권을 행사할 수 있다.
ⓒ 임대차계약 체결 당시부터 임대인이 토지소유권자가 아닌 경우에도 마찬가지이다. 乙 명의 소유·丙 명의 소유권이전등기청구권 가등기가 있는 상태에서 丙이 丁에게 건물의 소유를 목적으로 토지를 임대하였고, 그 후 토지에 관하여 甲 명의로 소유권이전등기를 마쳤는데, 甲이 丁을 상대로 토지에 건립된

丁 소유의 건물 등의 철거와 토지 인도를 구하자, 丁이 건물 등의 매수를 구한 사안에서, 임대인(丙)이 아닌 토지 소유자(甲)는 임대인의 지위를 승계하였다는 등의 특별한 사정이 없는 한 임차인의 지상물매수청구권의 상대방이 될 수 없으므로, 甲이 아닌 丙으로부터 토지를 임차한 丁은 원칙적으로 임대인이 아닌 토지 소유자인 甲을 상대로 지상물매수청구권을 행사할 수 없다고 판례가 있다(대법원 2017. 4. 26. 선고 2014다72449 판결).

ⓓ 위 1)의 판결도 토지소유자인 국가가 건물 신축에 동의하였더라도 임대인과 토지소유자가 다른 이상 지상물매수청구권은 부정된다고 보았다. 어떠한 사정이 있었던 간에 지상물매수청구권의 상대방은 임대차 종료 당시에 '임대인이면서 동시에 토지소유자'여야 한다는 법리가 확고히 유지되고 있다. **정답 ⑤**

21. 불법행위에 관한 설명 중 옳은 것을 모두 고른 것은? (각 지문은 독립적이며, 다툼이 있는 경우 판례에 의함)

ㄱ. 甲이 丙 소유의 A 토지에 관하여 등기관계서류를 위조하여 원인무효의 소유권이전등기를 경료하고 다시 이를 다른 사람에게 매도하여 순차로 소유권이전등기가 경료된 후에 토지의 진정한 소유자 丙이 최종 매수인 乙을 상대로 말소등기청구소송을 제기하여 丙 승소의 판결이 확정된 경우, 甲의 불법행위로 인하여 乙이 입은 손해는 위 판결 확정 당시 A 토지의 시가 상당액이다.

ㄴ. 甲이 자기 소유인 B 아파트를 乙에게 매도하고 매매대금을 전부 지급받은 후 乙의 승낙 없이 임의로 B 아파트에 관하여 제3자에게 근저당권설정등기를 경료하였다면, 특별한 사정이 없는 한 乙은 甲의 불법행위로 인하여 그 피담보채무 상당의 손해를 입었다고 할 수는 있으나 곧바로 매매대금 상당액의 손해를 입었다고 할 수는 없다.

ㄷ. 甲 회사가 인터넷 사이트를 이용한 광고시스템 프로그램을 인터넷 사용자들에게 제공하여 이를 설치한 인터넷 사용자들이 乙 회사가 운영하는 인터넷 포털사이트를 방문하면 그 화면에 乙 회사가 제공하는 광고 대신 甲 회사의 광고가 대체 또는 삽입된 형태로 나타나게 한 경우, 그러한 甲 회사의 행위는 부정한 경쟁행위로서 민법상 불법행위에 해당될 수 있다.

ㄹ. 甲이 일반인들의 통행에 제공되어 온 도로에 토지관리소를 축조하고 개폐식 차단기를 설치한 다음 자동차 운전자들에게 행선지 및 방문목적 등을 확인한 후 차단기를 열어 통행할 수 있게 하면서 乙을 포함하는 특정인들이 운행하는 자동차에 대하여 통행을 금지한 경우, 乙은 甲의 행위가 민법상 불법행위에 해당함을 이유로 甲을 상대로 통행방해 행위의 금지를 소구할 수 있다.

① ㄱ, ㄴ ② ㄴ, ㄷ ③ ㄴ, ㄷ, ㄹ
④ ㄱ, ㄷ, ㄹ ⑤ ㄱ, ㄴ, ㄷ, ㄹ

해설

㉠ (✗) 타인의 부동산에 관하여 불법으로 등기를 마친 자로부터 부동산을 매수한 자가 그 후 진정한 권리자의 제소로 인하여 소유권을 상실한 경우, 불법등기에 관여한 자의 불법행위로 인하여 입은 통상의 손해는 그 부동산을 취득할 수 있는 것으로 믿고 지급한 매매대금상당액이다(대법원 1993. 4. 27. 선고 92다44312 판결).

ⓒ (O) 부동산의 매도인이 매수인 앞으로 소유권이전등기 등을 경료하기 이전에 제3자로부터 금원을 차용하고 그 담보로 근저당권설정등기를 해준 경우에는 특별한 사정이 없는 한 매도인은 매수인에게 그 근저당권에 의하여 담보되는 피담보채무 상당액의 손해를 가한 것이라고 할 것이다(대법원 1998. 2. 10. 선고 97도2919 판결).

ⓒ (O) [1] 경쟁자가 상당한 노력과 투자에 의하여 구축한 성과물을 상도덕이나 공정한 경쟁질서에 반하여 자신의 영업을 위하여 무단으로 이용함으로써 경쟁자의 노력과 투자에 편승하여 부당하게 이익을 얻고 경쟁자의 법률상 보호할 가치가 있는 이익을 침해하는 행위는 부정한 경쟁행위로서 민법상 불법행위에 해당하는바, 위와 같은 무단이용 상태가 계속되어 금전배상을 명하는 것만으로는 피해자 구제의 실효성을 기대하기 어렵고 무단이용의 금지로 인하여 보호되는 피해자의 이익과 그로 인한 가해자의 불이익을 비교·교량할 때 피해자의 이익이 더 큰 경우에는 그 행위의 금지 또는 예방을 청구할 수 있다.

[2] 甲 회사가 인터넷 사이트를 이용한 광고시스템 프로그램을 인터넷 사용자들에게 제공하여 이를 설치한 인터넷 사용자들이 乙 회사가 운영하는 인터넷 포털사이트를 방문하면 그 화면에 乙 회사가 제공하는 광고 대신 甲 회사의 광고가 대체 혹은 삽입된 형태로 나타나게 한 사안에서, 甲 회사의 위와 같은 광고행위는 위 인터넷 포털사이트가 가지는 신용과 고객흡인력을 무단으로 이용하는 셈이 될 뿐만 아니라 乙 회사의 영업을 방해하면서 乙 회사가 얻어야 할 광고영업의 이익을 무단으로 가로채는 부정한 경쟁행위로서 민법상 불법행위에 해당하고, 위 프로그램을 이용한 광고행위를 하는 것의 금지 또는 예방을 청구할 피보전권리와 보전의 필요성이 소명되었다고 본 사례(대법원 2010. 8. 25. 자 2008마1541 결정).

ⓔ (O) [1] 일반 공중의 통행에 제공된 도로를 통행하고자 하는 자는, 그 도로에 관하여 다른 사람이 가지는 권리 등을 침해한다는 등의 특별한 사정이 없는 한, 일상생활상 필요한 범위 내에서 다른 사람들과 같은 방법으로 도로를 통행할 자유가 있고, 제3자가 특정인에 대하여만 도로의 통행을 방해함으로써 일상생활에 지장을 받게 하는 등의 방법으로 특정인의 통행 자유를 침해하였다면 민법상 불법행위에 해당하며, 침해를 받은 자로서는 그 방해의 배제나 장래에 생길 방해를 예방하기 위하여 통행방해 행위의 금지를 소구할 수 있다고 보아야 한다.

[2] 甲이 일반인들의 통행에 제공되어 온 도로에 토지관리소를 축조하고 개폐식 차단기를 설치한 다음 자동차 운전자들에게 행선지 및 방문목적 등을 확인한 후 차단기를 열어 통행할 수 있게 하면서 乙 등이 운행하는 자동차에 대하여는 통행을 금지한 사안에서, 甲의 乙 등에 대한 통행방해 행위는 乙 등의 통행의 자유를 침해하는 것이므로, 乙 등으로서는 甲에게 도로에 대한 통행방해 행위의 금지를 구할 수 있다고 본 원심판단을 정당하다고 한 사례(대법원 2011. 10. 13. 선고 2010다63720 판결). 정답 ③

22. 甲은 건축업을 영위하는 乙 회사와 건물신축 공사계약을 체결하고 공사대금은 200억 원, 공사기간 2년, 대금지급방법은 기성고에 따라 매 4개월마다 20억 원씩 5회 지급하고, 나머지 대금 100억 원은 공사완료 후 즉시 지급하기로 약정하였다. 위 건물신축공사 계약에 따라 甲 명의로 건축허가를 받아 乙 회사가 공사를 개시하고 20개월 동안 기성고에 따라 100억 원의 공사비가 지급되었다. 모든 공정이 종료되고 그 주요 구조 부분이 약정된 대로 시공되어 건물로서 완성되었으나 건물의 일부에 하자가 발생하였다. 乙 회사는 건물에 하자가 남아 있는 상태에서 甲에게 공사대금 잔금 100억 원의 지급을 청구하였다. 이에 관한 설명 중 옳은 것(○)과 옳지 않은 것(×)을 올바르게 조합한 것은? (각 지문은 독립적이며, 다툼이 있는 경우 판례에 의함)

ㄱ. 예정된 공정을 완료하고 건물이 완성되었으므로 비록 하자가 있다 하더라도 공사는 완료된 것이므로 乙 회사의 甲에 대한 공사대금청구권은 발생한다.

ㄴ. 모든 공정이 종료되어 일단 건물로서 완성된 이상 甲은 건물 일부의 하자를 이유로 위 공사계약을 해제할 수는 없다.
ㄷ. 만약 건물에 발생한 하자가 중요하지 않고 하자로 인한 건물의 교환가치 감소액은 5억 원이지만 하자 보수비용이 50억 원이라면, 甲은 乙 회사의 공사대금 청구에 대하여 하자의 보수에 갈음하는 손해배상과의 동시이행의 항변권을 행사할 수 없다.
ㄹ. 만약 건물에 발생한 하자가 甲의 지시에 기인한 것임이 증명된다면, 甲은 乙 회사에 대하여 민법 제667조에 따른 담보책임은 물론 민법 제390조에 따른 채무불이행책임도 물을 수 없다.

① ㄱ(O), ㄴ(O), ㄷ(X), ㄹ(X)
② ㄱ(X), ㄴ(X), ㄷ(O), ㄹ(O)
③ ㄱ(O), ㄴ(O), ㄷ(O), ㄹ(X)
④ ㄱ(O), ㄴ(X), ㄷ(X), ㄹ(X)
⑤ ㄱ(X), ㄴ(O), ㄷ(O), ㄹ(O)

해설

㉠ (O)
1) 공사가 도중에 중단되어 예정된 최후의 공정을 종료하지 못한 경우에는 공사가 미완성된 것으로 볼 것이지만, 공사가 당초 예정된 최후의 공정까지 일응 종료하고 그 주요 구조 부분이 약정된 대로 시공되어 사회통념상 일이 완성되었고 다만 그것이 불완전하여 보수를 하여야 할 경우에는 공사가 완성되었으나 목적물에 하자가 있는 것에 지나지 아니한다고 해석함이 상당하고, 예정된 최후의 공정을 종료하였는지 여부는 수급인의 주장이나 도급인이 실시하는 준공검사 여부에 구애됨이 없이 당해 공사 도급계약의 구체적 내용과 신의성실의 원칙에 비추어 객관적으로 판단할 수밖에 없으며, 이와 같은 기준은 공사 도급계약의 수급인이 공사의 준공이라는 일의 완성을 지체한 데 대한 손해배상액의 예정으로서의 성질을 가지는 지체상금에 관한 약정에 있어서도 그대로 적용된다(대법원 2009. 6. 25. 선고 2008다18932 판결).
2) 위 판례의 법리에 의할 때, 건물신축공사가 완료된 것으로 보아야 할 경우 일부 미시공 또는 하자 부분이 있더라도 수급인의 공사대금채권은 발생하는 것이고, 도급인은 해당 하자 부분에 대해 하자보수청구 또는 하자보수에 갈음하는 손해배상청구를 청구하는 것으로 해결해야 한다. 도급은 당사자 일방이 어느 일을 완성할 것을 약정하고 상대방이 그 일의 결과에 대하여 보수를 지급할 것을 약정하는 것이고(민법 제664조), 보수는 그 완성된 목적물의 인도와 동시에 지급하여야 하기 때문이다(민법 제665조).

㉡ (O) 도급인이 완성된 목적물의 하자로 인하여 계약의 목적을 달성할 수 없는 때에는 계약을 해제할 수 있다. 그러나 건물 기타 토지의 공작물에 대하여는 그러하지 아니하다(민법 제668조).

㉢ (O) 건물신축도급계약에 있어서 수급인이 신축한 건물의 하자가 중요하지 아니하면서 동시에 그 보수에 과다한 비용을 요하는 경우에는 도급인은 하자보수나 하자보수에 갈음하는 손해배상을 청구할 수 없고 그 하자로 인하여 입은 손해의 배상만을 청구할 수 있다 할 것인데, 이러한 경우 그 하자로 인하여 입은 통상의 손해는 특별한 사정이 없는 한 도급인이 하자 없이 시공하였을 경우의 목적물의 교환가치와 하자가 있는 현재의 상태대로의 교환가치와의 차액이 되고, 그 하자 있는 목적물을 사용함으로 인하여 발생하는 정신적 고통으로 인한 손해는 수급인이 그러한 사정을 알았거나 알 수 있었을 경우에 한하여 특별손해로서 배상받을 수 있다(대법원 1997. 2. 25. 선고 96다45436 판결).

㉣ (X) 도급계약에 따라 완성된 목적물에 하자가 있는 경우, 수급인의 하자담보책임과 채무불이행책임은 별개의 권원에 의하여 경합적으로 인정된다. 민법 제669조 본문은 완성된 목적물의 하자가 도급인이 제공한 재료의 성질 또는 도급인의 지시에 기인한 때에는 수급인의 하자담보책임에 관한 규정이 적용되지

않는다고 정하고 있다. 그러나 이 규정은 수급인의 하자담보책임이 아니라 민법 제390조에 따른 채무불이행책임에는 적용되지 않는다(대법원 2020. 1. 30. 선고 2019다268252 판결). **정답** ③

23. 甲이 자기 소유 X 주택을 임대차기간 2년, 보증금 2억 원, 월 차임 100만 원으로 정하여 乙에게 임대하였고, 乙은 甲에게 보증금을 지급하고 X 주택을 인도받은 후 주민등록까지 마쳤다. 이에 관한 설명 중 옳지 않은 것은? (각 지문은 독립적이며, 다툼이 있는 경우 판례에 의함)

① 乙이 甲의 승낙을 얻어 제3자인 丙에게 X 주택을 전대한 경우, 丙이 직접 점유하고 그 이름으로 주민등록을 마쳤다면 乙은 「주택임대차보호법」 제3조의 대항력을 주장할 수 있다.
② 乙이 배우자 A, 자녀 B, C와 함께 X 주택에 주민등록을 마쳤는데, 乙이 다른 지역의 사무실로 근무처를 옮기게 되어 가족들 중 乙만 일시적으로 주민등록을 X 주택이 아닌 다른 곳으로 옮긴 경우, 그 자체만으로 乙이 이미 취득한 대항력이 상실되는 것은 아니다.
③ 乙의 채권자 丁이 乙의 甲에 대한 임대차보증금반환채권을 가압류한 상태에서 甲이 X 주택을 戊에게 양도한 후에는, 丁은 甲에 대해서는 위 가압류의 효력을 주장할 수 없다.
④ 임대차기간 종료 후 乙이 「주택임대차보호법」에 의한 임차권등기명령을 신청하여 임차권등기를 마친 경우, 이로써 乙의 甲에 대한 임대차보증금반환채권에 관하여 민법 제168조 제2호에 따른 압류 또는 가압류, 가처분에 준하는 소멸시효 중단 효력이 인정된다.
⑤ 임대차기간 종료 후 乙이 보증금을 반환받기 위해 X 주택을 점유하고 있는 동안에는 甲에 대한 보증금반환채권의 소멸시효가 진행하지 않는다.

해설

① (O)
[1] 주택임대차보호법 제3조 제1항에 정한 대항요건은 임차인이 당해 주택에 거주하면서 이를 직접 점유하는 경우뿐만 아니라 타인의 점유를 매개로 하여 이를 간접점유하는 경우에도 인정될 수 있다.
[2] 주택임차인이 임차주택을 직접 점유하여 거주하지 않고 그곳에 주민등록을 하지 아니한 경우라 하더라도, 임대인의 승낙을 받아 적법하게 임차주택을 전대하고 그 전차인이 주택을 인도받아 자신의 주민등록을 마친 때에는, 이로써 당해 주택이 임대차의 목적이 되어 있다는 사실이 충분히 공시될 수 있으므로, 임차인은 주택임대차보호법에 정한 대항요건을 적법하게 갖추었다고 볼 것이다(대법원 2007. 11. 29. 선고 2005다64255 판결).

② (O) 주택의 공동임차인 중 1인이라도 주택임대차보호법 제3조 제1항에서 정한 대항력 요건을 갖추게 되면 그 대항력은 임대차 전체에 미치므로, 임차 건물이 양도되는 경우 특별한 사정이 없는 한 공동임차인에 대한 보증금반환채무 전부가 임대인 지위를 승계한 양수인에게 이전되고 양도인의 채무는 소멸한다(대법원 2021. 10. 28. 선고 2021다238650 판결).

③ (O) 주택임대차보호법 제3조 제3항은 같은 조 제1항이 정한 대항요건을 갖춘 임대차의 목적이 된 임대주택(이하 '임대주택'은 주택임대차보호법의 적용대상인 임대주택을 가리킨다)의 양수인은 임대인의 지위를 승계한 것으로 본다고 규정하고 있는바, 이는 법률상의 당연승계 규정으로 보아야 하므로, 임대주택이 양도된 경우에 양수인은 주택의 소유권과 결합하여 임대인의 임대차 계약상의 권리·의무 일체를 그대로 승계하며, 그 결과 양수인이 임대차보증금반환채무를 면책적으로 인수하고, 양도인은 임대차관계에서 탈퇴하여 임차인에 대한 임대차보증금반환채무를 면하게 된다. 나아가 임차인에 대하여 임대차보증금반환채무를

부담하는 임대인임을 당연한 전제로 하여 임대차보증금반환채무의 지급금지를 명령받은 제3채무자의 지위는 임대인의 지위와 분리될 수 있는 것이 아니므로, 임대주택의 양도로 임대인의 지위가 일체로 양수인에게 이전된다면 채권가압류의 제3채무자의 지위도 임대인의 지위와 함께 이전된다고 볼 수밖에 없다. 이러한 사정들을 고려하면, 임차인의 임대차보증금반환채권이 가압류된 상태에서 임대주택이 양도되면 양수인이 채권가압류의 제3채무자의 지위도 승계하고, 가압류권자 또한 임대주택의 양도인이 아니라 양수인에 대하여만 위 가압류의 효력을 주장할 수 있다고 보아야 한다(대법원 2013. 1. 17. 선고 2011다49523 전원합의체 판결).

④ (×) 주택임대차보호법 제3조의3에서 정한 임차권등기명령에 따른 임차권등기는 특정 목적물에 대한 구체적 집행행위나 보전처분의 실행을 내용으로 하는 압류 또는 가압류, 가처분과 달리 어디까지나 주택임차인이 주택임대차보호법에 따른 대항력이나 우선변제권을 취득하거나 이미 취득한 대항력이나 우선변제권을 유지하도록 해 주는 담보적 기능을 주목적으로 한다. 비록 주택임대차보호법이 임차권등기명령의 신청에 대한 재판절차와 임차권등기명령의 집행 등에 관하여 민사집행법상 가압류에 관한 절차규정을 일부 준용하고 있지만, 이는 일방 당사자의 신청에 따라 법원이 심리·결정한 다음 등기를 촉탁하는 일련의 절차가 서로 비슷한 데서 비롯된 것일 뿐 이를 이유로 임차권등기명령에 따른 임차권등기가 본래의 담보적 기능을 넘어서 채무자의 일반재산에 대한 강제집행을 보전하기 위한 처분의 성질을 가진다고 볼 수는 없다. 그렇다면 임차권등기명령에 따른 임차권등기에는 민법 제168조 제2호에서 정하는 소멸시효 중단사유인 압류 또는 가압류, 가처분에 준하는 효력이 있다고 볼 수 없다(대법원 2019. 5. 16. 선고 2017다226629 판결).

⑤ (O) 임대차가 종료함에 따라 발생한 임차인의 목적물반환의무와 임대인의 보증금반환의무는 동시이행관계에 있다. 임차인이 임대차 종료 후 동시이행항변권을 근거로 임차목적물을 계속 점유하는 것은 임대인에 대한 보증금반환채권에 기초한 권능을 행사한 것으로서 보증금을 반환받으려는 계속적인 권리행사의 모습이 분명하게 표시되었다고 볼 수 있다. 따라서 임대차 종료 후 임차인이 보증금을 반환받기 위해 목적물을 점유하는 경우 보증금반환채권에 대한 권리를 행사하는 것으로 보아야 하고, 임차인이 임대인에 대하여 직접적인 이행청구를 하지 않았다고 해서 권리의 불행사라는 상태가 계속되고 있다고 볼 수 없다. 주택임대차보호법에 따른 임대차에서 그 기간이 끝난 후 임차인이 보증금을 반환받기 위해 목적물을 점유하고 있는 경우 보증금반환채권에 대한 소멸시효는 진행하지 않는다고 보아야 한다(대법원 2020. 7. 9. 선고 2016다244224 판결).

정답 ④

24. 부당이득에 관한 설명 중 옳은 것은? (다툼이 있는 경우 판례에 의함)

① 의무 없이 타인을 위하여 사무를 관리한 자는 타인에 대하여 민법상 사무관리 규정에 따라 비용상환 등을 청구할 수 있는 외에 사무관리에 의하여 결과적으로 사실상 이익을 얻은 다른 제3자에 대하여 직접 부당이득반환을 청구할 수 있다.

② 저당권자와 같이 배당받을 권리 있는 채권자가 자신이 배당받을 몫을 받지 못하고 그로 인해 권리 없는 다른 채권자가 그 몫을 배당받은 경우, 배당이의 여부 또는 배당표의 확정 여부와 관계없이 배당받을 수 있었던 채권자가 배당금을 수령한 다른 채권자를 상대로 부당이득반환청구를 할 수 있다.

③ 집행력 있는 정본을 가진 채권자는 배당요구의 종기까지 배당요구를 하지 않았다고 하더라도, 자신이 배당에서 제외되는 것으로 배당표가 작성됨으로써 비로소 배당을 받게 된 다른 채권자를 상대로 부당이득반환청구를 할 수 있다.

④ 금전채권의 질권자가 제3채무자로부터 자기채권을 초과하여 금전을 지급받은 경우, 질권자가 초과지급부분을 질권설정자에게 그대로 반환한 경우라 하더라도 제3채무자는 질권자를 상대로 초과지급부분에 관하여 부당이득반환을 청구할 수 있다.
⑤ 구분소유자 중 일부가 정당한 권원 없이 집합건물의 복도, 계단 등과 같은 공용부분을 배타적으로 점유·사용함으로써 이익을 얻고 그로 인하여 다른 구분소유자들이 해당 공용부분을 사용할 수 없게 되었다 하더라도, 해당 공용부분이 구조상 이를 별개 용도로 사용하거나 다른 목적으로 임대할 수 있는 대상이 아니라면 부당이득반환의무가 인정되지 아니한다.

해설

① (×) 계약상 급부가 계약 상대방뿐 아니라 제3자에게 이익이 된 경우에 급부를 한 계약당사자는 계약 상대방에 대하여 계약상 반대급부를 청구할 수 있는 이외에 제3자에 대하여 직접 부당이득반환청구를 할 수는 없다고 보아야 하고, 이러한 법리는 급부가 사무관리에 의하여 이루어진 경우에도 마찬가지이다. 따라서 의무 없이 타인을 위하여 사무를 관리한 자는 타인에 대하여 민법상 사무관리 규정에 따라 비용상환 등을 청구할 수 있는 외에 사무관리에 의하여 결과적으로 사실상 이익을 얻은 다른 제3자에 대하여 직접 부당이득반환을 청구할 수는 없다(대법원 2013. 6. 27. 선고 2011다17106 판결).

② (○), ③ (×)
1) 배당받을 권리 있는 채권자가 자신이 배당받을 몫을 받지 못하고 그로 인해 권리 없는 다른 채권자가 그 몫을 배당받은 경우, 배당이의 여부 또는 배당표의 확정 여부와 관계없이 배당받을 수 있었던 채권자가 배당금을 수령한 다른 채권자를 상대로 부당이득반환 청구를 할 수 있다(대법원 2019. 7. 18. 선고 2014다206983 전원합의체 판결).
2) 비교 : 배당요구가 필요한 채권자의 경우에는 배당요구를 하여야 위 1)의 법리적용이 된다.
배당받을 권리 있는 채권자가 자신이 배당받을 몫을 받지 못하고 그로 말미암아 권리 없는 다른 채권자가 그 몫을 배당받은 경우에는 배당이의 여부 또는 배당표의 확정 여부와 관계없이 배당받을 수 있었던 채권자가 배당금을 수령한 다른 채권자를 상대로 부당이득반환청구를 할 수 있다. 다만 집행력 있는 정본을 가진 채권자 등은 배당요구의 종기까지 배당요구를 한 경우에 한하여 비로소 배당을 받을 수 있고, 적법한 배당요구를 하지 않은 경우에는 매각대금으로부터 배당을 받을 수는 없다. 이러한 채권자가 적법한 배당요구를 하지 않아 배당에서 제외되는 것으로 배당표가 작성되어 배당이 실시되었다면, 그가 적법한 배당요구를 한 경우에 배당받을 수 있었던 금액에 해당하는 돈이 다른 채권자에게 배당되었다고 해서 법률상 원인이 없는 것이라고 할 수 없다(대법원 2020. 10. 15. 선고 2017다216523 판결).

④ (×)
1) [1] 금전채권의 질권자가 민법 제353조 제1항, 제2항에 의하여 자기채권의 범위 내에서 직접청구권을 행사하는 경우 질권자는 질권설정자의 대리인과 같은 지위에서 입질채권을 추심하여 자기채권의 변제에 충당하고 그 한도에서 질권설정자에 의한 변제가 있었던 것으로 보므로, 위 범위 내에서는 제3채무자의 질권자에 대한 금전지급으로써 제3채무자의 질권설정자에 대한 급부가 이루어질 뿐만 아니라 질권설정자의 질권자에 대한 급부도 이루어진다. 이러한 경우 입질채권의 발생원인인 계약관계에 무효 등의 흠이 있어 입질채권이 부존재한다고 하더라도 제3채무자는 특별한 사정이 없는 한 상대방 계약당사자인 질권설정자에 대하여 부당이득반환을 구할 수 있을 뿐이고 질권자를 상대로 직접 부당이득반환을 구할 수 없다.
[2] 질권자가 제3채무자로부터 자기채권을 초과하여 금전을 지급받은 경우 초과 지급 부분에 관하여는 제3채무자의 질권설정자에 대한 급부와 질권설정자의 질권자에 대한 급부가 있다고 볼 수 없으므로, 제3

채무자는 특별한 사정이 없는 한 질권자를 상대로 초과 지급 부분에 관하여 부당이득반환을 구할 수 있지만, 부당이득반환청구의 상대방이 되는 수익자는 실질적으로 그 이익이 귀속된 주체이어야 하는데, 질권자가 초과 지급 부분을 질권설정자에게 그대로 반환한 경우에는 초과 지급 부분에 관하여 질권설정자가 실질적 이익을 받은 것이지 질권자로서는 실질적 이익이 없다고 할 것이므로, 제3채무자는 질권자를 상대로 초과 지급 부분에 관하여 부당이득반환을 구할 수 없다(대법원 2015. 5. 29. 선고 2012다92258 판결).
2) 질권자가 자기채권의 범위 내에서 직접청구권을 행사하여 금전지급이 있을 때 경우의 수를 나누어 ⓐ 질권자가 '자기 채권 범위에서' 직접 청구한 경우 부당이득반환의무자는 '질권설정자' ⓑ 질권자가 자기 채권을 초과해서 직접 청구한 경우 부당이득반환의무자는 원칙적으로 '질권자'라는 것이 판례이다.
3) 최근 대법원 2024. 4. 12. 선고 2023다315155 판결에서도 이와 같은 법리에 따랐다. 근저당권부 채권질권자가 '자기 채권 범위에서', 질권설정자의 채무자에 대한 피담보채권을 초과해서 배당을 받은 경우 부당이득반환의 상대방은 ⓐ의 경우와 같이 '질권설정자'라는 것이다.

⑤ (×) 구분소유자 중 일부가 정당한 권원 없이 집합건물의 복도, 계단 등과 같은 공용부분을 배타적으로 점유·사용함으로써 이익을 얻고, 그로 인하여 다른 구분소유자들이 해당 공용부분을 사용할 수 없게 되었다면, 공용부분을 무단점유한 구분소유자는 특별한 사정이 없는 한 해당 공용부분을 점유·사용함으로써 얻은 이익을 부당이득으로 반환할 의무가 있다. 해당 공용부분이 구조상 이를 별개 용도로 사용하거나 다른 목적으로 임대할 수 있는 대상이 아니더라도, 무단점유로 인하여 다른 구분소유자들이 해당 공용부분을 사용·수익할 권리가 침해되었고 이는 그 자체로 민법 제741조에서 정한 손해로 볼 수 있다. 이러한 법리는 구분소유자가 아닌 제3자가 집합건물의 공용부분을 정당한 권원 없이 배타적으로 점유·사용하는 경우에도 마찬가지로 적용된다(대법원 2020. 5. 21. 선고 2017다220744 전원합의체 판결). **정답 ②**

25. 매도인의 담보책임에 관한 설명 중 옳은 것을 모두 고른 것은? (다툼이 있는 경우 판례에 의함)

ㄱ. 토지의 매매에 있어 목적물을 등기부상의 면적에 따라 특정한 경우라도 당사자가 그 지정된 구획을 전체로서 평가하였고 면적에 의한 계산이 하나의 표준에 지나지 아니하여 그것이 당사자들 사이에 대상 토지를 특정하고 그 대금을 결정하기 위한 방편이었다고 보일 때에는 이를 가리켜 민법 제574조에서 규정하는 '수량을 지정한 매매'라고 할 수 없다.

ㄴ. 甲이 乙에게 토지 2,000㎡를 3억 원에 매도하였는데, 그 중 300㎡가 제3자인 丙의 소유에 속하기 때문에 甲이 위 300㎡ 부분에 대한 소유권을 매수인에게 이전할 수 없는 경우, 乙은 위 300㎡ 부분이 丙의 소유인 사실을 알고 있었는지 여부와 관계없이 매매계약 전부를 해제할 수 있다.

ㄷ. 매매목적물이 지상권·지역권·전세권·질권·유치권의 목적이 된 경우에 매수인은 그 사실에 대한 선의 여부를 묻지 않고 매도인에 대하여 담보책임을 물을 수 있다.

ㄹ. 종류매매에서 매매목적물의 하자가 경미하여 수선 등의 방법으로도 계약의 목적을 달성하는 데 별다른 지장이 없고 하자담보의무의 이행이 매도인에게 지나친 불이익을 주어 오히려 공평의 원칙에 반하는 경우에는 완전물급부청구권의 행사가 제한될 수 있다.

ㅁ. 매매 목적물인 토지에 폐기물이 매립되어 있고 매수인이 폐기물을 처리하기 위해 비용이 발생한다면 매수인은 그 비용을 민법 제580조 제1항에 따른 하자담보책임으로 인한 손해배상으로 청구할 수 있다.

① ㄱ, ㄹ   ② ㄱ, ㄹ, ㅁ   ③ ㄱ, ㄷ
④ ㄷ, ㄹ, ㅁ   ⑤ ㄴ, ㄹ, ㅁ

해설

㉠ (O)
[1] 민법 제574조에서 규정하는 '수량을 지정한 매매'라 함은 당사자가 매매의 목적인 특정물이 일정한 수량을 가지고 있다는 데 주안을 두고 대금도 그 수량을 기준으로 하여 정한 경우를 말하는 것이므로, 토지의 매매에 있어 목적물을 등기부상의 면적에 따라 특정한 경우라도 당사자가 그 지정된 구획을 전체로서 평가하였고 면적에 의한 계산이 하나의 표준에 지나지 아니하여 그것이 당사자들 사이에 대상토지를 특정하고 그 대금을 결정하기 위한 방편이었다고 보일 때에는 이를 가리켜 수량을 지정한 매매라 할 수 없다.
[2] 일반적으로 담보권실행을 위한 임의경매에 있어 경매법원이 경매목적인 토지의 등기부상 면적을 표시하는 것은 단지 토지를 특정하여 표시하기 위한 방법에 지나지 아니한 것이고, 그 최저경매가격을 결정함에 있어 감정인이 단위면적당 가액에 공부상의 면적을 곱하여 산정한 가격을 기준으로 삼았다 하여도 이는 당해 토지 전체의 가격을 결정하기 위한 방편에 불과하다 할 것이어서, 특별한 사정이 없는 한 이를 민법 제574조 소정의 '수량을 지정한 매매'라고 할 수 없다(대법원 2003. 1. 24. 선고 2002다65189 판결).

㉡ (X) 매매의 목적이 된 권리의 일부가 타인에게 속함으로 인하여 매도인이 그 권리를 취득하여 매수인에게 이전할 수 없는 때에는 매수인은 그 부분의 비율로 대금의 감액을 청구할 수 있다(민법 제572조 제1항). 전항의 경우에 잔존한 부분만이면 매수인이 이를 매수하지 아니하였을 때에는 선의의 매수인은 계약 전부를 해제할 수 있다(민법 제572조 제2항). <u>선의의 매수인은 감액청구 또는 계약해제외에 손해배상을 청구할 수 있다</u>(민법 제572조 제3항).

㉢ (X) 매매의 목적물이 지상권, 지역권, 전세권, 질권 또는 유치권의 목적이 된 경우에 <u>매수인이 이를 알지 못한 때에는 이로 인하여 계약의 목적을 달성할 수 없는 경우에 한하여 매수인은 계약을 해제할 수 있다.</u> 기타의 경우에는 손해배상만을 청구할 수 있다(민법 제575조 제1항).

㉣ (O) 민법의 하자담보책임에 관한 규정은 매매라는 유상·쌍무계약에 의한 급부와 반대급부 사이의 등가관계를 유지하기 위하여 민법의 지도이념인 공평의 원칙에 입각하여 마련된 것인데, 종류매매에서 매수인이 가지는 완전물급부청구권을 제한 없이 인정하는 경우에는 오히려 매도인에게 지나친 불이익이나 부당한 손해를 주어 등가관계를 파괴하는 결과를 낳을 수 있다. 따라서 매매목적물의 하자가 경미하여 수선 등의 방법으로도 계약의 목적을 달성하는 데 별다른 지장이 없는 반면 매도인에게 하자 없는 물건의 급부의무를 지우면 다른 구제방법에 비하여 지나치게 큰 불이익이 매도인에게 발생되는 경우와 같이 하자담보의무의 이행이 오히려 공평의 원칙에 반하는 경우에는, 완전물급부청구권의 행사를 제한함이 타당하다(대법원 2014. 5. 16. 선고 2012다72582 판결).

㉤ (O)
[1] 매매의 목적물이 거래통념상 기대되는 객관적 성질이나 성능을 갖추지 못한 경우 또는 당사자가 예정하거나 보증한 성질을 갖추지 못한 경우에 매도인은 민법 제580조에 따라 매수인에게 그 하자로 인한 담보책임을 부담한다.
[2] 매매의 목적물에 하자가 있는 경우 매도인의 하자담보책임과 채무불이행책임은 별개의 권원에 의하여 경합적으로 인정된다. 이 경우 특별한 사정이 없는 한 하자를 보수하기 위한 비용은 매도인의 하자담보책임과 채무불이행책임에서 말하는 손해에 해당한다. 따라서 매매 목적물인 토지에 폐기물이 매립되어

있고 매수인이 폐기물을 처리하기 위해 비용이 발생한다면 매수인은 그 비용을 민법 제390조에 따라 채무불이행으로 인한 손해배상으로 청구할 수도 있고, 민법 제580조 제1항에 따라 하자담보책임으로 인한 손해배상으로 청구할 수도 있다(대법원 2021. 4. 8. 선고 2017다202050 판결). 정답 ②

26. 甲은 2019. 8. 15. 임대인 乙 소유의 X 아파트를 임대차기간 3년(2019. 8. 15.부터 2022. 8. 14.), 임차보증금 1억 원에 임차하였고(같은 날 그 보증금을 乙에게 지급함) X 아파트를 인도받고 전입신고를 마쳤다. 甲은 위 보증금을 마련하기 위해 丙으로부터 5,000만 원을 차용하였는바, 그 차용금 채무의 이행을 담보하기 위하여 2019. 9. 15. 丙에게 위 보증금반환채권 중 5,000만 원 부분에 대하여 丙 명의로 질권을 설정하였고, 乙은 2019. 9. 30. 확정일자 있는 증서로 위 질권 설정을 승낙하였다. 이에 관한 설명 중 옳지 <u>않은</u> 것은? (각 지문은 독립적이며, 다툼이 있는 경우 판례에 의함)

① 丙이 甲의 乙에 대한 임차보증금반환채권에 대해 질권을 설정받을 당시 임대차계약서를 제공받지 않았다 하더라도 丙은 유효하게 질권을 취득한다.
② 丁이 2022. 5. 15. 甲을 상대로 집행력 있는 지급명령 정본(청구금액 1억 원)에 기하여 甲의 乙에 대한 임차보증금반환채권에 관하여 채권압류 및 전부명령을 받고, 그 명령이 2022. 7. 15. 乙에게 송달되어 그 무렵 확정된 경우, 丙은 임대차종료 시에 乙이 丁에게 임차보증금을 반환하였는지 여부와 관계없이 乙을 상대로 甲의 임차보증금 중 5,000만 원의 지급을 청구할 수 있다.
③ 乙이 위 임대차기간 중인 2020. 3. 1. X 아파트를 甲에게 2억 원에 매도하면서 丙의 동의 없이 임차보증금 1억 원의 반환채무와 위 매매대금 채권을 대등액에서 상계하기로 합의한 경우, 乙은 이러한 합의를 들어 丙에게 대항할 수 있다.
④ 乙이 위 임대차기간 중인 2021. 8. 1. X 아파트를 戊에게 양도하고 소유권이전등기를 마친 경우, 丙은 임대차종료 시 乙을 상대로 甲의 임차보증금 중 5,000만 원을 청구할 수 없다.
⑤ 甲이 2020. 3. 1. 乙에 대한 임차보증금반환채권을 己에게 양도하면서 丙의 동의를 받지 않았다 하더라도, 己는 유효하게 그 임차보증금반환채권을 취득한다.

해설

① (○) 민법 제347조는 채권을 질권의 목적으로 하는 경우에 채권증서가 있는 때에는 질권의 설정은 그 증서를 질권자에게 교부함으로써 효력이 생긴다고 규정하고 있다. 여기에서 말하는 '채권증서'는 채권의 존재를 증명하기 위하여 채권자에게 제공된 문서로서 특정한 이름이나 형식을 따라야 하는 것은 아니지만, 장차 변제 등으로 채권이 소멸하는 경우에는 민법 제475조에 따라 채무자가 채권자에게 그 반환을 청구할 수 있는 것이어야 한다. 이에 비추어 임대차계약서와 같이 계약 당사자 쌍방의 권리의무관계의 내용을 정한 서면은 그 계약에 의한 권리의 존속을 표상하기 위한 것이라고 할 수는 없으므로 위 채권증서에 해당하지 않는다(대법원 2013. 8. 22. 선고 2013다32574 판결).
② (○) 질권설정자가 민법 제349조 제1항에 따라 제3채무자에게 질권이 설정된 사실을 통지하거나 제3채무자가 이를 승낙한 때에는 제3채무자가 질권자의 동의 없이 질권의 목적인 채무를 변제하더라도 질권자에게 대항할 수 없고, 질권자는 여전히 제3채무자에게 직접 채무의 변제를 청구할 수 있다. 질권의 목적인 채권에 대하여 질권설정자의 일반채권자의 신청으로 압류·전부명령이 내려진 경우에도 그 명령이 송달된

날보다 먼저 질권자가 확정일자 있는 문서에 의해 민법 제349조 제1항에서 정한 대항요건을 갖추었다면, 전부채권자는 질권이 설정된 채권을 이전받을 뿐이고 제3채무자는 전부채권자에게 변제했음을 들어 질권자에게 대항할 수 없다(대법원 2022. 3. 31. 선고 2018다21326 판결).

③ (×) 타인에 대한 채무의 담보로 제3채무자에 대한 채권에 대하여 권리질권을 설정한 경우 질권설정자는 질권자의 동의 없이 질권의 목적된 권리를 소멸하게 하거나 질권자의 이익을 해하는 변경을 할 수 없다(민법 제352조). 이는 질권자가 질권의 목적인 채권의 교환가치에 대하여 가지는 배타적 지배권능을 보호하기 위한 것이다. 따라서 질권설정자가 제3채무자에게 질권설정의 사실을 통지하거나 제3채무자가 이를 승낙한 때에는 제3채무자가 질권자의 동의 없이 질권의 목적인 채무를 변제하더라도 이로써 질권자에게 대항할 수 없고, 질권자는 민법 제353조 제2항에 따라 여전히 제3채무자에 대하여 직접 채무의 변제를 청구할 수 있다. 제3채무자가 질권자의 동의 없이 질권설정자와 상계합의를 함으로써 질권의 목적인 채무를 소멸하게 한 경우에도 마찬가지로 질권자에게 대항할 수 없고, 질권자는 여전히 제3채무자에 대하여 직접 채무의 변제를 청구할 수 있다(대법원 2018. 12. 27. 선고 2016다265689 판결).

④ (○) 구 주택임대차보호법(2013. 8. 13. 법률 제12043호로 개정되기 전의 것, 이하 '구 주택임대차법'이라고 한다) 제3조 제3항은 같은 조 제1항이 정한 대항요건을 갖춘 임대차의 목적이 된 임대주택의 양수인은 임대인의 지위를 승계한 것으로 본다고 규정하고 있다. 이는 법률상의 당연승계 규정으로 보아야 하므로, 임대주택이 양도된 경우에 양수인은 주택의 소유권과 결합하여 임대인의 임대차계약상 권리·의무 일체를 그대로 승계한다. 그 결과 양수인이 임대차보증금반환채무를 면책적으로 인수하고, 양도인은 임대차관계에서 탈퇴하여 임차인에 대한 임대차보증금반환채무를 면하게 된다. 이는 임차인이 임대차보증금반환채권에 질권을 설정하고 임대인이 그 질권 설정을 승낙한 후에 임대주택이 양도된 경우에도 마찬가지라고 보아야 한다. 따라서 이 경우에도 임대인은 구 주택임대차법 제3조 제3항에 의해 임대차관계에서 탈퇴하고 임차인에 대한 임대차보증금반환채무를 면하게 된다(대법원 2018. 6. 19. 선고 2018다201610 판결).

⑤ (○)
1) 질권의 목적인 채권의 양도행위는 민법 제352조 소정의 질권자의 이익을 해하는 변경에 해당되지 않으므로 질권자의 동의를 요하지 아니한다(대법원 2005. 12. 22. 선고 2003다55059 판결).
2) 채권양도란 양도인과 양수인 사이에 채권을 동일성을 유지하면서 전자로부터 후자에게로 이전시킬 것을 목적으로 하는 계약을 말한다. 채권질권이 요건을 갖추어 성립한 이상, 입질채권이 양도되었다고 하더라도 입질채권의 양수인은 채권질권의 부담이 존재하는 상태의 동일성을 유지한 채 입질채권을 양수하게 된다. 따라서 위와 같은 채권양도가 있더라도 민법 제352조 소정의 질권자의 이익을 해하는 변경에 해당되지 않으므로, 질권자의 동의를 요하지 않는다는 의미의 판례이다.

정답 ③

27. 신의성실의 원칙에 관한 설명 중 옳은 것을 모두 고른 것은? (다툼이 있는 경우 판례에 의함)

ㄱ. 법령에 위반되어 무효임을 알고서도 그 법률행위를 한 자가 강행법규 위반을 이유로 무효를 주장하는 것은 신의성실의 원칙에 반한다고 할 것이다.

ㄴ. 당사자가 상계의 대상이 되는 채권이나 채무를 취득하게 된 목적과 경위, 상계권을 행사함에 이른 구체적·개별적 사정에 비추어, 그것이 상계 제도의 목적이나 기능을 일탈하고 법적으로 보호받을 만한 가치가 없는 경우에는, 그 상계권의 행사는 신의칙에 반하거나 상계에 관한 권리를 남용하는 것으로서 허용되지 않는다고 함이 상당하고, 이때에도 일반적인 권리남용의 경우에 요구되는 주관적 요건을 필요로 한다.

ㄷ. 인지청구권은 그 포기가 허용되지 않으므로 실효의 법리가 적용될 여지가 없다.

ㄹ. 상속포기를 하지 아니하였더라면 혼동으로 소멸하였을 개별적인 권리가 상속포기로 인하여 소멸하지 않는 효과가 발생하였더라도 그 상속포기는 신의성실의 원칙에 반하지 않는다.

① ㄱ, ㄷ ② ㄱ, ㄹ ③ ㄴ, ㄷ
④ ㄷ, ㄹ ⑤ ㄹ

해설

㉠ (×) 민법상 신의성실의 원칙은 법률관계의 당사자는 상대방의 이익을 배려하여 형평에 어긋나거나, 신뢰를 저버리는 내용 또는 방법으로 권리를 행사하거나 의무를 이행하여서는 아니 된다는 추상적 규범으로서, 신의성실의 원칙에 위배된다는 이유로 권리의 행사를 부정하기 위해서는 상대방에게 신의를 공여하였다거나 객관적으로 보아 상대방이 신의를 가짐이 정당한 상태에 있어야 하고, 이러한 상대방의 신의에 반하여 권리를 행사하는 것이 정의관념에 비추어 용인될 수 없는 정도의 상태에 이르러야 한다. 또한 강행법규를 위반한 자가 스스로 그 약정의 무효를 주장하는 것이 신의칙에 위배되는 권리의 행사라는 이유로 그 주장을 배척한다면, 이는 오히려 강행법규에 의하여 배제하려는 결과를 실현시키는 셈이 되어 입법 취지를 완전히 몰각하게 되므로, 달리 특별한 사정이 없는 한 위와 같은 주장이 권리남용에 해당되거나 신의성실 원칙에 반한다고 할 수 없다.

㉡ (×)
1) 일반적으로 당사자 사이에 상계적상이 있는 채권이 병존하는 경우 이를 상계할 수 있는 것이 원칙이다. 이러한 상계권자의 지위가 법률상 보호를 받는 것은 상계제도가 서로 대립하는 채권, 채무를 간이한 방법으로 결제함으로써 양자의 채권관계를 원활하고 공평하게 처리함을 목적으로 하고, 상계권을 행사하려고 하는 자에 대하여는 수동채권의 존재가 사실상 자동채권에 대한 담보로서의 기능을 하는 것이어서 그 담보적 기능에 대한 당사자의 합리적 기대가 법적으로 보호받을 만한 가치가 있음에 근거하는 것이다. 따라서 당사자가 상계의 대상이 되는 채권을 취득하거나 채무를 부담하게 된 목적과 경위, 상계권을 행사함에 이른 구체적, 개별적 사정에 비추어, 그것이 위와 같은 상계제도의 목적이나 기능을 일탈하고 법적으로 보호받을 만한 가치가 없는 경우에는 그 상계권의 행사는 신의칙에 반하거나 상계에 관한 권리를 남용하는 것으로서 허용되지 않는다고 하여야 하고, 상계권의 행사를 제한하는 위와 같은 근거에 비추어 <u>일반적인 권리 남용의 경우에 요구되는 주관적 요건을 필요로 하는 것은 아니다</u>(대법원 2013. 4. 11. 선고 2012다105888 판결).
2) 위 판례는 송금의뢰인이 착오송금임을 이유로 수취은행에 송금액의 반환을 요청하고 수취인도 착오송금을 인정하여 수취은행에 반환을 승낙하고 있는 경우, <u>수취은행이 수취인에 대한 대출채권 등을 자동채권으로 하여 수취인 계좌에 착오송금된 금원 상당의 예금채권과 상계하는 것이 송금의뢰인에 대한 관계에서 신의칙에 반하거나 상계권 남용</u>이라는 판시였다. 대법원 2022. 7. 14. 선고 2020다212958 판결은 여기서 나아가 예외적으로 상계권 남용에 해당하지 않는 경우에 대해서도 판시한 바 있다.
3) <u>수취인의 계좌에 착오로 입금된 금원 상당의 예금채권이 이미 제3자에 의하여 압류되었다는 특별한 사정이 있으면, 수취은행이 수취인에 대한 대출채권 등을 자동채권으로 하여 수취인의 그 예금채권과 상계하는 것이 허용된다. 다만, 이 때의 상계도 피압류채권액의 범위 내에서만 가능하고, 그 범위를 벗어나는 상계는 신의칙에 반하거나 권리를 남용하는 것으로서 허용되지 않는다</u>(대법원 2022. 7. 14. 선고 2020다212958 판결).

㉢ (○) 인지청구권은 본인의 일신전속적인 신분관계상의 권리로서 포기할 수도 없으며 포기하였더라도 그 효력이 발생할 수 없는 것이고, 이와 같이 인지청구권의 포기가 허용되지 않는 이상 거기에 실효의 법리가 적용될 여지도 없다(대법원 2001. 11. 27. 선고 2001므1353 판결).

ⓔ (○)

1) 혼동의 기본법리

ⓐ 채권과 채무가 동일한 주체에 귀속한 때에는 채권은 소멸한다. 그러나 그 채권이 제3자의 권리의 목적인 때에는 그러하지 아니하다(민법 제507조). 민법 제507조가 혼동을 채권의 소멸사유로 인정하고 있는 것은 채권과 채무가 동일한 주체에 귀속한 때에 채권과 채무의 존속을 인정하여서는 안 될 적극적인 이유가 있어서가 아니고 그러한 경우에 채권과 채무의 존속을 인정하는 것이 별다른 의미를 가지지 않기 때문에 채권·채무의 소멸을 인정함으로써 그 후의 권리의무 관계를 간소화하려는 데 그 목적이 있는 것이라고 여겨지므로, 채권과 채무가 동일한 주체에 귀속하게 되더라도 그 채권의 존속을 인정하여야 할 특별한 이유가 있는 때에는 그 채권은 혼동에 의하여 소멸되지 아니하고 그대로 존속한다고 봄이 상당함에 비추어, 채권과 채무가 동일인에게 귀속되는 경우라도 그 채권의 존재가 채권자 겸 채무자로 된 사람의 제3자에 대한 권리행사의 전제가 되는 관계로 채권의 존속을 인정하여야 할 정당한 이익이 있을 때에는 그 채권은 혼동에 의하여 소멸하는 것이 아니라고 봄이 상당하다.

자동차 운행 중 교통사고가 일어나 자동차의 운행자나 동승한 그의 친족이 사망하여 자동차손해배상보장법 제3조에 의한 손해배상채권과 채무가 상속으로 동일인에게 귀속하게 되는 때에, 교통사고를 일으킨 차량의 운행자가 자동차 손해배상 책임보험에 가입한 상태에서, 자동차 책임보험의 약관에 의하여 피해자가 보험회사에 대하여 직접 보험금의 지급청구를 할 수 있는 이른바 직접청구권이 수반되는 경우에는 그 직접청구권의 전제가 되는 자동차손해배상보장법 제3조에 의한 피해자의 운행자에 대한 손해배상청구권은 상속에 의한 혼동에 의하여 소멸되지 아니한다고 보아야 한다(대법원 1995. 5. 12. 선고 93다48373 판결).

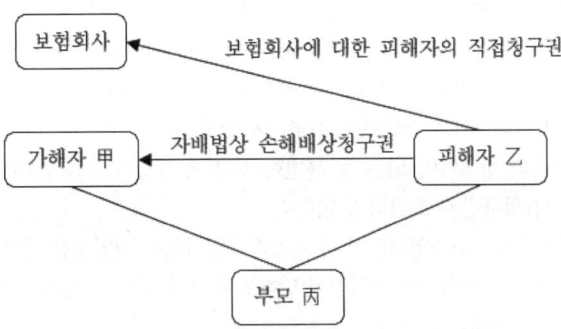

甲, 乙이 모두 사망하여 부모 丙이 甲의 손해배상채무와
乙의 손해배상채권을 상속하게 된 사안. [위 ⓐ 판례]

2) 어머니 甲이 자동차를 운전하다가 주의의무를 위반하여 가로등을 충격하였고 미성년의 아들 丙이 사망하였는데, 이후 甲이 상속을 포기하여 아버지 乙이 유일한 상속인이 되었다. 그러자 보험회사는 甲의 상속포기는 손해배상채권의 혼동소멸을 회피하기 위한 편법적 행위이므로 신의칙에 반하는 행위이고 따라서 회사가 부담하는 직접청구권에 따른 채무 중 가해자 甲의 상속지분 1/2 부분은 혼동으로 소멸하였다며 유일한 상속인 乙을 상대로 해당 1/2 부분 만큼의 채무부존재확인의 소를 제기한 사안이었다. 구체적인 사안을 염두에 두고 보아야 판례의 이해가 쉬운 경우이므로 사안의 경위를 먼저 적어둔다.

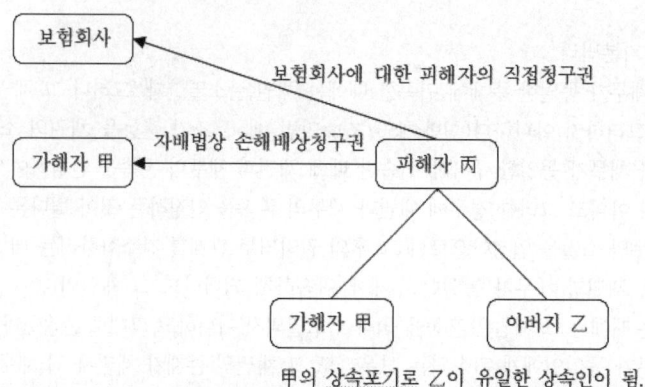

3) [1] 자동차손해배상보장법 제9조 제1항에 의한 피해자의 보험자에 대한 직접청구권이 수반되는 경우에는 그 직접청구권의 전제가 되는 자동차손해배상보장법 제3조에 의한 피해자의 운행자에 대한 손해배상청구권은 비록 위 손해배상청구권과 손해배상의무가 상속에 의하여 동일인에게 귀속되더라도 혼동에 의하여 소멸되지 않고 이러한 법리는 자동차손해배상보장법 제3조에 의한 손해배상의무자가 피해자를 상속한 경우에도 동일하지만, 예외적으로 가해자가 피해자의 상속인이 되는 등 특별한 경우에 한하여 손해배상청구권과 손해배상의무가 혼동으로 소멸하고 그 결과 피해자의 보험자에 대한 직접청구권도 소멸한다.

[2] 상속포기는 자기를 위하여 개시된 상속의 효력을 상속개시시로 소급하여 확정적으로 소멸시키는 제도로서 피해자의 사망으로 상속이 개시되어 가해자가 피해자의 자신에 대한 손해배상청구권을 상속함으로써 그 손해배상청구권과 이를 전제로 하는 자동차손해배상보장법 제9조 제1항에 의한 보험자에 대한 직접청구권이 소멸하였다고 할지라도 가해자가 적법하게 상속을 포기하면 그 소급효로 인하여 위 손해배상청구권과 직접청구권은 소급하여 소멸하지 않았던 것으로 되어 다른 상속인에게 귀속되고, 그 결과 '가해자가 피해자의 상속인이 되는 등 특별한 경우'에 해당하지 않게 되므로 위 손해배상청구권과 이를 전제로 하는 직접청구권은 소멸하지 않는다.

[3] 상속포기를 하지 아니하였더라면 혼동으로 소멸하였을 개별적인 권리가 상속포기로 인하여 소멸하지 않게 되었더라도 그 상속포기가 신의칙에 반하여 무효라고 할 수 없다고 한 사례(대법원 2005. 1. 14. 선고 2003다38573,38580 판결).

정답 ④

28. 법인에 관한 설명 중 옳은 것을 모두 고른 것은? (다툼이 있는 경우 판례에 의함)

ㄱ. 학교법인이 용도변경이나 의무부담을 내용으로 하는 계약을 체결한 경우, 반드시 계약 전에 관할청의 허가를 받아야만 하는 것은 아니고 계약 후라도 관할청의 허가를 받으면 유효하게 될 수 있다.

ㄴ. 법인의 대표기관이, 법인과 사이에 계약을 체결한 거래상대방인 제3자에 대하여 자연인으로서 민법 제750조에 기한 불법행위책임을 부담한다고 보기 위해서는, 그 대표기관의 행위로 인해 법인에 귀속되는 효과가 대외적으로 제3자에 대한 채무불이행의 결과를 야기한다는 점만으로도 충분하고, 법인의 내부행위를 벗어나 제3자에 대한 관계에서 사회상규에 반하는 위법한 행위라고 인정될 수 있는 정도에 이를 필요는 없다.

ㄷ. 법인의 손해배상 책임 원인이 대표기관의 고의적인 불법행위라고 하더라도, 피해자에게 그 불법행위 내지 손해발생에 과실이 있다면 법원은 과실상계의 법리에 좇아 손해배상의 책임 및 그 금액을 정함에 있어 이를 참작하여야 한다.

① ㄱ　　　　　　② ㄱ, ㄴ　　　　　　③ ㄱ, ㄷ
④ ㄴ, ㄷ　　　　　⑤ ㄷ

해설

㉠ (○) 학교법인이 기본재산에 대한 용도변경 등을 하거나 의무를 부담하려는 경우에는 관할청의 허가를 받아야 하고(사립학교법 제28조 제1항 본문), 관할청의 허가 없이 이러한 행위를 하면 효력이 없다. 위 규정은 학교법인의 용도변경 등 자체를 규제하려는 것이 아니라 사립학교를 설치·운영하는 학교법인의 재산을 유지·보전하기 위하여 관할청의 허가 없이 용도를 변경하거나 의무를 부담하는 것 등을 규제하려는 것이다. 따라서 학교법인이 용도변경이나 의무부담을 내용으로 하는 계약을 체결한 경우 반드시 계약 전에 관할청의 허가를 받아야만 하는 것은 아니고 계약 후라도 관할청의 허가를 받으면 유효하게 될 수 있다. 이러한 계약은 관할청의 불허가 처분이 있는 경우뿐만 아니라 당사자가 허가신청을 하지 않을 의사를 명백히 표시하거나 계약을 이행할 의사를 철회한 경우 또는 그 밖에 관할청의 허가를 받는 것이 사실상 불가능하게 된 경우 무효로 확정된다(대법원 2022. 1. 27. 선고 2019다289815 판결).

㉡ (×) 법인이 대표기관을 통하여 법률행위를 한 때에는 대리에 관한 규정이 준용된다(민법 제59조 제2항). 따라서 적법한 대표권을 가진 자와 맺은 법률행위의 효과는 대표자 개인이 아니라 본인인 법인에 귀속하고, 마찬가지로 그러한 법률행위상의 의무를 위반하여 발생한 채무불이행으로 인한 손해배상책임도 대표기관 개인이 아닌 법인만이 책임의 귀속주체가 되는 것이 원칙이다. 또한, 민법 제391조는 법정대리인 또는 이행보조자의 고의·과실을 채무자 자신의 고의·과실로 간주함으로써 채무불이행책임을 채무자 본인에게 귀속시키고 있는데, 법인의 경우도 법률행위에 관하여 대표기관의 고의·과실에 따른 채무불이행책임의 주체는 법인으로 한정된다. 따라서 법인의 적법한 대표권을 가진 자가 하는 법률행위는 성립상 효과뿐만 아니라 위반의 효과인 채무불이행책임까지 법인에 귀속될 뿐이고, 다른 법령에서 정하는 등의 특별한 사정이 없는 한 법인이 당사자인 법률행위에 관하여 대표기관 개인이 손해배상책임을 지려면 민법 제750조에 따른 불법행위책임 등이 별도로 성립하여야 한다. 이때 법인의 대표기관이 법인과 계약을 체결한 거래상대방인 제3자에 대하여 자연인으로서 민법 제750조에 기한 불법행위책임을 진다고 보기 위해서는, 대표기관의 행위로 인해 법인에 귀속되는 효과가 대외적으로 제3자에 대한 채무불이행의 결과를 야기한다는 점만으로는 부족하고, 법인의 내부행위를 벗어나 제3자에 대한 관계에서 사회상규에 반하는 위법한 행위라고 인정될 수 있는 정도에 이르러야 한다. 그와 같은 행위에 해당하는지는 대표기관이 의사결정 및 그에 따른 행위에 이르게 된 경위, 의사결정의 내용과 절차과정, 침해되는 권리의 내용, 침해행위의 태양, 대표기관의 고의 내지 해의 유무 등을 종합적으로 평가하여 개별적·구체적으로 판단하여야 한다(대법원 2019. 5. 30. 선고 2017다53265 판결).

㉢ (○) 법인에 대한 손해배상 책임 원인이 대표기관의 고의적인 불법행위라고 하더라도, 피해자에게 그 불법행위 내지 손해발생에 과실이 있다면 법원은 과실상계의 법리에 좇아 손해배상의 책임 및 그 금액을 정함에 있어 이를 참작하여야 한다(대법원 1987. 12. 8. 선고 86다카1170 판결).

정답 ③

29. 불공정한 법률행위에 관한 설명 중 옳은 것을 모두 고른 것은? (다툼이 있는 경우 판례에 의함)

ㄱ. 민법 제104조의 요건을 갖추지 못한 행위라도 민법 제103조에 의하여 무효로 되는 반사회질서 행위가 될 수 있다.
ㄴ. 어떠한 법률행위가 불공정한 법률행위에 해당하는지는 계약 이행 당시를 기준으로 판단하여야 한다.
ㄷ. 민법 제104조는 어업권의 소멸로 인한 손실보상금의 분배에 관한 비법인사단인 어촌계의 총회 결의 내용이 현저하게 불공정한 경우에도 적용될 수 있다.
ㄹ. 민법 제104조에 따라 무효인 법률행위는 당사자가 그 무효를 알고 추인하여도 효력이 발생하지 않지만, 민법 제145조의 법정추인에 관한 규정은 적용가능하다.

① ㄱ   ② ㄱ, ㄷ   ③ ㄱ, ㄹ
④ ㄴ, ㄷ   ⑤ ㄷ, ㄹ

해설

㉠ (O) 민법 제104조는 민법 제103조의 하나의 예시로서 민법 제104조의 요건을 갖추지 못한 행위라도 민법 제103조에 의하여 무효로 되는 반사회질서행위가 될 수 있다는 것이 통설이고, 판례도 이러한 견해를 전제로 한 판시를 한 바 있다(대법원 2000. 2. 11. 선고 99다56833 판결).

㉡ (×) 어떠한 법률행위가 불공정한 법률행위에 해당하는지는 법률행위 당시를 기준으로 판단하여야 하므로, 계약 체결 당시를 기준으로 계약 내용에 따른 권리의무관계를 종합적으로 고려한 결과 불공정한 것이 아니라면, 사후에 외부적 환경의 급격한 변화에 따라 계약당사자 일방에게 큰 손실이 발생하고 상대방에게는 그에 상응하는 큰 이익이 발생할 수 있는 구조라고 하여 그 계약이 당연히 불공정한 계약에 해당한다고 말할 수 없다(대법원 2013. 9. 26. 선고 2011다53683 전원합의체 판결).

㉢ (O)
[1] 법인 아닌 어촌계가 취득한 어업권은 어촌계의 총유이고(수산업법 제15조 제4항), 그 어업권의 소멸로 인한 손실보상금도 어촌계의 총유에 속하므로, 총유물인 손실보상금의 처분은 원칙적으로 계원총회의 결의에 의하여 결정되어야 할 것이지만(수산업협동조합법시행령 제10조 제1항 제7호, 어촌계 정관 제33조 제1항 제7호), 어업권의 소멸로 인한 손실보상금은 어촌계의 잉여금과는 그 성질이 달라서 어업권의 소멸로 손실을 입게 된 어촌계원에게 공평하고 적정하게 분배되어야 할 것이므로, 어업권의 소멸로 인한 손실보상금의 분배에 관한 어촌계 총회의 결의 내용이 각 계원의 어업권 행사 내용, 어업 의존도, 계원이 보유하고 있는 어업 장비나 멸실된 어업 시설 등의 제반 사정을 참작한 손실의 정도에 비추어 볼 때 현저하게 불공정한 경우에는 그 결의는 무효이다.
[2] 어업권의 소멸로 인한 손실보상금을 어업권 행사자에게만 분배하고 어업권 비행사자에게는 전혀 분배하지 않기로 하는 결의가 있을 경우, 그 결의가 현저하게 불공정하여 무효인지의 여부를 판단함에 있어서는, 그 어촌계 내부의 어업권 행사의 관행과 실태가 가장 중요한 기준이 된다고 할 것이고, 그 밖에 어업권 행사자가 되기 위한 경쟁의 정도, 어촌계원 중에서 어업권 행사자들이 차지하는 비율, 어업권 비행사자들이 어업권 행사자가 되지 못한 이유, 보상 결의에 대한 비행사자들의 태도, 그 어촌계에서의 과거의 보상금 분배의 선례 등도 판단 자료로서 참작되어야 한다(대법원 1997. 10. 28. 선고 97다27619 판결). 판시사항에서 명시적으로 민법 제104조를 언급하지는 않았으나 참조조문으로 민법 제104조를 인용한 사례이다.

ⓔ (×)
1) 민법 제104조에 따라 무효인 법률행위는 당사자가 그 무효를 알고 추인하여도 효력이 발생하지 않고, 민법 제145조의 법정추인에 관한 규정은 적용 불가하다. 다만, 민법 제138조의 무효행위 전환 법리는 적용될 수 있다.
2) 매매계약이 약정된 매매대금의 과다로 말미암아 민법 제104조에서 정하는 '불공정한 법률행위'에 해당하여 무효인 경우에도 무효행위의 전환에 관한 민법 제138조가 적용될 수 있다. 따라서 당사자 쌍방이 위와 같은 무효를 알았더라면 대금을 다른 액으로 정하여 매매계약에 합의하였을 것이라고 예외적으로 인정되는 경우에는, 그 대금액을 내용으로 하는 매매계약이 유효하게 성립한다(대법원 2010. 7. 15. 선고 2009다50308 판결).

정답 ②

30. 제척기간과 소멸시효에 관한 설명 중 옳은 것을 모두 고른 것은? (다툼이 있는 경우 판례에 의함)

ㄱ. 점유보호청구권은 민법 제204조 제3항과 제205조 제2항에 의하면 점유를 침탈당한 날 또는 점유의 방해행위가 종료된 날로부터 1년 내에 행사하여야 하는 것으로 규정되어 있는데, 이는 제척기간으로서 재판 외에서 권리행사하는 것으로 족하다.

ㄴ. 가등기담보법 제11조의 내용과 제척기간 제도의 본질에 비추어 보면, 채무자 등이 피담보채무의 변제기가 지난 때로부터 10년이 경과하기 전에 피담보채무의 변제를 조건으로 담보 목적으로 마친 소유권이전등기의 말소를 청구하였다면 이는 위 조항에 따른 제척기간 준수에 필요한 권리의 행사에 해당한다.

ㄷ. 민법상 수급인의 하자담보책임에 관한 기간은 제척기간으로서 재판상 또는 재판 외의 권리행사기간이며 재판상 청구를 위한 출소기간은 아니라고 할 것이다.

ㄹ. 민법상 수급인의 하자담보책임에 있어서 하자보수에 갈음한 손해배상채권의 양수인이 제척기간 경과 후에 양수금 청구의 소를 제기하였다 하더라도 그 채권양도통지가 제척기간 경과 전에 이루어졌다면, 그 권리가 제척기간에 의하여 소멸되었다고 볼 것은 아니다.

ㅁ. 당사자 사이에 매매예약 완결권을 행사할 수 있는 시기 또는 시점을 특별히 약정한 경우에는 그 제척기간은 그 약정에 따라 권리를 행사할 수 있는 때로부터 10년의 기간이 경과되면 만료된다.

① ㄱ, ㄴ
② ㄱ, ㄴ, ㄷ
③ ㄷ, ㄹ, ㅁ
④ ㄷ
⑤ ㄱ, ㄴ, ㄷ, ㄹ

해설

㉠ (×) 민법 제204조 제3항과 제205조 제2항에서 규정하는 1년의 행사기간은 제척기간으로서 여기서 제척기간의 대상이 되는 권리는 형성권이 아니라 통상의 청구권인 점과 점유의 침탈 또는 방해의 상태가 일정한 기간을 지나게 되면 그대로 사회의 평온한 상태가 되고 이를 복구하는 것이 오히려 평화질서의 교란으로 볼 수 있게 되므로 일정한 기간을 지난 후에는 원상회복을 허용하지 않는 것이 점유제도의 이상에 맞고 여기에 점유의 회수 또는 방해제거 등 청구권에 단기의 제척기간을 두는 이유가 있는 점 등에 비추어 볼 때, 이는 재판 외에서 권리를 행사하는 것으로 족한 기간이 아니라 반드시 그 기간 내에 소를 제기하여야 하는 이른바 출소기간으로 해석함이 상당하다(대법원 2002. 4. 26. 선고 2001다8097 판결).

ⓒ (×)
1) 채무자 등이 가등기담보법 제11조 본문에 따라 채권담보의 목적으로 마친 소유권이전등기의 말소를 구하기 위해서는 그때까지의 이자와 손해금을 포함한 피담보채무액을 전부 지급함으로써 그 요건을 갖추어야 한다(대법원 2018. 6. 15. 선고 2018다215947 판결).
2) 가등기담보 등에 관한 법률 제11조의 내용과 제척기간 제도의 본질에 비추어 보면, 채무자 등이 위 제척기간이 경과하기 전에 피담보채무를 변제하지 아니한 채 또는 변제를 조건으로 담보목적으로 마친 소유권이전등기의 말소를 청구하더라도 이를 제척기간 준수에 필요한 권리의 행사에 해당한다고 볼 수 없으므로, 채무자 등의 위 말소청구권은 제척기간의 경과로 확정적으로 소멸한다. 이러한 법리는 채무자 등이 피담보채무를 변제하지 아니한 채 또는 변제를 조건으로 위 소유권이전등기의 말소등기를 청구하는 소를 제기한 경우에도 마찬가지로 적용된다(대법원 2014. 8. 20. 선고 2012다47074 판결).

ⓒ (○) 민법상 수급인의 하자담보책임에 관한 기간은 제척기간으로서 재판상 또는 재판외의 권리행사기간이며 재판상 청구를 위한 출소기간이 아니다(대법원 2004. 1. 27. 선고 2001다24891 판결).

ⓔ (×)
[가] 채권양도의 통지는 양도인이 채권이 양도되었다는 사실을 채무자에게 알리는 것에 그치는 행위이므로, 그것만으로 제척기간 준수에 필요한 권리의 재판외 행사에 해당한다고 할 수 없다.
[나] 따라서 집합건물인 아파트의 입주자대표회의가 스스로 하자담보추급에 의한 손해배상청구권을 가짐을 전제로 하여 직접 아파트의 분양자를 상대로 손해배상청구소송을 제기하였다가, 소송 계속 중에 정당한 권리자인 구분소유자들에게서 손해배상채권을 양도받고 분양자에게 통지가 마쳐진 후 그에 따라 소를 변경한 경우에는, 채권양도통지에 채권양도의 사실을 알리는 것 외에 이행을 청구하는 뜻이 별도로 덧붙여지거나 그 밖에 구분소유자들이 재판외에서 권리를 행사하였다는 등 특별한 사정이 없는 한, 위 손해배상청구권은 입주자대표회의가 위와 같이 소를 변경한 시점에 비로소 행사된 것으로 보아야 한다(대법원 2012. 3. 22. 선고 2010다28840 전원합의체 판결).

ⓜ (×)
[가] 매매의 일방예약에서 예약자의 상대방이 매매예약 완결의 의사표시를 하여 매매의 효력을 생기게 하는 권리, 즉 매매예약의 완결권은 일종의 형성권으로서 당사자 사이에 그 행사기간을 약정한 때에는 그 기간 내에, 그러한 약정이 없는 때에는 그 예약이 성립한 때로부터 10년 내에 이를 행사하여야 하고, 그 기간을 지난 때에는 예약 완결권은 제척기간의 경과로 인하여 소멸한다.
[나] 제척기간은 권리자로 하여금 당해 권리를 신속하게 행사하도록 함으로써 법률관계를 조속히 확정시키려는 데 그 제도의 취지가 있는 것으로서, 소멸시효가 일정한 기간의 경과와 권리의 불행사라는 사정에 의하여 권리 소멸의 효과를 가져오는 것과는 달리 그 기간의 경과 자체만으로 곧 권리 소멸의 효과를 가져오게 하는 것이므로 그 기간 진행의 기산점은 특별한 사정이 없는 한 원칙적으로 권리가 발생한 때이고, 당사자 사이에 매매예약 완결권을 행사할 수 있는 시기를 특별히 약정한 경우에도 그 제척기간은 당초 권리의 발생일로부터 10년간의 기간이 경과되면 만료되는 것이지 그 기간을 넘어서 그 약정에 따라 권리를 행사할 수 있는 때로부터 10년이 되는 날까지로 연장된다고 볼 수 없다(대법원 1995. 11. 10. 선고 94다22682 판결).

정답 ④

31. 이혼에 관한 설명 중 옳은 것은? (다툼이 있는 경우 판례에 의함)

① 부부가 이혼하기로 협의하고 가정법원의 협의이혼의사확인을 받았다고 하더라도 협의이혼신고서가 수리되기 전에 협의이혼의사의 철회신고서가 제출되면 그 협의이혼신고서는 수리할 수 없는 것이나, 가족관계등록공무원이 착오로 협의이혼의사 철회신고서가 제출된 사실을 간과하여 협의이혼신고서를 수리하였다면 협의상 이혼의 효력은 발생한다.

② 민법 제840조 각 호가 규정한 이혼사유마다 재판상 이혼청구를 할 수 있는 것이므로 법원은 원고가 주장한 이혼사유에 관하여만 심판하여야 하나, 동조 제6호의 '기타 혼인을 계속하기 어려운 중대한 사유'에 의해서는 그 사유를 주장하지 않더라도 이혼을 명할 수 있다.
③ 재판상 이혼의 경우 당사자의 청구가 없다면 법원이 직권으로 미성년자인 자녀에 대한 친권자 및 양육자를 정할 수 없다.
④ 가정법원은 이혼청구를 받아들이면서 양육비용의 분담을 정할 때, 자의 복리를 위하여 청구에 구애받지 않고 직권으로 양육비용의 분담에 관한 기산일까지도 정할 수 있다.
⑤ 가정법원은 원칙적으로 부모와 자녀의 면접교섭을 허용하되, 면접교섭이 자녀의 복리를 침해하는 특별한 사정이 있는 경우에는 당사자의 청구에 의해서만 면접교섭을 배제할 수 있다.

해설

① (×) 부부가 이혼하기로 협의하고 가정법원의 협의이혼의사 확인을 받았다고 하더라도 호적법에 정한 바에 의하여 신고함으로써 협의이혼의 효력이 생기기 전에는 부부의 일방이 언제든지 협의이혼의사를 철회할 수 있는 것이어서, 협의이혼신고서가 수리되기 전에 협의이혼의사의 철회신고서가 제출되면 협의이혼신고서는 수리할 수 없는 것이므로, 설사 호적공무원이 착오로 협의이혼의사 철회신고서가 제출된 사실을 간과한 나머지 그 후에 제출된 협의이혼신고서를 수리하였다고 하더라도 협의상 이혼의 효력이 생길 수 없다(대법원 1994. 2. 8. 선고 93도2869 판결).

② (×) 재판상 이혼사유에 관한 민법 제840조는 동조가 규정하고 있는 각 호 사유마다 각 별개의 독립된 이혼사유를 구성하는 것이고, 이혼청구를 구하면서 위 각 호 소정의 수개의 사유를 주장하는 경우 법원은 그 중 어느 하나를 받아들여 청구를 인용할 수 있다(대법원 2000. 9. 5. 선고 99므1886 판결). 민법 제840조의 각 이혼사유는 그 각 사유마다 독립된 이혼청구원인이 되므로 법원은 원고가 주장한 이혼사유에 관하여서만 심판하여야 한다(대법원 1963. 1. 31. 선고 62다812 판결).

③ (×) 이혼 과정에서 친권자 및 자녀의 양육책임에 관한 사항을 의무적으로 정하도록 한 민법 제837조 제1항, 제2항, 제4항 전문, 제843조, 제909조 제5항의 문언 내용 및 이혼 과정에서 자녀의 복리를 보장하기 위한 위 규정들의 취지와 아울러, 이혼 시 친권자 지정 및 양육에 관한 사항의 결정에 관한 민법 규정의 개정 경위와 변천 과정, 친권과 양육권의 관계 등을 종합하면, 재판상 이혼의 경우에 당사자의 청구가 없다 하더라도 법원은 직권으로 미성년자인 자녀에 대한 친권자 및 양육자를 정하여야 하며, 따라서 법원이 이혼 판결을 선고하면서 미성년자인 자녀에 대한 친권자 및 양육자를 정하지 아니하였다면 재판의 누락이 있다(대법원 2015. 6. 23. 선고 2013므2397 판결).

④ (○)
1) 제1심 가정법원이 이혼 청구를 받아들이면서 변론종결 당시 비양육친이었던 부모 일방을 양육자로 지정하고 제1심판결 선고일 다음날을 기산점으로 삼아 장래양육비의 분담을 정한 경우, 항소심법원이 양육에 관한 사항을 심리한 결과 여전히 (제1심에서 양육자로 지정된) 비양육친이 양육하지 않고 있는 사실이 확인된다면 이를 반영하여 장래양육비의 지급을 명하는 기산일을 다시 정하여야 한다. 민법 제843조, 제837조 제4항, 제3항은 이혼 소송에서 당사자 사이에 미성년 자녀의 양육에 관한 사항의 협의가 이루어지지 아니하거나 협의할 수 없는 때에 가정법원이 직권으로 자녀의 의사, 연령과 부모의 재산상황, 그 밖의 사정을 참작하여 양육에 관한 사항을 결정하도록 규정하고 있고, 여기에는 양육자의 결정, 양육비용의 부담, 면접교섭권의 행사 여부 및 그 방법이 포함된다. 가사소송규칙 제93조 제2항은 가정법원이 금전의 지급을 구하는 청구에 대하여는 청구의 취지를 초과하여 의무의 이행을 명할 수 없으나, 자의 복리를

위하여 양육에 관한 사항을 정하는 경우에는 그렇지 않은 것으로 규정하고 있다. 따라서 가정법원은 양육비용의 분담을 정함에 있어 자의 복리를 위하여 청구에 구애받지 않고 직권으로 양육비용의 분담에 관한 기산일을 정할 수 있다(대법원 2022. 1. 14. 선고 2021므15145 판결).

2) 판례사안에서는 항소심에서 제1심판결에서 양육자로 지정된 甲이 사건본인들을 양육하지 않는 사실이 확인되었다. 그리고 원심에서 기각된 이행명령 신청사건에서 양육자로 지정되지 않은 乙이 제1심판결 주문(甲을 양육자로 지정하는 주문)에도 불구하고 적어도 항소심판결 선고일까지는 사건본인들을 양육하도록 하는 것이 사건본인들의 복리에 적합하다는 판단이 이루어진 것으로 보았다. 그렇다면 항소심은 이를 반영하여 乙에게 장래양육비의 지급을 명하는 기산일을 다시 정하였어야 한다고 판시하였다.

⑤ (×) 민법 제837조의2 제1항은 "자를 직접 양육하지 아니하는 부모의 일방과 자는 상호 면접교섭할 수 있는 권리를 가진다."라고 하고, 제3항은 "가정법원은 자의 복리를 위하여 필요한 때에는 당사자의 청구 또는 직권에 의하여 면접교섭을 제한·배제·변경할 수 있다."라고 규정한다. 부모와 자녀의 친밀한 관계는 부모가 혼인 중일 때뿐만 아니라 부모의 이혼 등으로 자녀가 부모 중 일방의 양육 아래 놓인 경우에도 지속될 수 있도록 보호할 필요가 있는바, 면접교섭권은 이를 뒷받침하여 자녀의 정서안정과 원만한 인격발달을 이룰 수 있도록 하고 이를 통해 자녀의 복리를 실현하는 것을 목적으로 하는 제도이다. 이는 자녀의 권리임과 동시에 부모의 권리이기도 하다. 따라서 가정법원은 원칙적으로 부모와 자녀의 면접교섭을 허용하되, 면접교섭이 자녀의 복리를 침해하는 특별한 사정이 있는 경우에 한하여 당사자의 청구 또는 직권에 의하여 면접교섭을 배제할 수 있다(대법원 2021. 12. 16. 자 2017스628 결정).   정답 ④

32. 이혼으로 인한 재산분할청구권에 관한 설명 중 옳은 것을 모두 고른 것은? (다툼이 있는 경우 판례에 의함)

ㄱ. 재산분할심판청구에 있어서, 법원으로서는 당사자의 주장에 구애되지 아니하고 재산분할의 대상이 무엇인지 직권으로 사실조사를 하여 포함시키거나 제외시킬 수 있으나, 원고의 청구취지를 초과하여 재산분할을 명할 수는 없다.

ㄴ. 이혼으로 인한 재산분할청구권은 그 행사 여부가 청구인의 인격적 이익을 위하여 그의 자유로운 의사결정에 전적으로 맡겨진 권리이므로 채권자대위권의 목적이 될 수 없다.

ㄷ. 사실혼관계가 일방 당사자의 사망으로 인하여 종료된 경우에는 그 상대방에게 재산분할청구권이 인정된다고 할 수 없다.

ㄹ. 민법 제843조, 제839조의2 제3항은 협의상 또는 재판상 이혼 시의 재산분할청구권에 관하여 "이혼한 날부터 2년을 경과한 때에는 소멸한다."고 정하고 있는데, 청구인 지위에서 대상 재산에 대해 적극적으로 재산분할을 청구하는 것이 아니라 이미 제기된 재산분할청구 사건의 상대방 지위에서 분할대상 재산을 주장하는 경우에는 위 제척기간이 적용되지 않는다.

① ㄱ, ㄷ ② ㄱ, ㄹ ③ ㄴ, ㄷ, ㄹ
④ ㄷ, ㄹ ⑤ ㄱ, ㄴ, ㄷ, ㄹ

해설

㉠ (○)

[1] 협의상 이혼한 자 일방은 다른 일방에 대하여 재산분할을 청구할 수 있고(민법 제839조의2 제1항), 재판상 이혼에 따른 재산분할청구권에도 위 민법 제839조의2가 준용된다(민법 제843조). 재산분할사건은

마류 가사비송사건에 해당하고[가사소송법 제2조 제1항 제2호 (나)목 4)], 금전의 지급 등 재산상의 의무이행을 구하는 마류 가사비송사건의 경우 원칙적으로 청구인의 청구취지를 초과하여 의무의 이행을 명할 수 없다(가사소송규칙 제93조 제2항 본문). 그러나 한편 가사비송절차에 관하여는 가사소송법에 특별한 규정이 없는 한 비송사건절차법 제1편의 규정을 준용하며(가사소송법 제34조 본문), 비송사건절차에 있어서는 민사소송의 경우와 달리 당사자의 변론에만 의존하는 것이 아니고, 법원이 자기의 권능과 책임으로 재판의 기초가 되는 자료를 수집하는, 이른바 직권탐지주의에 의하고 있으므로(비송사건절차법 제11조), 법원으로서는 당사자의 주장에 구애되지 아니하고 재산분할의 대상과 가액을 직권으로 조사·판단할 수 있다. 따라서 재산분할사건에서 재산분할 대상과 가액을 주장하는 것은 그에 관한 법원의 직권 판단을 구하는 것에 불과하다.

[2] 재판상 이혼을 전제로 한 재산분할에서 분할의 대상이 되는 재산과 그 액수는 이혼소송의 사실심 변론종결일을 기준으로 정하는 것이 원칙이다. 재산분할액 산정의 기초가 되는 재산의 가액은 반드시 시가감정에 의하여 인정하여야 하는 것은 아니지만 객관성과 합리성이 있는 자료에 의하여 평가하여야 할 것인바, 법원으로서는 위 변론종결일까지 기록에 나타난 객관적인 자료에 의하여 개개의 공동재산의 가액을 정하여야 한다(대법원 2024. 5. 30. 선고 2024므10370 판결).

ⓛ (O) 이혼으로 인한 재산분할청구권은 이혼을 한 당사자의 일방이 다른 일방에 대하여 재산분할을 청구할 수 있는 권리로서 청구인의 재산에 영향을 미치지만, 순전한 재산법적 행위와 같이 볼 수는 없다. 오히려 이혼을 한 경우 당사자는 배우자, 자녀 등과의 관계 등을 종합적으로 고려하여 재산분할청구권 행사 여부를 결정하게 되고, 법원은 청산적 요소뿐만 아니라 이혼 후의 부양적 요소, 정신적 손해(위자료)를 배상하기 위한 급부로서의 성질 등도 고려하여 재산을 분할하게 된다. 이혼으로 인한 재산분할청구권은 그 행사 여부가 청구인의 인격적 이익을 위하여 그의 자유로운 의사결정에 전적으로 맡겨진 권리로서 행사상의 일신전속성을 가지므로, 채권자대위권의 목적이 될 수 없고 파산재단에도 속하지 않는다고 보아야 한다(대법원 2023. 9. 21. 선고 2023므10861 판결).

ⓒ (O) 사실혼이란 당사자 사이에 혼인의 의사가 있고 객관적으로 사회관념상으로 가족질서적인 면에서 부부공동생활을 인정할 만한 혼인생활의 실체가 있는 경우이고, 부부재산에 관한 청산의 의미를 갖는 재산분할에 관한 법률 규정은 부부의 생활공동체라는 실질에 비추어 인정되는 것으로서 사실혼관계에도 이를 준용 또는 유추적용할 수 있기 때문에, 사실혼관계에 있었던 당사자들이 생전에 사실혼관계를 해소한 경우 재산분할청구권을 인정할 수 있으나, 법률상 혼인관계가 일방 당사자의 사망으로 인하여 종료된 경우에도 생존 배우자에게 재산분할청구권이 인정되지 아니하고 단지 상속에 관한 법률 규정에 따라서 망인의 재산에 대한 상속권만이 인정된다는 점 등에 비추어 보면, 사실혼관계가 일방 당사자의 사망으로 인하여 종료된 경우에는 그 상대방에게 재산분할청구권이 인정된다고 할 수 없다(대법원 2006. 3. 24. 선고 2005두15595 판결).

㉣ (O) 민법 제843조, 제839조의2 제3항은 협의상 또는 재판상 이혼 시의 재산분할청구권에 관하여 '이혼한 날부터 2년을 경과한 때에는 소멸한다.'고 정하고 있는데, 위 기간은 제척기간이고, 나아가 재판 외에서 권리를 행사하는 것으로 족한 기간이 아니라 그 기간 내에 재산분할심판 청구를 하여야 하는 출소기간이다. 재산분할청구 후 제척기간이 지나면 그때까지 청구 목적물로 하지 않은 재산에 대해서는 특별한 사정이 없는 한 제척기간을 준수한 것으로 볼 수 없다. 그러나 청구인 지위에서 대상 재산에 대해 적극적으로 재산분할을 청구하는 것이 아니라, 이미 제기된 재산분할청구 사건의 상대방 지위에서 분할대상 재산을 주장하는 경우에는 제척기간이 적용되지 않는다(대법원 2022. 11. 10. 자 2021스766 결정). **정답** ⑤

33. 양자에 관한 설명 중 옳지 않은 것은? (다툼이 있는 경우 판례에 의함)

① 피성년후견인은 성년후견인의 동의를 받아 입양을 할 수 있고 양자가 될 수 있는데, 위 동의를 받지 못한 경우 그 입양은 취소할 수 있다.
② 미성년자인 손자녀에게 친생부모가 있는데도 조부모가 손자녀를 입양하여 부모·자녀 관계를 맺는 것은 입양의 의미와 본질에 반하는 것으로 허용되지 않는다.
③ 가정법원의 허가 없이 미성년자를 입양한 경우, 그 입양은 무효이다.
④ 친양자가 될 사람은 미성년자이어야 한다.
⑤ 친양자 입양이 취소된 때에는 친양자관계는 소멸하고 입양 전의 친족관계는 부활하나, 그 취소의 효력은 소급하지 않는다.

해설

① (○) 피성년후견인은 성년후견인의 동의를 받아 입양을 할 수 있고 양자가 될 수 있다(민법 제873조 제1항). 피성년후견인이나 성년후견인은 제873조 제1항을 위반한 입양의 취소를 청구할 수 있다(민법 제887조).
② (✕) 입양은 출생이 아니라 법에 정한 절차에 따라 원래는 부모·자녀가 아닌 사람 사이에 부모·자녀 관계를 형성하는 제도이다. 조부모와 손자녀 사이에는 이미 혈족관계가 존재하지만 부모·자녀 관계에 있는 것은 아니다. 민법은 입양의 요건으로 동의와 허가 등에 관하여 규정하고 있을 뿐이고 존속을 제외하고는 혈족의 입양을 금지하고 있지 않다(민법 제877조 참조). 따라서 조부모가 손자녀를 입양하여 부모·자녀 관계를 맺는 것이 입양의 의미와 본질에 부합하지 않거나 불가능하다고 볼 이유가 없다. 조부모가 자녀의 입양허가를 청구하는 경우에 입양의 요건을 갖추고 입양이 자녀의 복리에 부합한다면 이를 허가할 수 있다(대법원 2021. 12. 23. 자 2018스5 전원합의체 결정).
③ (○)
 1) 다음 각 호의 어느 하나에 해당하는 입양은 무효이다(민법 제883조).
  1. 당사자 사이에 입양의 합의가 없는 경우
  2. 제867조 제1항(제873조 제2항에 따라 준용되는 경우를 포함한다), 제869조 제2항, 제877조를 위반한 경우
 2) 미성년자를 입양하려는 사람은 가정법원의 허가를 받아야 한다(민법 제867조 제1항).
④ (○) 친양자를 입양하려는 사람은 다음 각 호의 요건을 갖추어 가정법원에 친양자 입양을 청구하여야 한다(민법 제908조의2 제1항).
  2. 친양자가 될 사람이 미성년자일 것
⑤ (○) 친양자 입양이 취소되거나 파양된 때에는 친양자관계는 소멸하고 입양 전의 친족관계는 부활한다(민법 제908조의7 제1항). 제1항의 경우에 친양자 입양의 취소의 효력은 소급하지 아니한다(민법 제908조의7 제2항).

정답 ②

34. 상속재산분할에 관한 설명 중 옳은 것을 모두 고른 것은? (다툼이 있는 경우 판례에 의함)

ㄱ. 금전채권과 같이 급부의 내용이 가분인 채권이 공동상속되더라도, 공동상속인들 중에 초과특별수익자가 있는 경우에는 위 가분채권도 상속재산분할의 대상이 될 수 있다.

ㄴ. 금전채무에 관하여 공동상속인들 사이에 분할의 협의가 있어, 위 분할의 협의에 따라 공동상속인 중의 1인이 법정상속분을 초과하여 채무를 부담하기로 하는 약정은 면책적 채무인수의 실질을 가진 상속재산분할로서 그 소급효가 인정된다.
ㄷ. 상속재산분할협의에 이미 상속을 포기한 자가 참여하여, 이미 포기한 상속지분을 다른 상속인에게 귀속시킨다는 분할협의를 하고 나머지 상속인들 사이의 상속재산분할에 관한 실질적인 협의에 영향을 미치지 않은 경우라도 협의당사자의 엄격성에 비추어 그 협의는 효력이 없다.
ㄹ. 상속재산 분할협의는 공동상속인들 사이에 이루어지는 일종의 계약으로서, 공동상속인들은 이미 이루어진 상속재산 분할협의를 전원의 합의에 의하여 해제할 수 있다.
ㅁ. 상속재산인 부동산의 분할 귀속을 내용으로 하는 상속재산분할심판이 확정되면 등기 없이도 해당 부동산에 관한 물권변동의 효력이 발생한다.

① ㄱ, ㄴ　　② ㄱ, ㄹ　　③ ㄱ, ㄴ, ㄷ
④ ㄱ, ㄹ, ㅁ　　⑤ ㄴ, ㅁ

해설

㉠ (○) 금전채권과 같이 급부의 내용이 가분인 채권이 공동상속되는 경우 상속개시와 동시에 당연히 법정상속분에 따라 공동상속인들에게 분할되어 귀속되므로 상속재산분할의 대상이 될 수 없는 것이 원칙이다. 다만, 공동상속인 중에 특별수익이 존재하거나 기여분이 인정되어 구체적인 상속분이 법정상속분과 달라질 수 있는 특별한 사정이 있는 때에는 상속재산분할을 통하여 공동상속인들 사이에 형평을 기할 필요가 있으므로 가분채권도 예외적으로 상속재산분할의 대상이 될 수 있다[대법원 2016. 5. 4. 자 2014스122 결정].

㉡ (×)
[1] 금전채무와 같이 급부의 내용이 가분인 채무가 공동상속된 경우, 이는 상속 개시와 동시에 당연히 법정상속분에 따라 공동상속인에게 분할되어 귀속되는 것이므로, 상속재산 분할의 대상이 될 여지가 없다.
[2] 상속재산 분할의 대상이 될 수 없는 상속채무에 관하여 공동상속인들 사이에 분할의 협의가 있는 경우라면 이러한 협의는 민법 제1013조에서 말하는 상속재산의 협의분할에 해당하는 것은 아니지만, 위 분할의 협의에 따라 공동상속인 중의 1인이 법정상속분을 초과하여 채무를 부담하기로 하는 약정은 면책적 채무인수의 실질을 가진다고 할 것이어서, 채권자에 대한 관계에서 위 약정에 의하여 다른 공동상속인이 법정상속분에 따른 채무의 일부 또는 전부를 면하기 위하여는 민법 제454조의 규정에 따른 채권자의 승낙을 필요로 하고, 여기에 상속재산 분할의 소급효를 규정하고 있는 민법 제1015조가 적용될 여지는 전혀 없다(대법원 1997. 6. 24. 선고 97다8809 판결).

㉢ (×) 상속의 포기는 상속이 개시된 때에 소급하여 그 효력이 있고(민법 제1042조), 포기자는 처음부터 상속인이 아니었던 것이 된다. 따라서 상속포기의 신고가 아직 행하여지지 아니하거나 법원에 의하여 아직 수리되지 아니하고 있는 동안에 포기자를 제외한 나머지 공동상속인들 사이에 이루어진 상속재산분할협의는 후에 상속포기의 신고가 적법하게 수리되어 상속포기의 효력이 발생하게 됨으로써 공동상속인의 자격을 가지는 사람들 전원이 행한 것이 되어 소급적으로 유효하게 된다. 이는 설사 포기자가 상속재산분할협의에 참여하여 그 당사자가 되었다고 하더라도 그 협의가 그의 상속포기를 전제로 하여서 포기자에게 상속

재산에 대한 권리를 인정하지 아니하는 내용인 경우에도 마찬가지이다(대법원 2011. 6. 9. 선고 2011다29307 판결).

② (○)
[1] 상속재산 분할협의는 공동상속인들 사이에 이루어지는 일종의 계약으로서, 공동상속인들은 이미 이루어진 상속재산 분할협의의 전부 또는 일부를 전원의 합의에 의하여 해제한 다음 다시 새로운 분할협의를 할 수 있다.
[2] 상속재산 분할협의가 합의해제되면 그 협의에 따른 이행으로 변동이 생겼던 물권은 당연히 그 분할협의가 없었던 원상태로 복귀하지만, 민법 제548조 제1항 단서의 규정상 이러한 합의해제를 가지고서는, 그 해제 전의 분할협의로부터 생긴 법률효과를 기초로 하여 새로운 이해관계를 가지게 되고 등기·인도 등으로 완전한 권리를 취득한 제3자의 권리를 해하지 못한다(대법원 2004. 7. 8. 선고 2002다73203 판결).

⑩ (○)
[1] 상속재산의 분할은 상속이 개시된 때에 소급하여 그 효력이 있다. 그러나 제3자의 권리를 해하지 못한다(민법 제1015조). 이는 상속재산분할의 소급효를 인정하여 공동상속인이 분할 내용대로 상속재산을 피상속인이 사망한 때에 바로 피상속인으로부터 상속한 것으로 보면서도, 상속재산분할 전에 이와 양립하지 않는 법률상 이해관계를 가진 제3자에게는 상속재산분할의 소급효를 주장할 수 없도록 함으로써 거래의 안전을 도모하고자 한 것이다. 이때 민법 제1015조 단서에서 말하는 제3자는 일반적으로 상속재산분할의 대상이 된 상속재산에 관하여 상속재산분할 전에 새로운 이해관계를 가졌을 뿐만 아니라 등기, 인도 등으로 권리를 취득한 사람을 말한다.
[2] 상속재산인 부동산의 분할 귀속을 내용으로 하는 상속재산분할심판이 확정되면 민법 제187조에 의하여 상속재산분할심판에 따른 등기 없이도 해당 부동산에 관한 물권변동의 효력이 발생한다. 다만 민법 제1015조 단서의 내용과 입법 취지 등을 고려하면, 상속재산분할심판에 따른 등기가 이루어지기 전에 상속재산분할의 효력과 양립하지 않는 법률상 이해관계를 갖고 등기를 마쳤으나 상속재산분할심판이 있었음을 알지 못한 제3자에 대하여는 상속재산분할의 효력을 주장할 수 없다고 보아야 한다. 이 경우 제3자가 상속재산분할심판이 있었음을 알았다는 점에 관한 주장·증명책임은 상속재산분할심판의 효력을 주장하는 자에게 있다고 할 것이다(대법원 2020. 8. 13. 선고 2019다249312 판결). 정답 ④

35. 유류분에 관한 설명 중 옳은 것을 모두 고른 것은? (다툼이 있는 경우 판례에 의함)

ㄱ. 유류분반환청구권은 행사상 일신전속권으로 볼 수 없다.
ㄴ. 민법 제1113조 제1항은 유류분 산정의 기초가 되는 재산의 범위에 관하여, "유류분은 피상속인의 상속개시 시에 있어서 가진 재산의 가액에 증여재산의 가액을 가산하고 채무의 전액을 공제하여 이를 산정한다."라고 규정하고 있는바, 여기에서의 증여재산에는 아직 이행되지 아니한 증여계약의 목적물은 포함되지 않는다.
ㄷ. 피상속인으로부터 특별수익인 생전 증여를 받은 공동상속인이 상속을 포기한 경우, 그 증여가 상속개시 전 1년간에 행한 것이거나 당사자 쌍방이 유류분권리자에 손해를 가할 것을 알고 한 경우에만 유류분 산정을 위한 기초재산에 산입된다고 보아야 한다.
ㄹ. 증여 이후 수증자나 수증자로부터 증여재산을 양수받은 사람이 자기의 비용으로 증여재산의 성상 등을 변경하여 상속개시 당시 그 가액이 증가되어 있는 경우, 유류분 부족액을 산정할 때 기준이 되는 증여재산의 가액에 관하여는, 그와 같은 변경이 있기 전 증여 당시의 성상 등을 기준으로 상속개시 당시 가액을 산정하여야 한다.

ㅁ. 유류분을 규정한 개정 민법 시행 전에 이행이 완료된 증여재산이 유류분 산정을 위한 기초 재산에서 제외된다고 하더라도, 그 재산은 당해 유류분 반환청구자의 유류분 부족액 산정 시 특별수익으로 공제되어야 한다.

① ㄱ, ㄴ, ㄷ, ㄹ, ㅁ ② ㄴ, ㄷ, ㄹ ③ ㄴ, ㄷ, ㄹ, ㅁ
④ ㄷ, ㄹ, ㅁ ⑤ ㄹ, ㅁ

해설

㉠ (×) 유류분반환청구권은 그 행사 여부가 유류분권리자의 인격적 이익을 위하여 그의 자유로운 의사결정에 전적으로 맡겨진 권리로서 행사상의 일신전속성을 가진다고 보아야 하므로, 유류분권리자에게 그 권리 행사의 확정적 의사가 있다고 인정되는 경우가 아니라면 채권자대위권의 목적이 될 수 없다(대법원 2010. 5. 27. 선고 2009다93992 판결).

㉡ (○)
1) 유류분 산정의 기초가 되는 재산의 범위에 관한 민법 제1113조 제1항에서의 '증여재산'이란 상속개시 전에 이미 증여계약이 이행되어 소유권이 수증자에게 이전된 재산을 가리키는 것이고, 아직 증여계약이 이행되지 아니하여 소유권이 피상속인에게 남아 있는 상태로 상속이 개시된 재산은 당연히 '피상속인의 상속개시시에 있어서 가진 재산'에 포함되는 것이므로, 수증자가 공동상속인이든 제3자이든 가리지 아니하고 모두 유류분 산정의 기초가 되는 재산을 구성한다(대법원 1996. 8. 20. 선고 96다13682 판결).
2) 유류분은 피상속인의 상속개시시에 있어서 가진 재산의 가액에 증여재산의 가액을 가산하고 채무의 전액을 공제하여 이를 산정한다(민법 제1113조 제1항). 즉, 다음의 공식을 규정한 조문이다. 유류분 산정의 기초되는 재산액 = ⓐ 적극적 현존상속재산가액 + ⓑ 산입될 증여 - ⓒ 상속채무액.
3) 위 판례는 '아직 이행되지 아니한 증여계약의 목적물'은 ⓑ 항목이 아니라 ⓐ 항목에 속한다는 판시이다. 따라서 ⓑ 항목에 속하지 않는다고 한 선지는 옳다.

㉢ (○)
1) 공동상속인중에 피상속인으로부터 재산의 증여 또는 유증을 받은 자가 있는 경우에 그 수증재산이 자기의 상속분에 달하지 못한 때에는 그 부족한 부분의 한도에서 상속분이 있다(민법 제1008조). 증여는 상속개시 전의 1년간에 행한 것에 한하여 제1113조의 규정에 의하여 그 가액을 산정한다 당사자 쌍방이 유류분권리자에 손해를 가할 것을 알고 증여를 한 때에는 1년 전에 한 것도 같다(민법 제1114조).
2) 유류분에 관한 민법 제1118조는 민법 제1008조를 준용하고 있으므로, 공동상속인 중에 피상속인으로부터 재산의 생전 증여로 민법 제1008조의 특별수익을 받은 사람이 있으면 민법 제1114조가 적용되지 않고, 그 증여가 상속개시 1년 전의 것인지 여부 또는 당사자 쌍방이 유류분권리자에 손해를 가할 것을 알고서 하였는지 여부와 관계없이 증여를 받은 재산이 유류분 산정을 위한 기초재산에 산입된다(대법원 1996. 2. 9. 선고 95다17885 판결 등 참조).
그러나 피상속인으로부터 특별수익인 생전 증여를 받은 공동상속인이 상속을 포기한 경우에는 민법 제1114조가 적용되므로, 그 증여가 상속개시 전 1년간에 행한 것이거나 당사자 쌍방이 유류분권리자에 손해를 가할 것을 알고 한 경우에만 유류분 산정을 위한 기초재산에 산입된다고 보아야 한다. 민법 제1008조에 따라 구체적인 상속분을 산정하는 것은 상속인이 피상속인으로부터 실제로 특별수익을 받은 경우에 한정되는데(대법원 2012. 4. 16.자 2011스191, 192 결정 참조), 상속의 포기는 상속이 개시된 때에 소급하여 그 효력이 있고(민법 제1042조), 상속포기자는 처음부터 상속인이 아니었던 것이 되므로(대법원 2011. 6. 9. 선고 2011다29307 판결 등 참조), 상속포기자에게는 민법 제1008조가 적용될 여지가 없기 때문이다(대법원 2022. 7. 14. 선고 2022다219465 판결).

ⓔ (O) 유류분반환의 범위는 상속개시 당시 피상속인의 순재산과 문제 된 증여재산을 합한 재산을 평가하여 그 재산액에 유류분청구권자의 유류분비율을 곱하여 얻은 유류분액을 기준으로 산정하는데, 증여받은 재산의 시가는 상속개시 당시를 기준으로 하여 산정하여야 한다. 다만 증여 이후 수증자나 수증자에게서 증여재산을 양수한 사람이 자기 비용으로 증여재산의 성상(性狀) 등을 변경하여 상속개시 당시 가액이 증가되어 있는 경우, 변경된 성상 등을 기준으로 상속개시 당시의 가액을 산정하면 유류분권리자에게 부당한 이익을 주게 되므로, 이러한 경우에는 그와 같은 변경을 고려하지 않고 증여 당시의 성상 등을 기준으로 상속개시 당시의 가액을 산정하여야 한다(대법원 2015. 11. 12. 선고 2010다104768 판결).

ⓜ (O) 개정 민법 시행 전에 이미 법률관계가 확정된 증여재산에 대한 권리관계는 유류분 반환청구자이든 반환의무자이든 동일하여야 하므로, 유류분 반환청구자가 개정 민법 시행 전에 피상속인으로부터 증여받아 이미 이행이 완료된 경우에는 그 재산 역시 유류분산정을 위한 기초재산에 포함되지 아니한다고 보는 것이 타당하다. 그러나 개정 민법 시행 전에 이행이 완료된 증여 재산이 유류분 산정을 위한 기초재산에서 제외된다고 하더라도, 위 재산은 당해 유류분 반환청구자의 유류분 부족액 산정 시 특별수익으로 공제되어야 한다(대법원 2018. 7. 12. 선고 2017다278422 판결). **정답 ③**

36. A가 B에게 영업을 양도한 경우에 관한 설명 중 옳은 것은? (다툼이 있는 경우 판례에 의함)

① 영업양도에 따라 재산이 포괄적으로 이전되므로 개개의 재산을 이전하기 위한 별도의 물권행위가 필요하지 않다.
② B가 다시 C에게 영업을 양도한 경우 C는 B 뿐만 아니라 A에 대하여도 경업금지청구를 할 수 있다.
③ A가 영업양도 후 경업을 하다가 그 영업을 D에게 양도한 경우 B는 D에게 경업금지청구를 할 수 있다.
④ B가 상호를 속용하였다면 A의 영업상 채권자는 B가 양수한 재산의 한도 내에서 채무변제를 요구할 수 있다.
⑤ B가 상호를 속용하여도 영업양도 후 2년이 경과되면 B의 영업상 채권자에 대한 책임이 소멸한다.

해설

① (×) 영업양도는 채권계약이므로 양도인이 재산이전의무를 이행함에 있어서는 상속이나 회사의 합병의 경우와 같이 포괄적 승계가 인정되지 않고 특정 승계의 방법에 의하여 재산의 종류에 따라 개별적으로 이전행위를 하여야 할 것인바, 그 이전에 있어 양도인의 제3자에 대한 매매계약 해제에 따른 원상회복청구권은 지명채권이므로 그 양도에는 양도인의 채무자에 대한 통지나 채무자의 승낙이 있어야 채무자에게 대항할 수 있다(대법원 1991. 10. 8. 선고 91다22018 판결).

② (O) 영업양도인이 영업을 양도한 후에도 인근에서 동종영업을 한다면 영업양도는 유명무실해지고 영업양수인은 부당한 손실을 입게 되므로, 영업양도의 실효성을 높이고 영업양수인을 보호하기 위해서는 영업양도인의 경업을 제한할 필요가 있다. 상법 제41조 제1항은 이러한 취지에서 영업을 양도한 경우에 다른 약정이 없으면 영업양도인은 10년간 동일한 특별시·광역시·시·군과 인접 특별시·광역시·시·군에서 동종영업을 하지 못한다고 규정하고 있다. 한편 영업이 동일성을 유지한 채 전전양도된 경우에도 최초 영업양도인이 인근에서 동종영업을 한다면 영업양도의 실효성이 크게 제한되어 영업양수인뿐만 아니라

전전 영업양수인들이 부당한 손실을 입게 되는 것은 마찬가지이므로, 최초 영업양도인과 전전 영업양수인들 사이에서도 위와 같은 상법 제41조 제1항의 취지가 참작되어야 한다. 그렇다면 영업양도계약에서 경업금지에 관하여 정함이 없는 경우 영업양수인은 영업양도인에 대해 상법 제41조 제1항에 근거하여 경업금지청구권을 행사할 수 있고, 나아가 영업양도계약에서 경업금지청구권의 양도를 제한하는 등의 특별한 사정이 없다면 위와 같이 양도된 영업이 다시 동일성을 유지한 채 전전양도될 때 영업양수인의 경업금지청구권은 영업재산의 일부로서 영업과 함께 그 뒤의 영업양수인에게 전전양도되고, 그에 수반하여 지명채권인 경업금지청구권의 양도에 관한 통지권한도 전전이전된다고 보는 것이 타당하다(대법원 2022. 11. 30. 선고 2021다227629 판결).

③ (×) 이 사안에 대한 명시적인 판례는 없고 학설상 논의만 있다. 영업양도인이 경업을 하다가 이를 제3자에게 매각하고 나간 경우 영업양수인이 그 제3자를 상대로 경업의 금지를 주장할 수 있는지 문제된다. 부정설은 영업양수인의 이익이 침해될 가능성은 영업양도인이 경업을 하는 경우와 동일하지만, 수범자를 양도인으로 명시한 상법 제41조의 경업금지청구를 이 경우에도 확장 적용할 수는 없다고 한다. 해당 선지는 부정설의 입장에서 (×)로 판정되었다.

④ (×) 영업양수인이 양도인의 상호를 계속 사용하는 경우에는 양도인의 영업으로 인한 제3자의 채권에 대하여 양수인도 변제할 책임이 있다(상법 제42조 제1항). 전항의 규정은 양수인이 영업양도를 받은 후 지체없이 양도인의 채무에 대한 책임이 없음을 등기한 때에는 적용하지 아니한다. 양도인과 양수인이 지체없이 제3자에 대하여 그 뜻을 통지한 경우에 그 통지를 받은 제3자에 대하여도 같다(상법 제42조 제2항). 여기서 양수인의 책임은 양수한 재산을 한도로 하는 것이 아니라 무한책임이다.

⑤ (×) 영업양수인이 제42조 제1항 또는 전조의 규정에 의하여 변제의 책임이 있는 경우에는 양도인의 제3자에 대한 채무는 영업양도 또는 광고 후 2년이 경과하면 소멸한다(상법 제45조). 상법 제45조는 양도인의 책임에 대해서만 단기의 제척기간을 둔 것이다. 양수인에 대한 것이 아님에 주의해야 한다. **정답** ②

37. 상법상 상호에 관한 옳은 설명으로만 묶인 것은? (다툼이 있는 경우 판례에 의함)

ㄱ. 회사가 수 개의 영업을 영위할 때에는 영업별로 상호를 달리할 수 있다.
ㄴ. 자연인 상인은 수 개의 영업을 하면서 하나의 상호를 공통적으로 사용할 수 있다.
ㄷ. 상호의 양도는 등기하지 않으면 악의의 제3자에게도 대항하지 못한다.
ㄹ. 개인상인과 회사상인 모두 상호등기는 강제사항이다.
ㅁ. 유한책임회사, 주식회사 또는 유한회사를 설립하고자 할 때에는 본점의 소재지를 관할하는 등기소에 상호의 가등기를 신청할 수 있다.

① ㄱ, ㄴ, ㄷ
② ㄴ, ㄷ, ㄹ
③ ㄷ, ㄹ, ㅁ
④ ㄱ, ㄴ, ㅁ
⑤ ㄴ, ㄷ, ㅁ

해 설

㉠ (×), ㉡ (○) 동일한 영업에는 단일상호를 사용하여야 한다(상법 제21조 제1항). 이처럼 하나의 영업에 여러 상호는 사용하는 것은 원칙적으로 금지되지만, 반대로 수개의 영업을 영위하면서 하나의 상호를 공통적으로 사용하는 것은 허용된다. 수개의 영업을 하는 경우 영업별로 다른 상호를 쓰거나 공통된 상호를 쓸 수 있다. 다만 회사는 상호가 단순히 영업만 표시하는 것에 그치지 않고 회사 자체를 표상하기 때문에, 회사가 수 개의 독립된 영업을 하더라도 회사를 나타내는 하나의 상호만 사용해야 한다.

ⓒ (O) 상호는 영업을 폐지하거나 영업과 함께 하는 경우에 한하여 이를 양도할 수 있다(상법 제25조 제1항). 상호의 양도는 등기하지 아니하면 제3자에게 대항하지 못한다(상법 제25조 제2항). 법문상 제3자의 선·악의를 불문하고 제3자에게 대항하지 못한다고 정하고 있다. 따라서 상호양도는 그 등기가 없으면 악의의 제3자에게도 대항하지 못한다.

ⓔ (×) 상법 제180조 제1호, 제271조, 제287조의5 제1항 제1호, 제317조 제2항 제1호, 제549조 제2항 제1호에서 회사의 상호는 반드시 등기할 것이 요구된다. 반면, 자연인의 경우에는 등기가 강제되지 않는다.

ⓜ (O) 유한책임회사, 주식회사 또는 유한회사를 설립하고자 할 때에는 본점의 소재지를 관할하는 등기소에 상호의 가등기를 신청할 수 있다(상법 제22조의2 제1항).

정답 ⑤

38. 익명조합에 대한 설명으로 옳은 것은?

① 익명조합의 재산은 영업자와 익명조합원의 공유에 속한다.
② 익명조합원의 출자가 손실로 인하여 감소된 때에는 그 손실을 전보한 후가 아니면 이익배당을 청구하지 못한다.
③ 익명조합원은 금전, 동산, 신용을 평가하여 출자할 수 있다.
④ 익명조합계약은 영업자가 사망하더라도 종료되지 않는다.
⑤ 영업자가 정당한 사유 없이 익명조합원의 승낙을 받지 않고 임의로 영업을 하지 않는 경우에는 익명조합원은 계약을 해지할 수 있으나 채무불이행을 이유로 손해배상을 청구할 수는 없다.

해설

① (×) 익명조합원이 출자한 금전 기타의 재산은 영업자의 재산으로 본다(상법 제79조).

② (O) 익명조합원의 출자가 손실로 인하여 감소된 때에는 그 손실을 전보한 후가 아니면 이익배당을 청구하지 못한다(상법 제82조 제1항). 손실이 출자액을 초과한 경우에도 익명조합원은 이미 받은 이익의 반환 또는 증자할 의무가 없다(상법 제82조 제2항).

③ (×) 익명조합은 당사자의 일방이 상대방의 영업을 위하여 출자하고 상대방은 그 영업으로 인한 이익을 분배할 것을 약정함으로써 그 효력이 생긴다(상법 제78조). 익명조합원이 출자한 금전 기타의 재산은 영업자의 재산으로 본다(상법 제79조). 제272조, 제277조와 제278조의 규정은 익명조합원에 준용한다(상법 제86조). 유한책임사원은 신용 또는 노무를 출자의 목적으로 하지 못한다(상법 제272조). 즉, 익명조합원의 출자의 목적은 금전 또는 현물에 한한다.

④ (×) 조합계약은 다음의 사유로 인하여 종료한다(상법 제84조).
  1. 영업의 폐지 또는 양도
  2. 영업자의 사망 또는 성년후견개시
  3. 영업자 또는 익명조합원의 파산

⑤ (×) 익명조합은 형식적으로는 영업자의 단독기업이나 실질적으로는 공동기업으로서 내부관계에서 민법상 조합에 관한 규정이 유추적용되므로 영업자는 익명조합원에게 선량한 관리자의 주의로써 영업을 수행할 의무를 부담한다(민법 제707조, 제681조). 따라서 영업자가 정당한 사유 없이 영업을 개시하지 않거나 영업을 휴업·폐지·양도한 경우 익명조합원은 영업자에게 채무불이행을 이유로 한 손해배상을 청구할 수도 있고, 상법 제83조 제2항에 따른 계약해지도 할 수 있다.

정답 ②

39. 상법상 금융리스업의 법률관계에 대한 설명 중 옳지 않은 것은?

① 금융리스업자는 금융리스이용자가 금융리스계약에서 정한 시기에 금융리스계약에 적합한 금융리스물건을 수령할 수 있도록 하여야 한다.
② 금융리스이용자는 금융리스물건을 수령한 이후에는 선량한 관리자의 주의로 금융리스물건을 유지 및 관리해야 한다.
③ 금융리스물건이 공급계약에서 정한 시기와 내용에 따라 공급되지 아니한 경우 금융리스이용자는 공급자에게 직접 손해배상을 청구할 수 있다.
④ 금융리스이용자의 책임 있는 사유로 금융리스계약을 해지하는 경우에는 금융리스업자는 잔존 금융리스료 상당액의 일시 지급 및 금융리스물건의 반환을 청구할 수 있다.
⑤ 금융리스이용자는 중대한 사정변경으로 금융리스물건을 계속 사용할 수 없는 경우에는 3개월 전에 예고하고 금융리스계약을 해지할 수 있다.

해설

① (O) 금융리스업자는 금융리스이용자가 금융리스계약에서 정한 시기에 금융리스계약에 적합한 금융리스물건을 수령할 수 있도록 하여야 한다(상법 제168조의3 제1항).
② (O) 금융리스이용자는 금융리스물건을 수령한 이후에는 선량한 관리자의 주의로 금융리스물건을 유지 및 관리하여야 한다(상법 제168조의3 제4항).
③ (O) 금융리스물건이 공급계약에서 정한 시기와 내용에 따라 공급되지 아니한 경우 금융리스이용자는 공급자에게 직접 손해배상을 청구하거나 공급계약의 내용에 적합한 금융리스물건의 인도를 청구할 수 있다(상법 제168조의4 제2항).
④ (X) 금융리스이용자의 책임 있는 사유로 금융리스계약을 해지하는 경우에는 금융리스업자는 잔존 금융리스료 상당액의 일시 지급 또는 금융리스물건의 반환을 청구할 수 있다(상법 제168조의5 제1항). 즉, 잔존 리스료 상당액의 일시지급 또는 리스물건의 반환을 선택적으로 청구할 수 있다.
⑤ (O) 금융리스이용자는 중대한 사정변경으로 인하여 금융리스물건을 계속 사용할 수 없는 경우에는 3개월 전에 예고하고 금융리스계약을 해지할 수 있다. 이 경우 금융리스이용자는 계약의 해지로 인하여 금융리스업자에게 발생한 손해를 배상하여야 한다(상법 제168조의5 제3항).

정답 ④

40. 설립중의 회사에 대한 옳은 설명으로만 묶인 것은? (다툼이 있는 경우 판례에 의함)

ㄱ. 설립중의 회사는 정관을 작성하고 발기인이 1주 이상의 주식을 인수한 때부터 성립한다.
ㄴ. 발기인조합의 명의로 행한 거래가 발기인의 권한범위 내에 속한다면 그 거래의 효과는 설립중의 회사에 귀속된다.
ㄷ. 설립중의 회사가 회사설립을 위해 수행한 행위로 인한 권리와 의무는 별도의 이전행위 없이 자동으로 성립된 회사로 귀속된다.
ㄹ. 설립중의 회사는 오로지 정관작성과 주식인수 등 회사설립 자체를 직접적 목적으로 하는 행위만을 할 수 있다.
ㅁ. 설립중의 회사의 법적 성질은 권리능력 없는 사단이다.

① ㄱ, ㄴ, ㄷ　　　　　② ㄴ, ㄷ, ㄹ　　　　　③ ㄷ, ㄹ, ㅁ
④ ㄱ, ㄷ, ㄹ　　　　　⑤ ㄱ, ㄷ, ㅁ

> 해설

㉠ (O), ㉡ (X) 설립중의 회사라 함은 주식회사의 설립과정에서 발기인이 회사의 설립을 위하여 필요한 행위로 인하여 취득하게 된 권리의무가 회사의 설립과 동시에 그 설립된 회사에 귀속되는 관계를 설명하기 위한 강학상의 개념으로서 정관이 작성되고 발기인이 적어도 1주 이상의 주식을 인수하였을 때 비로소 성립하는 것이고, 이러한 설립중의 회사로서의 실체가 갖추어지기 이전에 발기인이 취득한 권리, 의무는 구체적 사정에 따라 발기인 개인 또는 발기인조합에 귀속되는 것으로서 이들에게 귀속된 권리의무를 설립 후의 회사에 귀속시키기 위하여는 양수나 채무인수 등의 특별한 이전행위가 있어야 한다(대법원 1994. 1. 28. 선고 93다50215 판결).

㉢ (O) 설립중의 회사는 주식회사의 설립과정에서 발기인이 회사설립을 위하여 취득한 권리의무가 회사의 설립과 동시에 그 설립된 회사에 귀속되는 관계를 설명하기 위하여 만들어진 강학상 개념이다. ⓐ 설립중의 회사가 성립한 다음 ⓑ 발기인이 그 권한 범위 내에서 ⓒ 설립 중의 회사의 명의로 한 행위의 효력은 일단 설립중의 회사로 귀속된 다음, 회사가 설립되면 성립후 회사에 권리의무가 별도의 이전행위 없이 자동으로 귀속된다.

㉣ (X) 설립 중인 회사의 발기인의 권한에 소위 개업준비행위가 포함될 수 있는지에 관하여 판례는 여객운송회사의 개업준비행위에 해당하는 자동차조립계약도 적법하다고 보았다(대판 1970.08.31. 70다1357).

㉤ (O) 설립중의 회사의 법적 성질은 권리능력 없는 사단이다.　　　　　정답 ⑤

41. 주식과 주권에 관한 설명으로 옳지 않은 것은? (다툼이 있는 경우 판례에 의함)

① 상환주식의 주주가 상환권을 행사하면 회사로부터 상환대금을 수령하기 전에도 바로 주주지위를 상실하고 대금채권자의 지위만을 갖는다고 정관에서 정할 수 있다.
② 주권은 회사가 적법하게 주권을 작성한 때, 즉 주권 용지에 법정사항을 기재하고 번호를 부여한 후 대표이사가 기명날인하여 어느 주주의 것인가를 확정한 때에 효력이 발생한다.
③ 회사가 특정 주주와 협의하여 그 주주의 주식만 취득하는 것은 주주평등의 원칙에 반하므로 허용되지 않는다.
④ 회사가 상법 제341조 제1항 단서에 따라 배당가능이익으로 자기주식을 취득하는 경우, 배당가능이익이 있는 한 배당가능이익에 해당하는 자금을 차입하여 자기주식을 취득하여도 적법하다.
⑤ 주주가 회사와 계약을 체결할 때 회사의 다른 주주 내지 이사 개인이 함께 당사자로 참여한 경우 주주와 다른 주주 내지 이사 개인 사이의 계약은 주주평등과 관련이 없으므로, 주주와 회사의 다른 주주 내지 이사 개인의 법률관계에는 주주평등의 원칙이 직접 적용되지 않는다.

> 해설

① (O) 회사는 정관으로 정하는 바에 따라 주주가 회사에 대하여 상환을 청구할 수 있는 종류주식을 발행할 수 있다. 이 경우 회사는 정관에 주주가 회사에 대하여 상환을 청구할 수 있다는 뜻, 상환가액, 상환청구

기간, 상환의 방법을 정하여야 한다(상법 제345조 제3항). 주주가 상환권을 행사하면 회사는 주식 취득의 대가로 주주에게 상환금을 지급할 의무를 부담하고, 주주는 상환금을 지급받음과 동시에 회사에게 주식을 이전할 의무를 부담한다. 따라서 정관이나 상환주식인수계약 등에서 특별히 정한 바가 없으면 주주가 회사로부터 상환금을 지급받을 때까지는 상환권을 행사한 이후에도 여전히 주주의 지위에 있다(대법원 2020. 4. 9. 선고 2017다251564 판결).

② (×)
1) 주권에는 다음의 사항과 번호를 기재하고 대표이사가 기명날인 또는 서명하여야 한다(상법 제356조).
   1. 회사의 상호
   2. 회사의 성립년월일
   3. 회사가 발행할 주식의 총수
   4. 액면주식을 발행하는 경우 1주의 금액
   5. 회사의 성립후 발행된 주식에 관하여는 그 발행년월일
   6. 종류주식이 있는 경우에는 그 주식의 종류와 내용
   6의2. 주식의 양도에 관하여 이사회의 승인을 얻도록 정한 때에는 그 규정
2) 상법 제355조의 주권발행은 같은 법 제356조 소정의 형식을 구비한 문서를 작성하여 <u>이를 주주에게 교부하는 것을 말하고 위 문서가 주주에게 교부된 때에 비로소 주권으로서의 효력을 발생하는 것이므로 회사가 주주권을 표창하는 문서를 작성하여 이를 주주가 아닌 제3자에게 교부하여 주었다 할지라도 위 문서는 아직 회사의 주권으로서의 효력을 가지지 못한다</u>(대법원 2000. 3. 23. 선고 99다67529 판결).

③ (○) 자기주식의 취득방법은 주주평등의 원칙에 따르되 거래소에 시세가 있는 주식의 경우는 증권시장에서 매수하거나 또는 상환주식을 제외하고는 각 주주가 가진 주식 수에 따라 균등한 조건으로 취득하는 것으로서 자본시장법에 따른 공개매수의 방법만 인정된다(상법 제341조 제1항 제1호, 상법 시행령 제9조 제1항 제2호). 그러나 회사가 특정 주주와 협의하여 그 주주의 주식만 취득하는 방법은 허용되지 않는다.

④ (○) 배당가능이익은 채권자의 책임재산과 회사의 존립을 위한 재산적 기초를 확보하기 위하여 직전 결산기상의 순자산액에서 자본금의 액, 법정준비금 등을 공제한 나머지로서 회사가 당기에 배당할 수 있는 한도를 의미하는 것이지 회사가 보유하고 있는 특정한 현금을 의미하는 것이 아니다. 또한 회사가 자기주식을 취득하는 경우 당기의 순자산이 그 취득가액의 총액만큼 감소하는 결과 배당가능이익도 같은 금액만큼 감소하게 되는데, 이는 회사가 자금을 차입하여 자기주식을 취득하더라도 마찬가지이다. 따라서 상법 제341조 제1항 단서는 자기주식 취득가액의 총액이 배당가능이익을 초과하여서는 안 된다는 것을 의미할 뿐 차입금으로 자기주식을 취득하는 것이 허용되지 않는다는 것을 의미하지는 않는다(대법원 2021. 7. 29. 선고 2017두63337 판결).

⑤ (○) 주주평등의 원칙은 주주와 회사의 법률관계에 적용되는 원칙이고, 주주가 회사와 계약을 체결할 때 회사의 다른 주주 내지 이사 개인이 함께 당사자로 참여한 경우 주주와 다른 주주 사이의 계약은 주주평등과 관련이 없으므로, **주주와 회사의 다른 주주 내지 이사 개인의 법률관계에는 주주평등의 원칙이 직접 적용되지 않는다.** 주주는 회사와 계약을 체결하면서 사적자치의 원칙상 다른 주주 내지 이사 개인과도 회사와 관련한 계약을 체결할 수 있고, 그 계약의 효력은 특별한 사정이 없는 한 주주와 회사가 체결한 계약의 효력과는 별개로 보아야 한다(대법원 2023. 7. 27. 선고 2022다290778 판결). **정답** ②

42. 상법상 주식회사의 이사가 고의 또는 과실로 법령 또는 정관에 위반한 행위를 하거나 임무를 게을리한 경우 회사에 대하여 부담하는 손해배상책임에 관한 설명으로 옳지 않은 것은? (다툼이 있으면 판례에 의함)

① 이사의 임무해태와 회사의 손해 여부 및 양자 사이의 인과관계는 이사의 책임을 주장하는 자가 증명해야 한다.

② 법령을 위반한 행위라고 할 때 법령에는 법규명령은 포함되나, 행정기관의 행정지도적 성격의 지침은 포함되지 아니한다.
③ 수인의 이사가 연대하여 손해배상책임을 지는 경우 어느 이사가 자기의 부담부분 이상의 손해를 배상하여 이사들이 공동으로 면책된 경우에는 다른 이사에게 그 부담부분의 비율에 따라 구상권을 행사할 수 있다.
④ 이사의 임무해태에 따른 회사에 대한 손해배상책임은 총주주의 동의가 있으면 면제할 수 있는데, 이 경우의 동의는 묵시적으로도 가능하다.
⑤ 이사에게 경업금지위반의 사유가 있었더라도 해당 이사의 해임을 위한 주주총회에서 경업금지위반이 논의의 대상이 되지 아니하였다면 회사는 정당한 사유 없이 임기만료 전 해임으로 인한 손해배상을 해주어야 한다.

해설

① (O) 이사의 임무해태와 고의·과실, 회사의 손해 여부 등에 관한 입증책임을 누가 지는지에 대하여 학설의 대립이 있다. 채무불이행의 일반원칙에 따른 견해는 이사의 임무해태, 회사의 손해발생, 인과관계는 이사의 책임을 주장하는 자가 부담하고, 이사에게 과실이 없다는 점은 해당 이사가 입증해야 한다고 본다. 해당 선지는 이 견해에 입장에서 (O)으로 판정된 듯하다.

② (O) 이사가 임무를 수행함에 있어서 법령을 위반한 행위를 한 때에는 그 행위 자체가 회사에 대하여 채무불이행에 해당하므로, 그로 인하여 회사에 손해가 발생한 이상 손해배상책임을 면할 수 없고, 위와 같은 법령을 위반한 행위에 대하여는 이사가 임무를 수행함에 있어서 선량한 관리자의 주의의무를 위반하여 임무해태로 인한 손해배상책임이 문제되는 경우에 고려될 수 있는 경영판단의 원칙은 적용될 여지가 없다. 다만, 여기서 법령을 위반한 행위라고 할 때 말하는 '법령'은 일반적인 의미에서의 법령, 즉 법률과 그 밖의 법규명령으로서의 대통령령, 총리령, 부령 등을 의미하는 것인바, 종합금융회사 업무운용지침, 외화자금거래취급요령, 외국환업무·외국환은행신설 및 대외환거래계약체결 인가공문, 외국환관리규정, 종합금융회사 내부의 심사관리규정 등은 이에 해당하지 않는다(대법원 2006. 11. 9. 선고 2004다41651 판결).

③ (O)
1) 이사가 고의 또는 과실로 법령 또는 정관에 위반한 행위를 하거나 그 임무를 게을리한 경우에는 그 이사는 회사에 대하여 연대하여 손해를 배상할 책임이 있다(상법 제399조 제1항). 법령·정관위반 또는 임무해태에 해당하는 행위는 수인의 이사가 한 경우 그 이사들은 연대하여 책임을 진다. 이는 부진정연대책임이다.
2) 이른바 부진정연대채무의 관계에 있는 복수의 책임주체 내부관계에 있어서는 형평의 원칙상 일정한 부담 부분이 있을 수 있으며, 그 부담 부분은 각자의 고의 및 과실의 정도에 따라 정하여지는 것으로서 부진정연대채무자 중 1인이 자기의 부담 부분 이상을 변제하여 공동의 면책을 얻게 하였을 때에는 다른 부진정연대채무자에게 그 부담 부분의 비율에 따라 구상권을 행사할 수 있다(대법원 2006. 1. 27. 선고 2005다19378 판결).

④ (O) 제399조에 따른 이사의 책임은 주주 전원의 동의로 면제할 수 있다(상법 제400조). 총주주는 개별적으로 동의할 수도 있고, 묵시적으로 동의할 수도 있다.

⑤ (×) 상법 제385조 제1항은 주주총회의 특별결의로 언제든지 이사를 해임할 수 있게 하는 한편, 이사의 임기를 정한 경우에 정당한 이유 없이 그 임기만료 전에 해임한 때에는 그 이사는 회사에 대하여 해임으로 인한 손해의 배상을 청구할 수 있다고 정하고 있다. 여기에서 '정당한 이유'란 주주와 이사 사이에

불화 등 단순히 주관적인 신뢰관계가 상실된 것만으로는 부족하고, 이사가 법령이나 정관에 위배된 행위를 하였거나 정신적·육체적으로 경영자로서의 직무를 감당하기 현저하게 곤란한 경우, 회사의 중요한 사업계획 수립이나 그 추진에 실패함으로써 경영능력에 대한 근본적인 신뢰관계가 상실된 경우 등과 같이 당해 이사가 경영자로서 업무를 집행하는 데 장해가 될 객관적 상황이 발생한 경우를 의미한다. 위 조항에 따라 회사가 이사에 대하여 부담하는 손해배상책임은 회사의 고의나 과실을 묻지 않고 그 책임을 인정하는 법정책임에 해당한다. 이러한 상법 제385조 제1항의 문언 내용과 규정 취지, 손해배상책임의 법적 성질 등을 고려하면, 정당한 이유가 있는지는 해임결의 당시 객관적으로 존재하는 사유를 참작하여 판단할 수 있고, 주주총회에서 해임사유로 삼거나 해임결의 시 참작한 사유에 한정되는 것은 아니다(대법원 2023. 8. 31. 선고 2023다220639 판결).

정답 ⑤

43. 주식회사의 이사회에 대한 설명 중 옳지 않은 것은? (다툼이 있는 경우 판례에 의함)

① 중요한 자산의 처분에 해당하는 경우에는 이사회가 그에 관하여 직접 결의하지 아니한 채 대표이사에게 그 처분에 관한 사항을 일임할 수 없다.
② 이사회의 감독권은 위법부당한 행위의 견제에 관한 소극적인 시정목적에서 뿐만 아니라 경영정책 목적에서도 행사 가능하다.
③ 주식회사의 회생절차개시신청은 대표이사의 업무권한인 일상 업무에 속하지 아니한 중요한 업무에 해당하여 이사회 결의가 필요하다.
④ 자본금 총액이 10억 원 미만으로 이사가 1명 또는 2명인 소규모 주식회사의 경우 파산신청을 함에 있어서 특별한 사정이 없는 한 주주총회의 결의가 필요하다.
⑤ 이사회는 주주총회의 승인을 요하는 사항의 제안, 대표이사의 선임 및 해임, 위원회의 설치와 그 위원의 선임 및 해임, 정관에서 정하는 사항을 제외하고는 그 권한을 위원회에 위임할 수 있다.

해 설

① (O) 법률상 제한에 해당하는 대표적인 경우는 상법 제393조 제1항이다. 이 조항은 '중요한 자산의 처분 및 양도, 대규모 재산의 차입 등 회사의 업무집행은 이사회의 결의로 한다.'고 정함으로써, 주식회사의 이사회는 회사의 업무집행에 관한 의사결정권한이 있음을 명시하고 있다. 따라서 주식회사가 중요한 자산을 처분하거나 대규모 재산을 차입하는 등의 업무집행을 할 경우에 이사회가 직접 결의하지 않고 대표이사에게 일임할 수는 없다. 즉, 이사회가 일반적·구체적으로 대표이사에게 위임하지 않은 업무로서 일상업무에 속하지 않은 중요한 업무의 집행은 정관이나 이사회 규정 등에서 이사회 결의사항으로 정하였는지 여부와 상관없이 반드시 이사회의 결의가 있어야 한다(대법원 2021. 2. 18. 선고 2015다45451 전원합의체 판결).
② (O) 이사회의 감독권은 업무집행의 적법성 뿐만 아니라 경영의 타당성 또는 합목적성의 지적에도 미친다.
③ (O) 상법 제393조 제1항은 주식회사의 중요한 자산의 처분 및 양도, 대규모 재산의 차입 등 회사의 업무집행은 이사회의 결의로 한다고 규정함으로써 주식회사의 이사회는 회사의 업무집행에 관한 의사결정권한이 있음을 밝히고 있으므로, 주식회사의 중요한 자산의 처분이나 대규모 재산의 차입행위뿐만 아니라 이사회가 일반적·구체적으로 대표이사에게 위임하지 않은 업무로서 일상 업무에 속하지 아니한 중요한 업무에 대해서는 이사회의 결의를 거쳐야 한다. 주식회사는 회생절차를 통하여 채권자·주주 등 여러 이해

관계인의 법률관계를 조정하여 채무자 또는 그 사업의 효율적인 회생을 도모할 수 있으나(채무자회생법 제1조), 회생절차 폐지의 결정이 확정된 경우 파산절차가 진행될 수 있는 등(채무자회생법 제6조 제1항) 회생절차 신청 여부에 관한 결정이 주식회사에 미치는 영향이 크다. 위와 같은 주식회사에서의 이사회의 역할 및 주식회사에 대한 회생절차개시결정의 효과 등에 비추어 보면 주식회사의 회생절차개시신청은 대표이사의 업무권한인 일상 업무에 속하지 아니한 중요한 업무에 해당하여 이사회 결의가 필요하다고 보아야 한다(대법원 2019. 8. 14. 선고 2019다204463 판결).

④ (×)
1) 이사는 3명 이상이어야 한다. 다만, 자본금 총액이 10억 원 미만인 회사는 1명 또는 2명으로 할 수 있다(상법 제383조 제1항). 즉, 소규모회사가 이사를 1인 또는 2인을 두게 되면 이사회가 구성되지 않는다.
2) 상법 제393조 제1항은 '중요한 자산의 처분 및 양도, 대규모 재산의 차입 등 회사의 업무집행은 이사회의 결의로 한다.'고 정함으로써 주식회사의 이사회는 회사의 업무집행에 관한 의사결정권한이 있음을 명시하고 있다. 주식회사가 중요한 자산을 처분하거나 대규모 재산을 차입하는 등의 업무집행을 할 경우에 이사회가 직접 결의하지 않고 대표이사에게 일임할 수 없다. 즉, 이사회가 일반적·구체적으로 대표이사에게 위임하지 않은 업무로서 일상 업무에 속하지 않은 중요한 업무의 집행은 반드시 이사회의 결의가 있어야 한다. 채무자회생법은 채권자와 채무자 외에 주식회사의 이사를 별도의 파산신청권자로 정하고 있고, 일부 이사가 파산신청을 하는 경우 채무자나 이사 전원이 파산신청을 하는 경우와 달리 파산의 원인인 사실을 소명하도록 하고 있다. 위와 같은 주식회사 이사회의 역할, 파산신청권자에 대한 규정의 문언과 취지 등에 비추어 보면, 주식회사의 대표이사가 회사를 대표하여 파산신청을 할 경우 대표이사의 업무권한인 일상 업무에 속하지 않는 중요한 업무에 해당하여 이사회 결의가 필요하다고 보아야 하고, 이사에게 별도의 파산신청권이 인정된다고 해서 달리 볼 수 없다.
그러나 자본금 총액이 10억 원 미만으로 이사가 1명 또는 2명인 소규모 주식회사에서는 대표이사가 특별한 사정이 없는 한 이사회 결의를 거칠 필요 없이 단독으로 파산신청을 할 수 있다. 소규모 주식회사는 각 이사(정관에 따라 대표이사를 정한 경우에는 그 대표이사를 말한다)가 회사를 대표하고 상법 제393조 제1항에 따른 이사회의 기능을 담당하기 때문이다(상법 제383조 제6항, 제1항 단서)(대법원 2021. 8. 26. 자 2020마5520 결정).

⑤ (○) 이사회는 주주총회의 승인을 요하는 사항의 제안, 대표이사의 선임 및 해임, 위원회의 설치와 그 위원의 선임 및 해임, 정관에서 정하는 사항을 제외하고는 그 권한을 위원회에 위임할 수 있다(제393조의2 제2항).

정답 ④

44. 주식회사의 대표이사에 관한 설명 중 옳지 <u>않은</u> 것은? (다툼이 있는 경우 판례에 의함)

① 대표이사가 거래행위를 함에 있어서 법률 또는 정관 및 이사회결의에 따라 이사회결의를 거쳐야 함에도 그러한 이사회결의를 거치지 않은 경우 거래상대방에게 경과실이 있다면 그 거래행위는 유효하다.

② 대표이사가 그 대표권의 범위 내에서 한 행위는 설사 대표이사가 회사의 영리목적과 관계없이 자기 또는 제3자의 이익을 도모할 목적으로 그 권한을 남용한 것이라 할지라도 일단 회사의 행위로서 유효하고, 다만 그 행위의 상대방이 대표이사의 진의를 알았거나 알 수 있었을 때에는 회사에 대하여 무효가 된다.

③ 대표이사는 회사를 대표하며, 회사의 영업에 관한 재판상 또는 재판 외의 모든 행위를 할 권한이 있으므로 이사·감사를 선임할 권한도 보유한다.

④ 합명회사의 경우 업무집행사원의 대표권 제한은 정관에 의한 제한만이 예정되어 있고, 대표이사에 관한 상법 제393조와 같이 법률상 대표권을 제한한 규정은 없다.
⑤ 상법 제398조 소정의 이사의 자기거래행위에 해당하여 이사회의 결의를 거쳐야 하는 경우, 그와 같은 이사회 결의사항은 회사의 내부적 의사결정에 불과하고, 특별한 사정이 없는 한 거래상대방으로서는 회사의 대표자가 거래에 필요한 회사의 내부절차를 마쳤을 것으로 신뢰하였다고 보는 것이 일반 경험칙에 부합한다.

해설

① (○) [가] 주식회사의 대표이사는 대외적으로는 회사를 대표하고 대내적으로는 회사의 업무를 집행할 권한을 가진다. 대표이사는 회사의 행위를 대신하는 것이 아니라 회사의 행위 자체를 하는 회사의 기관이다. 회사는 주주총회나 이사회 등 의사결정기관을 통해 결정한 의사를 대표이사를 통해 실현하며, 대표이사의 행위는 곧 회사의 행위가 된다. 상법은 대표이사의 대표권 제한에 대하여 선의의 제3자에게 대항하지 못한다고 정하고 있다(상법 제389조 제3항, 제209조 제2항). 회사 정관이나 이사회 규정 등에서 이사회 결의를 거치도록 대표이사의 대표권을 제한한 경우(이하 '내부적 제한'이라 한다)에도 선의의 제3자는 상법 제209조 제2항에 따라 보호된다.
거래행위의 상대방인 제3자가 상법 제209조 제2항에 따라 보호받기 위하여 선의 이외에 무과실까지 필요하지는 않지만, 중대한 과실이 있는 경우에는 제3자의 신뢰를 보호할 만한 가치가 없다고 보아 거래행위가 무효라고 해석함이 타당하다. 제3자가 회사 대표이사와 거래행위를 하면서 회사의 이사회 결의가 없었다고 의심할 만한 특별한 사정이 없다면, 일반적으로 이사회 결의가 있었는지를 확인하는 등의 조치를 취할 의무까지 있다고 볼 수는 없다.
[나] 대표이사의 대표권을 제한하는 상법 제393조 제1항은 그 규정의 존재를 모르거나 제대로 이해하지 못한 사람에게도 일률적으로 적용된다. 법률의 부지나 법적 평가에 관한 착오를 이유로 그 적용을 피할 수는 없으므로, 이 조항에 따른 제한은 내부적 제한과 달리 볼 수도 있다. 그러나 주식회사의 대표이사가 이 조항에 정한 '중요한 자산의 처분 및 양도, 대규모 재산의 차입 등의 행위'에 관하여 이사회의 결의를 거치지 않고 거래행위를 한 경우에도 거래행위의 효력에 관해서는 위에서 본 내부적 제한의 경우와 마찬가지로 보아야 한다(대법원 2021. 2. 18. 선고 2015다45451 전원합의체 판결).

② (○) 대표이사의 대표권한 범위를 벗어난 행위라 하더라도 그것이 회사의 권리능력의 범위 내에 속한 행위이기만 하면 대표권의 제한을 알지 못하는 제3자가 그 행위를 회사의 대표행위라고 믿은 신뢰는 보호되어야 하고, 대표이사가 대표권의 범위 내에서 한 행위는 설사 대표이사가 회사의 영리목적과 관계없이 자기 또는 제3자의 이익을 도모할 목적으로 그 권한을 남용한 것이라 할지라도 일단 회사의 행위로서 유효하고, 다만 그 행위의 상대방이 대표이사의 진의를 알았거나 알 수 있었을 때에는 회사에 대하여 무효가 되는 것이다(대법원 2004. 3. 26. 선고 2003다34045 판결).

③ (×) 이사는 주주총회에서 선임한다(상법 제382조 제1항). 감사는 주주총회에서 선임한다(상법 제409조 제1항).

④ (○)
1) 회사를 대표하는 사원은 회사의 영업에 관하여 재판상 또는 재판 외의 모든 행위를 할 권한이 있다(상법 제209조 제1항). 전항의 권한에 대한 제한은 선의의 제3자에게 대항하지 못한다(상법 제209조 제2항). 즉, 권한의 제한사항이나 방법을 법문에 의하여 규정해 놓고 있지 않으므로 상법 제209조 제2항 소정의 '권한에 대한 제한'이란 정관 등 내부 규정에 의한 대표권 제한을 의미한다.
2) 주식회사에는 상법 제393조에 의해 대표권의 법률상 제한이 존재한다. 합명회사는 그렇지 않고, 상법 제209조 제2항에 의해서 정관 등 내부 규정에 의하여만 대표권이 제한될 것이 예정되어 있다.

⑤ (O) 주식회사의 대표이사가 회사를 대표하여 대표이사 개인을 위하여 그의 개인 채권자인 제3자와 사이에 연대보증계약을 체결하는 것과 같이 상법 제398조 소정의 이사의 자기거래행위에 해당하여 이사회의 결의를 거쳐야 함에도 이를 거치지 아니한 경우라 해도, 그와 같은 이사회 결의사항은 회사의 내부적 의사결정에 불과하므로 그 거래상대방이 위 이사회 결의가 없었음을 알았거나 중대한 과실로 알지 못한 경우가 아니라면 그 거래행위는 유효하다 할 것이고, 이 때 거래상대방이 이사회 결의가 없음을 알았거나 알 수 있었던 사정은 이를 주장하는 회사가 주장·입증하여야 할 사항에 속하므로 특별한 사정이 없는 한 거래상대방으로서는 회사의 대표자가 거래에 필요한 회사의 내부절차는 마쳤을 것으로 신뢰하였다고 보는 것이 일반 경험칙에 부합하는 해석이라 할 것이다(대법원 2005. 5. 27. 선고 2005다480 판결).

정답 ③

45. 신주발행무효의 소에 관한 설명 중 옳지 않은 것은? (다툼이 있는 경우 판례에 의함)

① 신주발행을 하면서 이사회결의를 거치지 아니한 경우 이를 무효사유로 삼을 수 없다.
② 현물출자의 검사를 거치지 않는 경우라도 그로 인한 신주발행이 당연무효가 되는 것은 아니다.
③ 신주발행의 내용 또는 절차상 하자가 극히 중대하여 사실상 신주발행이 존재하지 않는다고 볼 수밖에 없는 경우에는 제소기간의 제약 없이 신주발행의 효력을 다툴 수 있다.
④ 주식청약서 또는 신주인수권증서의 요건의 흠결을 이유로 신주인수의 무효를 주장하기 위해서는 신주를 발행한 날로부터 6월내에 소를 제기하여야 한다.
⑤ 제소기간이 경과되지 않는 이상 항소심에서도 신주발행의 무효원인을 추가할 수 있다.

해설

① (O) 주식회사의 신주발행은 주식회사의 업무집행에 준하는 것으로서 대표이사가 그 권한에 기하여 신주를 발행한 이상 신주발행은 유효하고, 설령 신주발행에 관한 이사회의 결의가 없거나 이사회의 결의에 하자가 있더라도 이사회의 결의는 회사의 내부적 의사결정에 불과하므로 신주발행의 효력에는 영향이 없다(대법원 2007. 2. 22. 선고 2005다77060 판결).
② (O) 주식회사의 현물출자에 있어서 이사는 법원에 검사인의 선임을 청구하여 일정한 사항을 조사하도록 하고 법원은 그 보고서를 심사하도록 되어 있으나 이와 같은 절차를 거치지 아니한 신주발행 및 변경등기가 당연무효가 된다고 볼 수 없다(대법원 1980. 2. 12. 선고 79다509 판결).
③ (O) 주주들에게 통지하거나 주주들의 참석없이 주주 아닌 자들이 모여서 개최한 임시주주총회에서 발행 예정주식총수에 관한 정관변경결의와 이사선임결의를 하고, 그와 같이 선임된 이사들이 모인 이사회에서 대표이사 선임 및 신주발행결의를 하였다면 그 이사회는 부존재한 주주총회에서 선임된 이사들로 구성된 부존재한 이사회에 지나지 않고 그 이사들에 의하여 선임된 대표이사도 역시 부존재한 이사회에서 선임된 자이어서 그 이사회의 결의에 의한 신주발행은 의결권한이 없는 자들에 의한 부존재한 결의와 회사를 대표할 권한이 없는 자에 의하여 이루어진 것으로서 그 발행에 있어 절차적, 실체적 하자가 극히 중대하여 신주발행이 존재하지 않는다고 볼 수밖에 없으므로 회사의 주주는 위 신주발행에 관한 이사회결의에 대하여 상법 제429조 소정의 신주발행무효의 소의 제기기간에 구애되거나 신주발행무효의 소에 의하지 않고 부존재확인의 소를 제기할 수 있다(대법원 1989. 7. 25. 선고 87다카2316 판결).
④ (X) 신주의 발행으로 인한 변경등기를 한 날로부터 **1년을 경과한 후**에는 신주를 인수한 자는 주식청약서 또는 신주인수권증서의 요건의 흠결을 이유로 하여 그 인수의 무효를 주장하거나 사기, 강박 또는 착오를 이유로하여 그 인수를 취소하지 못한다. 그 주식에 대하여 주주의 권리를 행사한 때에도 같다(상법 제427조).

⑤ (○)
1) 상법 제429조는 신주발행의 무효는 주주·이사 또는 감사에 한하여 신주를 발행한 날로부터 6월 내에 소만으로 이를 주장할 수 있다고 규정하고 있는바, 이는 신주발행에 수반되는 복잡한 법률관계를 조기에 확정하고자 하는 것이므로, 새로운 무효사유를 출소시간의 경과 후에도 주장할 수 있도록 하면 법률관계가 불안정하게 되어 위 규정의 취지가 몰각된다는 점에 비추어 위 규정은 무효사유의 주장시기도 제한하고 있는 것이라고 해석함이 상당하다(대법원 2004. 6. 25. 선고 2000다37326 판결).
2) 위 판례는 제소기간 6개월은 심급을 변경하여 항소 또는 상고한 경우에도 적용되므로, 제소기간이 경과한 다음 항소하면서 항소심에서 신주발행 무효원인을 추가할 수 없고, 이는 같은 법리가 유추적용되는 전환사채발행무효의 소에서도 마찬가지라는 것이 판시의 원래 문언이다. 이러한 판시를 반대해석하여 '제소기간이 경과되지 않은 이상 항소심에서도 신주발행의 무효원인을 추가할 수 있다.'는 선지를 만들어 출제한 것으로 보인다.

정답 ④

46. 甲주식회사가 乙주식회사를 적대적으로 인수하려고 한다. 이때 乙회사의 경영권자가 경영권 방어를 위하여 행사할 수 있는 수단 중 상법이 허용하지 않는 것으로만 묶인 것은? (다툼이 있는 경우 판례에 의함)

ㄱ. 乙회사가 주주마다 의결권의 수가 다른 종류주식을 발행한다.
ㄴ. 乙회사가 경영권자의 우호세력에 대하여 신주발행을 한다.
ㄷ. 甲회사가 보유한 乙회사 주식을 乙회사가 양수한다.
ㄹ. 乙회사가 甲회사의 주식을 양수한다.

① ㄱ, ㄴ, ㄷ
② ㄱ, ㄴ, ㄹ
③ ㄱ, ㄷ, ㄹ
④ ㄴ, ㄷ, ㄹ
⑤ ㄷ, ㄹ

해설

㉠ (×)
1) 회사가 의결권이 없는 종류주식이나 의결권이 제한되는 종류주식을 발행하는 경우에는 정관에 의결권을 행사할 수 없는 사항과, 의결권행사 또는 부활의 조건을 정한 경우에는 그 조건 등을 정하여야 한다 (상법 제344조의3 제1항).
2) 의결권의 배제란 무의결권으로 한다는 것이고, 의결권의 제한이란 정관으로 의결권을 행사할 수 없는 사항을 정하는 것을 말한다. ⓐ 특정 사안에 대하여 종류주주의 동의를 얻어야만 결의의 효력이 있도록 하는 거부권부주식이나 ⓑ 의결권 수를 주당 3개 혹은 0.5개 등으로 달리 정하는 차등의결권주식은 모두 허용되지 않는다.

㉡ (×) 주주는 그가 가진 주식 수에 따라서 신주의 배정을 받을 권리가 있다(상법 제418조 제1항).

㉢ (×)
1) 배당가능이익으로 하는 자기주식 취득은 주주평등의 원칙에 입각하여, 거래소에서 취득하거나 모든 주주로부터 균등한 조건으로 취득하는 방법만이 가능하다(상법 제341조 제1항).
2) 특정목적 자기주식 취득은 제341조에도 불구하고 자기의 주식을 취득할 수 있는 경우로서 상법 제341조의2에서 열거되어 있다.
  1. 회사의 합병 또는 다른 회사의 영업전부의 양수로 인한 경우
  2. 회사의 권리를 실행함에 있어 그 목적을 달성하기 위하여 필요한 경우

3. 단주(端株)의 처리를 위하여 필요한 경우
4. 주주가 주식매수청구권을 행사한 경우

㉣ (O) 회사, 모회사 및 자회사 또는 자회사가 다른 회사의 발행주식의 총수의 10분의 1을 초과하는 주식을 가지고 있는 경우 그 다른 회사가 가지고 있는 회사 또는 모회사의 주식은 의결권이 없다(상법 제369조 제3항). 즉, 상호주 의결권 제한 제도를 이용하여 乙회사는 경영권 방어를 할 수 있다. 정답 ①

47. 수표에 관한 설명 중 옳지 <u>않은</u> 것은? (다툼이 있는 경우 판례에 의함)

① 자기앞수표의 지급인이 지급제시기간 내에 지급거절을 하는 경우 지급인은 다시 발행인으로서의 상환의무를 부담한다.
② 이득상환청구권이 발생한 자기앞수표의 교부가 있으면 이득상환청구권이 양도될 뿐만 아니라 그 양도에 관한 통지를 할 권능까지 함께 이전된다.
③ 소지인이 자기앞수표를 지급제시기간 경과 후에 분실한 경우 수표를 선의취득한 자는 이득상환청구권도 선의취득하게 된다.
④ 횡선수표가 발행된 경우 횡선의 제한에 위반하여 수표금이 지급되어도 그 지급은 유효하고 지급인은 손해배상책임을 부담할 따름이다.
⑤ 수표에 기재된 발행일이 도래하기 전에 지급을 받기 위하여 제시된 수표는 그 제시된 날에 이를 지급하여야 하나, 그 발행일은 지급제시기간의 계산에 있어서 기산점이 된다.

해설

① (O) 수표는 발행인이 지급인에 대하여 하는 단순한 지급위탁이므로 지급인은 수표소지인에 대하여는 반드시 액면금을 지급하여야 할 법률상 의무가 없으며, 지급인이 소지인의 청구에 대하여 지급을 거절한 때에는 수표상 소정 요건을 구비하여 발행인에게 상환청구를 하는 외 도리가 없는 것이며 이 법리는 자기앞수표에 있어서도 동일하다(대법원 1959. 11. 26. 선고 4292민상359 판결).
② (O) 원래 수표금의 이득상환청구권이 있는 수표소지인이라 함은 그 수표상의 권리가 소멸할 당시의 정당한 소지인으로서 그 수표상의 권리를 행사할 수 있었던 자를 가리킨다 할 것이므로, 은행 또는 금융기관이 발행한 자기앞수표 소지인이 수표법상의 보전절차를 취함이 없이 제시기간을 도과하여 수표상의 권리가 소멸된 수표를 양도하는 경우에 특별한 사정이 없으면 수표상의 권리의 소멸로 인하여 소지인에게 발생한 이득상환청구권을 양도함과 동시에 그에 수반하여 이득을 한 발행인인 은행에 대하여 소지인을 대신하여 그 양도에 관한 통지를 할 수 있는 권능을 부여하는 것이라 할 것이다(대법원 1983. 3. 8. 선고 83다40 판결).
③ (X) 동 수표 등은 위 소매치기 당할 당시에 이미 지급제시 기간이 경과되었음이 분명하므로 수표상의 권리가 소멸되고 이득상환청구권이 발생하여 있었으나 원고는 동 청구권을 적법한 절차에 의하여 양수한 것이 아님이 분명하고 또 <u>이득상환청구권은 선의취득의 대상이 될 수 없다</u> 할 것이니 이와 같은 취지로 판단하여 원고의 청구를 배척한 원심의 조치는 정당하다(대법원 1980. 5. 13. 선고 80다537 판결).
④ (O) 횡선수표는 발행인 또는 소지인이 수표의 표면에 2개의 평행선을 그은 수표로서, 지급인이 은행 또는 지급인의 거래처에 대해서만 지급할 수 있게 한 수표를 말한다(수표법 제37조, 제38조). 횡선의 제한에 위반하여 수표금이 지급되더라도 그 지급이 무효가 되는 것은 아니고, 수표법 제38조 제5항에 따라 위반한 은행이 손해배상책임을 부담할 뿐이다. 지급제한을 위반하여 횡선수표를 지급한 지급인과 취득

제한에 위반하여 횡선수표를 취득한 은행은 이로 인하여 발생한 손해에 대하여 수표금액의한도 내에서 배상할 책임을 진다(수표법 제38조 제5항).

⑤ (O)
1) 기재된 발행일이 도래하기 전에 지급을 받기 위하여 제시된 수표는 그 제시된 날에 이를 지급하여야 한다(수표법 제28조 제2항).
2) 수표의 지급 제시기간은 원칙적으로 수표에 기재된 발행일을 기준으로 하여 그 익일부터 기산하여야 할 것이다(대법원 1982. 4. 13. 선고 81다1000 판결).

정답 ③

48. 甲이 乙에게 발행한 약속어음이 丙과 丁에게 순차로 배서양도되었다. 丁이 만기에 甲으로부터 어음금 지급을 거절당하여 丙에게 원인채권을 행사하려는 상황에서, 옳은 설명으로만 묶인 것은? (다툼이 있는 경우 판례에 의함)

ㄱ. 丁은 지급기일에 어음을 甲에게 적법하게 제시하여 상환청구권을 보전할 의무가 있다.
ㄴ. 주채무자인 甲에게 자력이 있더라도 丁이 상환청구권을 보전하지 못하였다면 丙에게는 손해가 발생하였다고 볼 수 있다.
ㄷ. 丁이 원인채권을 행사할 때에는 동시이행의 방법으로 어음을 반환하여야 한다.
ㄹ. 丁이 원인채권에 관한 소송을 제기하면 원인채권의 변제를 위해 교부한 어음의 시효도 역시 중단된다.
ㅁ. 丁이 원인채권을 행사하여 만족을 얻더라도 丙에 대한 어음채권이 소멸하는 것은 아니다.

① ㄱ, ㄴ, ㄷ
② ㄱ, ㄷ, ㄹ
③ ㄷ, ㄹ, ㅁ
④ ㄴ, ㄷ, ㅁ
⑤ ㄱ, ㄷ, ㅁ

해설

㉠ (O), ㉡ (×)
[1] 기존 채무의 이행에 관하여 채무자가 채권자에게 어음을 교부할 때의 당사자의 의사는 기존 원인채무의 '지급에 갈음하여', 즉 기존 원인채무를 소멸시키고 새로운 어음채무만을 존속시키려고 하는 경우와, 기존 원인채무를 존속시키면서 그에 대한 지급방법으로서 이른바 '지급을 위하여' 교부하는 경우 및 단지 기존 채무의 지급 담보의 목적으로 이루어지는 이른바 '담보를 위하여' 교부하는 경우로 나누어 볼 수 있는데, 당사자 사이에 특별한 의사표시가 없으면 어음의 교부가 있다고 하더라도 이는 기존 원인채무는 여전히 존속하고 단지 그 '지급을 위하여' 또는 그 '담보를 위하여' 교부된 것으로 추정할 것이며, 따라서 특별한 사정이 없는 한 기존의 원인채무는 소멸하지 아니하고 어음상의 채무와 병존한다고 보아야 할 것이고, 이 경우 어음상의 주채무자가 원인관계상의 채무자와 동일하지 아니한 때에는 제3자인 어음상의 주채무자에 의한 지급이 예정되고 있으므로 이는 '지급을 위하여' 교부된 것으로 추정하여야 한다.
[2] 어음이 '지급을 위하여' 교부된 경우에는 채권자는 어음채권과 원인채권 중 어음채권을 먼저 행사하여 만족을 얻을 것을 당사자가 예정하였다고 할 것이므로 채권자로서는 어음채권을 우선 행사하고, 그에 의하여서는 만족을 얻을 수 없을 때 비로소 채무자에 대하여 기존의 원인채권을 행사할 수 있다고 하여야 하며, 나아가 이러한 목적으로 어음을 배서양도받은 채권자는 특별한 사정이 없는 한 채무자에 대하여 원인채권을 행사하기 위하여는 어음을 채무자에게 반환하여야 하므로, <u>채권자가 채무자에 대하여 자기의 원인채권을 행사하기 위한 전제로서 지급기일에 어음을 적법히 제시하여 소구권 보전절차를 취할 의무가 있다</u>고 보는 것이 양자 사이의 형평에 맞는다.

[3] 위 [2]항의 경우, 채권자가 소구권 보전의무를 위반하여 지급기일에 적법한 지급제시를 하지 아니함으로써 소구권이 보전되지 아니하였더라도 약속어음의 주채무자인 발행인이 자력이 있는 한 어음을 반환받은 채무자가 발행인에 대한 어음채권이나 원인채권을 행사하여 자기 채권의 만족을 얻을 수 있기 때문에 아직 손해는 발생하지 아니하는 것이고, 지급기일 후에 어음발행인의 자력이 악화되어 무자력이 됨으로써 채권자에게 자신의 채무를 이행하여야 할 채무자가 어음을 반환받더라도 발행인에 대한 어음채권과 원인채권의 어느 것도 받을 수 없게 된 때에야 비로소 자신의 채권에 대하여 만족을 얻지 못하게 되는 손해를 입게되는 것이고, 이러한 손해는 어음 주채무자인 발행인의 자력의 악화라는 특별 사정으로 인한 손해로서 소구권 보전의무를 불이행한 어음소지인이 그 채무 불이행 당시인 어음의 지급기일에 장차 어음발행인의 자력이 악화될 것임을 알았거나 알 수 있었을 때에만 그 배상채권으로 상계할 수 있다(대법원 1996. 11. 8. 선고 95다25060 판결).

ⓒ (O) 채무자가 어음의 반환이 없음을 이유로 원인채무의 변제를 거절할 수 있는 것은 채무자로 하여금 무조건적인 원인채무의 이행으로 인한 이중지급의 위험을 면하게 하려는 데에 그 목적이 있는 것이지, 기존의 원인채권에 터잡은 이행청구권과 상대방의 어음 반환청구권이 민법 제536조에 정하는 쌍무계약상의 채권채무관계나 그와 유사한 대가관계가 있어서 그러는 것은 아니므로, 원인채무 이행의무와 어음 반환의무가 동시이행의 관계에 있다 하더라도 이는 어음의 반환과 상환으로 하지 아니하면 지급을 할 필요가 없으므로 이를 거절할 수 있다는 것을 의미하는 것에 지나지 아니하는 것이며, 따라서 채무자가 어음의 반환이 없음을 이유로 원인채무의 변제를 거절할 수 있는 권능을 가진다고 하여 채권자가 어음의 반환을 제공하지 아니하면 채무자에게 적법한 이행의 최고를 할 수 없다고 할 수는 없고, 채무자는 원인채무의 이행기를 도과하면 원칙적으로 이행지체의 책임을 진다(대법원 1999. 7. 9. 선고 98다47542 판결).

ⓔ (×)
[1] 원인채권의 지급을 확보하기 위한 방법으로 어음이 수수된 경우에 원인채권과 어음채권은 별개로서 채권자는 그 선택에 따라 권리를 행사할 수 있고, 원인채권에 기하여 청구를 한 것만으로는 어음채권 그 자체를 행사한 것으로 볼 수 없어 어음채권의 소멸시효를 중단시키지 못한다.
[2] 원인채권의 지급을 확보하기 위한 방법으로 어음이 수수된 경우, 이러한 어음은 경제적으로 동일한 급부를 위하여 원인채권의 지급수단으로 수수된 것으로서 그 어음채권의 행사는 원인채권을 실현하기 위한 것일 뿐만 아니라, 원인채권의 소멸시효는 어음금 청구소송에 있어서 채무자의 인적항변 사유에 해당하는 관계로 채권자가 어음채권의 소멸시효를 중단하여 두어도 채무자의 인적항변에 따라 그 권리를 실현할 수 없게 되는 불합리한 결과가 발생하게 되므로, 채권자가 원인채권에 기하여 청구를 한 것이 아니라 어음채권에 기하여 청구를 하는 반대의 경우에는 원인채권의 소멸시효를 중단시키는 효력이 있다고 봄이 상당하고, 이러한 법리는 채권자가 어음채권을 피보전권리로 하여 채무자의 재산을 가압류함으로써 그 권리를 행사한 경우에도 마찬가지로 적용된다(대법원 1999. 6. 11. 선고 99다16378 판결).

ⓜ (O) 원인관계가 어떠한 사유로 부존재·무효·취소·소멸하더라도 어음·수표행위 자체의 효력에는 아무런 영향을 주지 않는다(어음·수표행위 무인성). 따라서 丁이 丙에 대한 원인채권을 행사하여 만족을 얻더라도 丙에 대한 어음채권이 소멸하는 것은 아니다. 다만, 丙은 丁에 대해서 원인채권의 소멸을 인적항변으로 대항하여 어음금 지급을 거절할 수 있다.

정답 ⑤

49. 상법상 손해보험계약에 관한 설명 중 옳지 <u>않은</u> 것은? (다툼이 있는 경우 판례에 의함)

① 보험자가 보험계약자로부터 보험계약의 청약과 함께 보험료 상당액의 전부 또는 일부의 지급을 받은 때에는 다른 약정이 없으면 30일 내에 그 상대방에 대하여 낙부의 통지를 발송해야 하고, 보험자가 위 기간 내에 낙부의 통지를 해태한 때에는 승낙한 것으로 본다.

② 보험계약 당시에 보험사고가 이미 발생하였거나 또는 발생할 수 없는 것인 때에는 그 계약은 무효로 되나, 당사자 쌍방과 피보험자가 이를 알지 못한 때에는 그러하지 아니하다.
③ 보험자가 보험계약자로부터 보험계약의 청약과 함께 보험료 상당액의 전부 또는 일부를 받은 경우에 그 청약을 승낙하기 전에 보험계약에서 정한 보험사고가 생긴 때에는 그 청약을 거절할 사유가 없는 한 보험자는 보험계약상의 책임을 진다.
④ 보험설계사가 보험자에 의해 작성된 영수증을 보험계약자에게 교부하는 경우, 보험계약자로부터 보험료를 수령할 수 있는 권한을 가진다.
⑤ 보험계약자 또는 피보험자는 보험사고의 발생을 안 때에는 지체 없이 보험자에게 그 통지를 발송할 의무가 있고, 이를 해태한 경우 보험금을 청구할 수 없다.

해설

① (O) 보험자가 보험계약자로부터 보험계약의 청약과 함께 보험료 상당액의 전부 또는 일부의 지급을 받은 때에는 다른 약정이 없으면 30일내에 그 상대방에 대하여 낙부의 통지를 발송하여야 한다. 그러나 인보험계약의 피보험자가 신체검사를 받아야 하는 경우에는 그 기간은 신체검사를 받은 날부터 기산한다(상법 제638조의2 제1항). 보험자가 제1항의 규정에 의한 기간내에 낙부의 통지를 해태한 때에는 승낙한 것으로 본다(상법 제638조의2 제2항).
② (O) 보험계약당시에 보험사고가 이미 발생하였거나 또는 발생할 수 없는 것 인때에는 그 계약은 무효로 한다. 그러나 당사자 쌍방과 피보험자가 이를 알지 못한 때에는 그러하지 아니하다(상법 제644조).
③ (O) 보험자가 보험계약자로부터 보험계약의 청약과 함께 보험료 상당액의 전부 또는 일부를 받은 경우에 그 청약을 승낙하기 전에 보험계약에서 정한 보험사고가 생긴 때에는 그 청약을 거절할 사유가 없는 한 보험자는 보험계약상의 책임을 진다. 그러나 인보험계약의 피보험자가 신체검사를 받아야 하는 경우에 그 검사를 받지 아니한 때에는 그러하지 아니하다(상법 제638조의2 제3항).
④ (O)
  1) 보험대리상은 다음 각 호의 권한이 있다(상법 제646조의2 제1항).
    1. 보험계약자로부터 보험료를 수령할 수 있는 권한
    2. 보험자가 작성한 보험증권을 보험계약자에게 교부할 수 있는 권한
    3. 보험계약자로부터 청약, 고지, 통지, 해지, 취소 등 보험계약에 관한 의사표시를 수령할 수 있는 권한
    4. 보험계약자에게 보험계약의 체결, 변경, 해지 등 보험계약에 관한 의사표시를 할 수 있는 권한
  2) 보험대리상이 아니면서 특정한 보험자를 위하여 계속적으로 보험계약의 체결을 중개하는 자는 제1항 제1호(보험자가 작성한 영수증을 보험계약자에게 교부하는 경우만 해당한다) 및 제2호의 권한이 있다(상법 제646조의2 제3항).
⑤ (×) 보험계약자 또는 피보험자나 보험수익자는 보험사고의 발생을 안 때에는 지체없이 보험자에게 그 통지를 발송하여야 한다(상법 제657조 제1항). 보험계약자 또는 피보험자나 보험수익자가 제1항의 통지의무를 해태함으로 인하여 손해가 증가된 때에는 보험자는 그 증가된 손해를 보상할 책임이 없다(상법 제657조 제2항).

정답 ⑤

50. 손해보험에서 보험자대위에 관한 설명 중 옳지 않은 것은? (다툼이 있는 경우 판례에 의함)

① 보험자대위는 손해보험에서만 인정되는 것이 원칙이지만, 상해보험의 경우에도 특약이 있는 경우 인정될 수 있다.

② 보험사고가 보험계약자 또는 피보험자의 중과실에 의한 경우에는 보험자가 면책되므로 보험자대위가 성립할 여지가 없다.
③ 피보험자의 경과실로 보험사고가 발생한 경우 보험자대위를 허용하게 되면 결과적으로 피보험자에 대한 보험의 이익이 박탈되는 결과가 되므로 피보험자는 대위청구의 대상이 되는 제3자에 포함되지 않는다.
④ 피보험자와 생계를 같이 하는 가족에 대한 권리에 대하여는 청구권대위를 할 수 없다.
⑤ 타인을 위한 손해보험계약에서 보험계약자는 보험의 이익을 받는 자이므로 그 자에 대하여 청구권대위를 할 수 없다.

해설

① (O) 보험자는 보험사고로 인하여 생긴 보험계약자 또는 보험수익자의 제3자에 대한 권리를 대위하여 행사하지 못한다. 그러나 상해보험계약의 경우에 당사자 간에 다른 약정이 있는 때에는 보험자는 피보험자의 권리를 해하지 아니하는 범위 안에서 그 권리를 대위하여 행사할 수 있다(상법 제729조). 즉, 보험자대위는 손해보험에서만 인정되고 인보험의 경우에는 이를 금지하는 것이 원칙이지만, 인보험 가운데 상해보험에 관하여는 당사자 사이에 약정이 있으면 피보험자의 권리를 해하지 아니하는 범위에서 청구권대위가 인정된다.

② (O) 보험사고가 보험계약자 또는 피보험자나 보험수익자의 고의 또는 중대한 과실로 인하여 생긴 때에는 보험자는 보험금액을 지급할 책임이 없다(상법 제659조 제1항). 따라서, 보험자가 면책되므로 보험자가 보험금을 지급한 한도 내에서 제3자에 대한 보험계약자 또는 보험수익자의 권리를 취득하는 청구권대위도 발생하지 않는다.

③ (O)
1) 선지 자체로 통설·판례의 입장이다.
2) 피고는 차주인 위 이원희의 피용운전사로서 원고의 자동차종합보험 대인배상에 있어서의 피보험자에 관한 규정인 위 보통약관 제11조 제5호 소정의 "피보험자를 위하여 자동차를 운전중인 자"에 해당되는 "피보험자"일 뿐, 상법 제682조에서 말하는 "제3자"에 포함되는 자가 아니므로, 피고가 그 "제3자"임을 전제로 한 이 사건 청구는 이유없다고 판단된다(대법원 1991. 11. 26. 선고 90다10063 판결).

④ (O) 손해가 제3자의 행위로 인하여 발생한 경우에 보험금을 지급한 보험자는 그 지급한 금액의 한도에서 그 제3자에 대한 보험계약자 또는 피보험자의 권리를 취득한다. 다만, 보험자가 보상할 보험금의 일부를 지급한 경우에는 피보험자의 권리를 침해하지 아니하는 범위에서 그 권리를 행사할 수 있다(상법 제682조 제1항). 보험계약자나 피보험자의 제1항에 따른 권리가 그와 생계를 같이 하는 가족에 대한 것인 경우 보험자는 그 권리를 취득하지 못한다. 다만, 손해가 그 가족의 고의로 인하여 발생한 경우에는 그러하지 아니하다(상법 제682조 제2항).

⑤ (X)
[가] 보험자대위에 관한 상법 제682조의 규정을 둔 이유는 피보험자가 보험자로부터 보험금액을 지급받은 후에도 제3자에 대한 청구권을 보유, 행사하게 하는 것은 피보험자에게 손해의 전보를 넘어서 오히려 이득을 주게 되는 결과가 되어 손해보험제도의 원칙에 반하게 되고 또 배상의무자인 제3자가 피보험자의 보험금수령으로 인하여 그 책임을 면하게 하는 것도 불합리하므로 이를 제거하여 보험자에게 그 이익을 귀속시키려는데 있고 이와 같은 보험자대위의 규정은 타인을 위한 손해보험계약에도 그 적용이 있다.

[나] 타인을 위한 손해보험계약은 타인의 이익을 위한 계약으로서 그 타인(피보험계약자)의 이익이 보험의 목적이 되는 것이지 여기에 당연히(특약없이) 보험계약자의 보험이익이 포함되거나 예정되어 있는 것은 아니라 할 것이므로 피보험이익의 주체가 아닌 보험계약자는 비록 보험자와의 사이에서는 계약당사자이고 약정된 보험료를 지급할 의무자이지만 그 지위의 성격과 보험자대위규정의 취지에 비추어 보면 보험자대위에 있어서 보험계약자와 보험계약자 아닌 제3자와를 구별하여 취급하여야 할 법률상의 이유는 없는 것이며 따라서 타인을 위한 손해보험계약자가 당연히 제3자의 범주에서 제외되는 것은 아니다(대법원 1990. 2. 9. 선고 89다카21965 판결). **정답 ⑤**

51. 주주총회결의의 하자를 다투는 소에 대한 설명 중 옳은 것은? (다툼이 있는 경우 판례에 의함)

① 주주총회결의 취소의 소가 제기된 경우 회사는 지체 없이 공고하여야 할 의무가 없다.
② 주주 甲이 주주총회결의 무효확인의 소를 제기한 경우, 다른 주주 乙이 별소로서 무효확인의 소를 제기하면 중복제소가 된다.
③ 주주가 결의취소의 소를 제기한 때에는 법원은 직권으로 상당한 담보를 제공할 것을 명할 수 있다.
④ 제권판결 이전에 주권을 선의취득한 자는 그 제권판결에 하자가 있다 하더라도 제권판결에 대한 불복의 소에 의하여 그 제권판결이 취소되지 않는 한 주주총회결의 무효확인을 구할 이익이 없다.
⑤ 주주 甲이 주주총회결의일로부터 2개월 내에 결의취소의 소를 제기한 경우, 다른 주주 乙은 결의일로부터 2개월이 지났더라도 위 소송에 공동소송참가를 할 수 있다.

해설

①(✗) 회사의 본점소재지 관할 지방법원에 결의취소의 소가 제기된 때에는, 회사는 지체 없이 소가 제기되었음을 공고해야 하고(상법 제308조제2항, 제376조제2항, 제186조 및 제187조), 회사가 이러한 공고를 게을리하거나 부정한 공고를 한 때에는 500만 원 이하의 과태료가 부과된다(상법 제653조 제1항 제1호).

②(✗) 상법은 편면적 대세효 있는 회사관계소송은 회사의 본점소재지를 관할하는 지방법원의 전속관할에 속하고, 같은 내용의 소가 여러 개 제기된 경우 법원이 병합심리하여야 한다고 정한다(상법 제186조, 제188조 참조. 위 규정은 편면적 대세효 있는 회사관계소송에 모두 준용된다). 이는 같은 사안에 관하여 같은 법원에 제기된 모든 소송을 병합하여 통일적인 판결을 하도록 하려는 것이다. 이는 같은 내용의 소가 여러 개 제기된 경우 중복제소가 아니라는 점을 전제로 한 것이다.

③(✗) 주주가 결의취소의 소를 제기한 때에는 법원은 회사의 청구에 의하여 상당한 담보를 제공할 것을 명할 수 있다. 그러나 그 주주가 이사 또는 감사인 때에는 그러하지 아니하다(상법 제377조 제1항).

④(○) 주주로부터 기명주식을 양도받은 자라 하더라도 주주명부에 명의개서를 하지 아니하여 그 양도를 회사에 대항할 수 없는 이상 그 주주에 대한 채권자에 불과하고, 또 제권판결 이전에 주식을 선의취득한 자는 위 제권판결에 하자가 있다 하더라도 제권판결에 대한 불복의 소에 의하여 그 제권판결이 취소되지 않는 한 회사에 대하여 적법한 주주로서의 권한을 행사할 수 없으므로 회사의 주주로서 주주총회 및 이사회 결의무효확인을 소구할 이익이 없다(대법원 1991. 5. 28. 선고 90다6774 판결).

⑤(✗) 제소기간을 경과하여 당사자적격을 상실하는바, 공동소송적 보조참가를 할 수 있다. **정답 ④**

52. 회사법상 소에 대한 설명 중 옳지 않은 것은? (다툼이 있는 경우 판례에 의함)

① 감자절차상 하자를 초래한 이사에 대한 손해배상책임을 추궁하는 소는 감자무효의 판결 확정 여부와 무관하게 제기할 수 있다.
② 주식을 명의신탁한 자가 명의수탁자를 상대로 명의개서절차이행의 소를 제기하는 것은 부적법하다.
③ 주권미발행 주식을 유효하게 양수한 자는 지명채권양도의 대항요건을 갖추지 못하여도 회사를 상대로 명의개서절차 이행의 소를 제기할 수 있다.
④ 대표이사가 회사의 재산을 횡령하여 회사에 손해를 입힌 경우 주주는 대표이사를 상대로 상법 제401조에 기하여 손해배상청구의 소를 제기할 수 있다.
⑤ 주주가 대표소송에서 주장한 이사의 손해배상책임이 제소청구서에 적시된 것과 차이가 있더라도 제소청구서의 책임발생 원인사실을 기초로 하면서 법적 평가만을 달리한 것에 불과하다면 그 대표소송은 적법하다.

해설

① (O), ⑤ (O)

[1] 이사가 고의 또는 과실로 법령 또는 정관에 위반한 행위를 하거나 그 임무를 게을리한 경우에는 그 이사는 회사에 대하여 연대하여 손해를 배상할 책임이 있다(상법 제399조 제1항). 이사가 임무를 수행함에 있어서 법령을 위반한 행위를 한 때에는 그 행위 자체가 회사에 대하여 채무불이행에 해당하므로, 그로 인하여 회사에 손해가 발생한 이상 특별한 사정이 없는 한 손해배상책임을 면할 수 없다.

자본금 감소를 위한 주식소각 절차에 하자가 있다면, 주주 등은 자본금 감소로 인한 변경등기가 된 날부터 6개월 내에 소로써만 무효를 주장할 수 있다(상법 제445조). 그러나 이사가 주식소각 과정에서 법령을 위반하여 회사에 손해를 끼친 사실이 인정될 때에는 감자무효의 판결이 확정되었는지 여부와 관계없이 상법 제399조 제1항에 따라 회사에 대하여 손해배상책임을 부담한다.

[2] 만약 회사가 이사의 책임을 추궁하지 않는다면, 발행주식의 총수의 100분의 1 이상에 해당하는 주식을 가진 주주는 회사를 위하여 직접 이사의 책임을 추궁할 소를 제기할 수 있다(상법 제403조 제3항). 주주는 소를 제기하기 전에 먼저 회사에 대하여 소의 제기를 청구해야 하는데, 이 청구는 이유를 기재한 서면(이하 '제소청구서'라 한다)으로 하여야 한다(상법 제403조 제1항, 제2항).

제소청구서에 기재되어야 하는 '이유'에는 권리귀속주체인 회사가 제소 여부를 판단할 수 있도록 책임추궁 대상 이사, 책임발생 원인사실에 관한 내용이 포함되어야 한다. 다만 주주가 언제나 회사의 업무 등에 대해 정확한 지식과 적절한 정보를 가지고 있다고 할 수는 없으므로, 제소청구서에 책임추궁 대상 이사의 성명이 기재되어 있지 않거나 책임발생 원인사실이 다소 개략적으로 기재되어 있더라도, 회사가 제소청구서에 기재된 내용, 이사회의사록 등 회사 보유 자료 등을 종합하여 책임추궁 대상 이사, 책임발생 원인사실을 구체적으로 특정할 수 있다면, 그 제소청구서는 상법 제403조 제2항에서 정한 요건을 충족하였다고 보아야 한다.

[3] 주주가 아예 상법 제403조 제2항에 따른 서면(이하 '제소청구서'라 한다)을 제출하지 않은 채 대표소송을 제기하거나 제소청구서를 제출하였더라도 대표소송에서 제소청구서에 기재된 책임발생 원인사실과 전혀 무관한 사실관계를 기초로 청구를 하였다면 그 대표소송은 상법 제403조 제4항의 사유가 있다는 등의 특별한 사정이 없는 한 부적법하다. 반면 주주가 대표소송에서 주장한 이사의 손해배상책임이 제소

청구서에 적시된 것과 차이가 있더라도 제소청구서의 책임발생 원인사실을 기초로 하면서 법적 평가만을 달리한 것에 불과하다면 그 대표소송은 적법하다. 따라서 주주는 적법하게 제기된 대표소송 계속 중에 제소청구서의 책임발생 원인사실을 기초로 하면서 법적 평가만을 달리한 청구를 추가할 수도 있다(대법원 2021. 7. 15. 선고 2018다298744 판결).

② (O)
1) 주식을 취득한 자는 회사에 대하여 주주로서의 자격을 보유하기 위하여 자기가 그 주식의 실질상의 소유자라는 것을 증명하여 단독으로 명의개서를 청구할 수 있다(대법원 2000. 1. 28. 선고 98다17183 판결). 청구의 상대방은 회사이므로 주식의 양도인 등에게 명의개서절차의 이행을 구하는 소를 제기하는 것은 부적법하다.
2) 주식의 명의신탁자는 주식의 명의신탁을 해지하고, 자기가 그 주식의 실질상의 소유자라는 것을 증명하여 주식을 발행한 회사를 상대로 명의개서절차의 이행을 구하여야 한다.

③ (O)
1) 주권미발행 주식의 양수인은 단순히 회사에 대한 채권을 양수한 것이 아니고 주식을 양수한 것이기 때문에, 반드시 회사에 대해서 지명채권양도의 대항요건을 갖출 필요가 없다. ⓐ 양도인의 통지 또는 회사의 승낙이라는 지명채권양도의 대항요건을 갖추거나 ⓑ <u>자신이 적법하게 주식을 양수했다는 사실을 회사에 입증하는 어느 한 가지의 방법으로 주식의 적법한 소유자는 회사에 대하여 명의개서를 청구할 수 있다.</u>
2) 주권발행 전 주식의 양도가 회사 성립 후 6월이 경과한 후에 이루어진 때에는 당사자의 의사표시만으로 회사에 대하여 효력이 있으므로, 그 주식양수인은 특별한 사정이 없는 한 양도인의 협력을 받을 필요 없이 단독으로 자신이 주식을 양수한 사실을 증명함으로써 회사에 대하여 그 명의개서를 청구할 수 있다(대법원 2016. 3. 24. 선고 2015다71795 판결).

④ (×) 주식회사의 주주가 대표이사의 악의 또는 중대한 과실로 인한 임무해태행위로 직접 손해를 입은 경우에는 이사와 회사에 대하여 상법 제401조, 제389조 제3항, 제210조에 의하여 손해배상을 청구할 수 있으나, <u>대표이사가 회사재산을 횡령하여 회사재산이 감소함으로써 회사가 손해를 입고 결과적으로 주주의 경제적 이익이 침해되는 손해와 같은 간접적인 손해는 상법 제401조 제1항에서 말하는 손해의 개념에 포함되지 아니하므로 이에 대하여는 위 법조항에 의한 손해배상을 청구할 수 없고, 이와 같은 법리는 주주가 중소기업창업지원법상의 중소기업창업투자회사라고 하여도 다를 바 없다</u>(대법원 1993. 1. 26. 선고 91나36093 판결).

정답 ④

53. 민사소송과 다른 소송과의 관계에 관한 설명 중 옳지 <u>않은</u> 것은? (다툼이 있는 경우 판례에 의함)

① 비송사건이 민사소송의 방법으로 청구되었으나 법령의 규정상 비송사건임이 명확하지 않은 경우에, 수소법원은 당사자에게 석명을 구하여 비송사건으로 처리해 주기를 바라는 의사도 포함되어 있다면, 비송사건 신청으로 보아 재배당을 거쳐 비송사건으로 심리·판단하여야 하고 그 비송사건에 대한 토지관할이 없을 때에는 관할법원에 이송할 수 있다.

② 가사소송법 제2조 제1항에 의하여 가사소송사건 또는 가사비송사건으로 규정된 경우에도 이혼을 원인으로 한 손해배상청구와 같이 그 성격이 민사사건인 경우에는 가정법원의 전속관할에 속하지 않는다.

③ 민사재판에 있어서 확정된 형사판결에서 인정된 사실은 특별한 사정이 없는 한 유력한 증거자료가 된다.

④ 행정소송의 제소기간을 도과하여 행정소송사건을 민사소송으로 제기한 경우, 수소법원은 관할법원에 이송할 것이 아니라 각하하여야 한다.
⑤ 민사소송에서 행정처분의 당연무효 여부가 선결문제로 된 경우 수소법원이 이를 심리·판단할 수 있다.

해설

① (O) 비송사건절차법에 규정된 비송사건을 민사소송의 방법으로 청구하는 것은 허용되지 않는다. 그러나 소송사건과 비송사건의 구별이 항상 명확한 것은 아니고, 비송사건절차법이나 다른 법령에 비송사건임이 명확히 규정되어 있지 않은 경우 당사자로서는 비송사건임을 알기 어렵다. 이러한 경우 수소법원은 당사자에게 석명을 구하여 당사자의 소제기에 사건을 소송절차로만 처리해 달라는 것이 아니라 비송사건으로 처리해 주기를 바라는 의사도 포함되어 있음이 확인된다면, 당사자의 소제기를 비송사건 신청으로 보아 재배당 등을 거쳐 비송사건으로 심리·판단하여야 하고 그 비송사건에 대한 토지관할을 가지고 있지 않을 때에는 관할법원에 이송하는 것이 타당하다(대법원 2023. 9. 14. 선고 2020다238622 판결).

② (×)
1) 이혼의 무효·취소 또는 이혼을 원인으로 하는 손해배상청구(제3자에 대한 청구를 포함한다) 및 원상회복의 청구는 현행 가사소송법 제2조 제1항 제1호 다목 2)에 해당한다.
2) 이혼을 원인으로 하는 손해배상청구는 제3자에 대한 청구를 포함하여 가사소송법 제2조 제1항 (가)목 (3) 다류 2호의 가사소송사건으로서 가정법원의 전속관할에 속한다. 그런데 원심이 인용한 제1심판결 이유에 의하면, 원고의 피고에 대한 이 사건 청구는 피고와 원고의 배우자 사이의 부정한 행위로 인하여 원고가 배우자와 협의이혼을 함으로써 원고의 혼인관계가 파탄에 이르렀음을 원인으로 위자료 3,000만 원 및 이에 대한 지연손해금의 지급을 구하는 손해배상청구임을 알 수 있는바, <u>이러한 청구는 이혼을 원인으로 하는 제3자에 대한 손해배상청구에 해당하고, 가정법원의 전속관할에 속한다</u>(대법원 2010. 3. 25. 선고 2009다102964 판결).

③ (O) 원래 민사재판에 있어서는 형사재판의 사실인정에 구속을 받는 것이 아니라고 하더라도 동일한 사실관계에 관하여 이미 확정된 형사판결이 유죄로 인정한 사실은 유력한 증거자료가 되므로 민사재판에서 제출된 다른 증거들에 비추어 형사재판의 사실판단을 채용하기 어렵다고 인정되는 특별한 사정이 없는 한 이와 반대되는 사실을 인정할 수 없다(대법원 1995. 1. 12. 선고 94다39215 판결).

④ (O) 행정소송법 제7조는 원고의 고의 또는 중대한 과실 없이 행정소송이 심급을 달리하는 법원에 잘못 제기된 경우에 민사소송법 제31조 제1항을 적용하여 이를 관할법원에 이송하도록 규정하고 있을 뿐 아니라, 관할 위반의 소를 부적법하다고 하여 각하하는 것보다 관할법원에 이송하는 것이 당사자의 권리구제나 소송경제의 측면에서 바람직하므로, 원고가 고의 또는 중대한 과실 없이 행정소송으로 제기하여야 할 사건을 민사소송으로 잘못 제기한 경우, 수소법원으로서는 만약 그 행정소송에 대한 관할도 동시에 가지고 있다면 이를 행정소송으로 심리·판단하여야 하고, 그 행정소송에 대한 관할을 가지고 있지 아니하다면 <u>당해 소송이 이미 행정소송으로서의 전심절차 및 제소기간을 도과하였거나 행정소송의 대상이 되는 처분 등이 존재하지도 아니한 상태에 있는 등 행정소송으로서의 소송요건을 결하고 있음이 명백하여 행정소송으로 제기되었더라도 어차피 부적법하게 되는 경우가 아닌 이상 이를 부적법한 소라고 하여 각하할 것이 아니라 관할법원에 이송하여야 한다</u>(대법원 1997. 5. 30. 선고 95다28960 판결).

⑤ (O) 민사소송에 있어서 어느 행정처분의 당연무효 여부가 선결문제로 되는 때에는 이를 판단하여 당연무효임을 전제로 판결할 수 있고 반드시 행정소송 등의 절차에 의하여 그 취소나 무효확인을 받아야 하는 것은 아니다(대법원 1972. 10. 10. 선고 71다2279 판결).

정답 ②

54. 법원에 관한 설명 중 옳은 것을 모두 고른 것은? (다툼이 있는 경우 판례에 의함)

ㄱ. 항소심에서 제척이유가 있는 법관이 소송에 관여하였음을 이유로 상고하였더라도 판결에 영향이 없다면 심리불속행으로 인한 상고기각판결을 하여야 한다.
ㄴ. 상고심에서 파기환송되기 전의 원심판결에 관여한 법관은 파기환송된 사건에 관여하지 못한다.
ㄷ. 제척신청에 정당한 이유가 있다는 결정에 대하여는 즉시항고를 할 수 있다.
ㄹ. 종중 규약을 개정한 종중 총회 결의에 대한 무효확인을 구하는 소가 제기되었는데 원심 재판부를 구성한 판사 중 1인이 당해 종중의 구성원인 경우, 그 판사는 「민사소송법」제41조 제1호에 정한 '당사자와 공동권리자·공동의무자의 관계에 있는 자'에 해당하지 아니하므로 당해 재판에 관여할 수 있다.

① ㄱ, ㄴ   ② ㄱ, ㄷ   ③ ㄴ, ㄷ
④ ㄷ, ㄹ   ⑤ ㄱ, ㄹ

해설

㉠ (O) 상고심절차에 관한 특례법
제4조 (심리의 불속행)
① 대법원은 상고이유에 관한 주장이 다음 각 호의 어느 하나의 사유를 포함하지 아니한다고 인정하면 더 나아가 심리(審理)를 하지 아니하고 판결로 상고를 기각(棄却)한다.
 1. 원심판결(原審判決)이 헌법에 위반되거나, 헌법을 부당하게 해석한 경우
 2. 원심판결이 명령·규칙 또는 처분의 법률위반 여부에 대하여 부당하게 판단한 경우
 3. 원심판결이 법률·명령·규칙 또는 처분에 대하여 대법원 판례와 상반되게 해석한 경우
 4. 법률·명령·규칙 또는 처분에 대한 해석에 관하여 대법원 판례가 없거나 대법원 판례를 변경할 필요가 있는 경우
 5. 제1호부터 제4호까지의 규정 외에 중대한 법령위반에 관한 사항이 있는 경우
 6. 「민사소송법」제424조제1항제1호부터 제5호까지에 규정된 사유가 있는 경우
② 가압류 및 가처분에 관한 판결에 대하여는 상고이유에 관한 주장이 제1항제1호부터 제3호까지에 규정된 사유를 포함하지 아니한다고 인정되는 경우 제1항의 예에 따른다.
③ 상고이유에 관한 주장이 제1항 각 호의 사유(가압류 및 가처분에 관한 판결의 경우에는 제1항제1호부터 제3호까지에 규정된 사유)를 포함하는 경우에도 다음 각 호의 어느 하나에 해당할 때에는 제1항의 예에 따른다.
 1. 그 주장 자체로 보아 이유가 없는 때
 2. 원심판결과 관계가 없거나 원심판결에 영향을 미치지 아니하는 때

㉡ (O) 상고법원은 상고에 정당한 이유가 있다고 인정할 때에는 원심판결을 파기하고 사건을 원심법원에 환송하거나, 동등한 다른 법원에 이송하여야 한다(민사소송법 제436조 제1항). 사건을 환송받거나 이송받은 법원은 다시 변론을 거쳐 재판하여야 한다. 이 경우에는 상고법원이 파기의 이유로 삼은 사실상 및 법률상 판단에 기속된다(민사소송법 제436조 제2항). 원심판결에 관여한 판사는 제2항의 재판에 관여하지 못한다(민사소송법 제436조 제3항).

㉢ (✗) 제척 또는 기피신청에 정당한 이유가 있다는 결정에 대하여는 불복할 수 없다(민사소송법 제47조 제1항). 제45조 제1항의 각하결정 또는 제척이나 기피신청이 이유 없다는 결정에 대하여는 즉시항고를 할 수

있다(민사소송법 제47조 제2항). 제45조 제1항의 각하결정에 대한 즉시항고는 집행정지의 효력을 가지지 아니한다(민사소송법 제47조 제3항).

ⓔ (✕) 민사소송법 제41조 제1호에서 "법관 또는 그 배우자나 배우자이었던 사람이 사건의 당사자가 되거나, 사건의 당사자와 공동권리자·공동의무자 또는 상환의무자의 관계에 있는 때"를 제척사유의 하나로 규정하고 있다. 여기서 말하는 사건의 당사자와 공동권리자·공동의무자의 관계라 함은 소송의 목적이 된 권리관계에 관하여 공통되는 법률상 이해관계가 있어 재판의 공정성을 의심할 만한 사정이 존재하는 지위에 있는 관계를 의미하는 것으로 해석할 것이다. 종중의 종중원들은 종중원의 재산상·신분상 권리의무 관계에 직접적인 영향을 미치는 종중 규약을 개정한 종중 총회 결의의 효력 유무에 관하여 공통되는 법률상 이해관계가 있다고 할 것이다. 종중소송에서 재판부의 구성법관이 종중의 구성원이면 민사소송법 제41조 제1호 소정의 당사자와 공동권리자·공동의무자의 관계에 있는 자에 해당한다(대법원 2010. 5. 13. 선고 2009다102254 판결).

정답 ①

55. 甲은 乙에게 대여금청구의 소를 제기하였다. 다음의 설명 중 옳은 것은? (다툼이 있는 경우 판례에 의함)

① 사망자 乙을 피고로 하여 제소한 제1심에서 甲이 상속인으로 당사자표시정정을 하면서 일부 상속인을 누락한 경우, 甲은 항소심에서 그 누락된 상속인을 다시 피고로 정정추가할 수 있다.
② 甲이 乙의 사망 사실을 알면서도 乙의 상속인이 누구인지를 확인할 수가 없어서 일단 乙을 상대로 소를 제기하고 그 후 바로 사실조회신청을 통해 상속인을 확인하여 표시정정신청을 하였더라도 그러한 표시정정은 허용되지 않는다.
③ 법원은 甲의 청구를 기각하였으며 이 판결이 확정된 후 甲은 사망하였다. 이후에 甲의 상속인인 丙이 재판에 관여할 수 없는 법관의 재판 관여를 이유로 재심을 제기하면서 재심원고를 그대로 甲으로 표시하였다면 丙으로의 표시정정이 허용된다.
④ 甲이 소송대리인을 선임하였으나 소제기 전에 사망하였고 그 사실을 모르는 소송대리인이 甲을 원고로 표시하여 소를 제기한 경우 甲의 사망시에 소송대리권도 소멸하였다고 보아야 하므로 소를 부적법 각하하여야 한다.
⑤ 甲이 乙의 사망 사실은 알았으나 乙의 제1순위 상속인인 丙의 상속포기 사실은 알지 못하고 丙을 상대로 소를 제기한 경우, 丙과 제2순위 상속인 丁의 동일성을 인정할 수 없으므로 丁으로의 표시정정은 허용되지 않는다.

해설

① (✕) 사망자를 피고로하여 제소한 제1심에서 원고가 상속인으로 당사자표시정정을 함에 있어서 일부상속인을 누락시킨 탓으로 그 누락된 상속인이 피고로 되지 않은채 제1심판결이 선고된 경우에 원고는 항소심에서 그 누락된 상속인을 다시 피고로 정정추가할 수 없다(대법원 1974. 7. 16. 선고 73다1190 판결).

② (✕)
[1] 소송에서 당사자가 누구인가는 당사자능력, 당사자적격 등에 관한 문제와 직결되는 중요한 사항이므로, 사건을 심리·판결하는 법원으로서는 직권으로 소송당사자가 누구인가를 확정하여 심리를 진행하여야 하며, 이때 당사자가 누구인가는 소장에 기재된 표시 및 청구의 내용과 원인 사실 등 소장의 전취지를 합리적으로 해석하여 확정하여야 한다. 따라서 소장에 표시된 피고에게 당사자능력이 인정되지 않는

경우에는 소장의 전취지를 합리적으로 해석한 결과 인정되는 올바른 당사자능력자로 표시를 정정하는 것이 허용된다.

[2] 채무자 甲의 乙 은행에 대한 채무를 대위변제한 보증인 丙이 채무자 甲의 사망사실을 알면서도 그를 피고로 기재하여 소를 제기한 사안에서, 채무자 甲의 상속인이 실질적인 피고이고 다만 소장의 표시에 잘못이 있었던 것에 불과하므로, 보증인 丙은 채무자 甲의 상속인으로 피고의 표시를 정정할 수 있고, 따라서 당초 소장을 제출한 때에 소멸시효중단의 효력이 생긴다고 본 원심판단을 수긍한 사례(대법원 2011. 3. 10. 선고 2010다99040 판결).

③ (O) 피고(재심원고)가 재심대상 판결에 대하여 재심을 제기할 당시 피고는 사망하였는데 그 표시를 사망자 그대로 표시하였다 하더라도 그것이 그 상속인들에 의하여 실제 제기되었음이 인정되는 경우에는 당사자 표시정정을 할 수 있다(대법원 1979. 8. 14. 선고 78다1283 판결).

④ (X) 당사자가 사망하더라도 소송대리인의 소송대리권은 소멸하지 아니하므로(민사소송법 제95조 제1호), 당사자가 소송대리인에게 소송위임을 한 다음 소 제기 전에 사망하였는데 소송대리인이 당사자가 사망한 것을 모르고 당사자를 원고로 표시하여 소를 제기하였다면 소의 제기는 적법하고, 시효중단 등 소 제기의 효력은 상속인들에게 귀속된다. 이 경우 민사소송법 제233조 제1항이 유추적용되어 사망한 사람의 상속인들은 소송절차를 수계하여야 한다(대법원 2016. 4. 29. 선고 2014다210449 판결).

⑤ (X) 원고가 피고의 사망 사실을 모르고 사망자를 피고로 표시하여 소를 제기한 경우, 청구의 내용과 원인사실, 당해 소송을 통하여 분쟁을 실질적으로 해결하려는 원고의 소제기 목적, 사망 사실을 안 이후 원고의 피고표시정정신청 등의 사정을 종합하여 볼 때, 실질적인 피고는 당사자능력이 없어 소송당사자가 될 수 없는 사망자가 아니라 처음부터 사망자의 상속자이고 다만 그 표시에 잘못이 있는 것에 지나지 않는다고 인정되면 사망자의 상속인으로 피고의 표시를 정정할 수 있다. 또한, 여기서 실질적인 피고로 해석되는 사망자의 상속인이라고 함은 실제로 상속을 하는 사람을 가리키고, 상속을 포기한 자는 상속 개시시부터 상속인이 아니었던 것과 같은 지위에 놓이게 되므로 제1순위 상속인이라도 상속을 포기한 경우에는 이에 해당하지 아니하며, 후순위 상속인이라도 선순위 상속인의 상속포기 등으로 실제로 상속인이 되는 경우에는 이에 해당한다(대법원 2006. 7. 4. 자 2005마425 결정).　　　　　　　정답 ③

56. 소송요건에 관한 설명 중 옳지 않은 것은? (다툼이 있는 경우 판례에 의함)

① 민사소송에서 청구의 취지는 내용 및 범위를 명확히 알아볼 수 있도록 구체적으로 특정되어야 하고 청구취지의 특정 여부는 직권조사사항이므로, 청구취지가 특정되지 않은 경우에는 법원은 직권으로 보정을 명하고 보정명령에 응하지 않을 때에는 소를 각하하여야 한다.

② 당사자들이 부제소 합의의 효력이나 그 범위에 관하여 쟁점으로 삼아 소의 적법 여부를 다투지 아니하는데도 법원이 직권으로 부제소 합의에 위배되었다는 이유로 소가 부적법하다고 판단하기 위해서는 그와 같은 법률적 관점에 대하여 당사자에게 의견을 진술할 기회를 주어야 한다.

③ 확인의 이익 등 소송요건은 사실심의 변론종결시를 기준으로 판단하여야 하므로, 사실심 변론종결 이후에 소송요건이 흠결되거나 그 흠결이 치유된 경우에도 상고심에서 이를 참작할 수 없다.

④ 확인의 소에서 확인의 대상은 현재의 권리 또는 법률관계일 것을 요하므로 특별한 사정이 없는 한 과거의 권리 또는 법률관계의 존부확인은 인정되지 아니하는바, 근저당권의 피담보채무에 관한 부존재확인의 소는 근저당권이 말소되면 과거의 권리 또는 법률관계의 존부에 관한 것으로서 확인의 이익이 없게 된다.

⑤ 종중이 당사자인 사건에 있어서 그 종중의 대표자에게 적법한 대표권이 있는지의 여부는 소송요건에 관한 것으로서 법원의 직권조사사항이고, 이러한 직권조사사항은 자백의 대상이 될 수 없다.

해설

① (O) 민사소송에서 청구의 취지는 내용 및 범위를 명확히 알아볼 수 있도록 구체적으로 특정되어야 하고 청구취지의 특정 여부는 직권조사사항이므로, 청구취지가 특정되지 않은 경우에는 법원은 직권으로 보정을 명하고 보정명령에 응하지 않을 때에는 소를 각하하여야 한다. 이 경우 당사자가 부주의 또는 오해로 인하여 청구취지가 특정되지 아니한 것을 명백히 간과한 채 본안에 관하여 공방을 하고 있는데도 보정의 기회를 부여하지 아니한 채 당사자가 전혀 예상하지 못하였던 청구취지 불특정을 이유로 소를 각하하는 것은 석명의무를 다하지 아니하여 심리를 제대로 하지 아니한 것으로서 위법하다(대법원 2014. 3. 13. 선고 2011다111459 판결).

② (O) 당사자들이 부제소 합의의 효력이나 그 범위에 관하여 쟁점으로 삼아 소의 적법 여부를 다투지 아니하는데도 법원이 직권으로 부제소 합의에 위배되었다는 이유로 소가 부적법하다고 판단하기 위해서는 그와 같은 법률적 관점에 대하여 당사자에게 의견을 진술할 기회를 주어야 하고, 부제소 합의를 하게 된 동기 및 경위, 그 합의에 의하여 달성하려는 목적, 당사자의 진정한 의사 등에 관하여도 충분히 심리할 필요가 있다. 법원이 그와 같이 하지 않고 직권으로 부제소 합의를 인정하여 소를 각하하는 것은 예상외의 재판으로 당사자 일방에게 불의의 타격을 가하는 것으로서 석명의무를 위반하여 필요한 심리를 제대로 하지 아니하는 것이다(대법원 2013. 11. 28. 선고 2011다80449 판결).

③ (X) 확인의 소는 원고의 권리 또는 법률상의 지위에 현존하는 불안·위험이 있고, 확인판결을 받는 것이 그 분쟁을 근본적으로 해결하는 가장 유효·적절한 수단일 때에 허용된다. 그리고 확인의 이익 등 소송요건은 직권조사사항으로서 당사자가 주장하지 않더라도 법원이 직권으로 조사하여 판단하여야 하고, 사실심 변론종결 이후에 소송요건이 흠결되거나 그 흠결이 치유된 경우 상고심에서도 이를 참작하여야 한다(대법원 2020. 1. 16. 선고 2019다247385 판결).

④ (O) 확인의 소에서 확인의 대상은 현재의 권리 또는 법률관계일 것을 요하므로 특별한 사정이 없는 한 과거의 권리 또는 법률관계의 존부확인은 인정되지 아니하는바, 근저당권의 피담보채무에 관한 부존재확인의 소는 근저당권이 말소되면 과거의 권리 또는 법률관계의 존부에 관한 것으로서 확인의 이익이 없게 된다(대법원 2013. 8. 23. 선고 2012다17585 판결).

⑤ (O) 종중이 당사자인 사건에 있어서 그 종중의 대표자에게 적법한 대표권이 있는지의 여부는 소송요건에 관한 것으로서, 법원의 직권조사사항이다. 직권조사사항은 자백의 대상이 될 수 없다(대법원 2002. 5. 14. 선고 2000다42908 판결).

정답 ③

57. 소의 제기에 관한 설명 중 옳지 않은 것은? (다툼이 있는 경우 판례에 의함)

① 원고가 소권을 남용하여 청구가 이유 없음이 명백한 소를 반복적으로 제기한 경우에는 법원은 결정으로 500만 원 이하의 과태료에 처한다.

② 원고가 상한을 표시하지 않고 일정액을 초과하는 채무의 부존재의 확인을 청구하는 사건에 있어서 일정액을 초과하는 채무의 존재가 인정되는 경우에는, 특단의 사정이 없는 한, 법원은 그 청구의 전부를 기각할 것이 아니라 존재하는 채무부분에 대하여 일부패소의 판결을 하여야 한다.

③ 소장에 필수적 기재사항이 적혀져 있지 않거나 소장에 인지를 붙이지 않은 경우 재판장은 상당한 기간을 정하고, 그 기간 이내에 흠을 보정하도록 명하여야 하며, 재판장은 법원사무관 등으로 하여금 위 보정명령을 하게 할 수도 있는데, 원고가 위 기간 이내에 흠을 보정하지 아니한 때에는 재판장은 명령으로 소장을 각하하여야 한다.
④ 재판장의 인지보정명령에 대하여는 이의신청이나 항고를 할 수 없고 특별항고를 할 수도 없으며, 다만 인지보정명령에 따른 인지를 보정하지 아니하여 소장이 각하되면 이 각하명령에 대하여 즉시항고로 다툴 수 있다.
⑤ 재판장의 인지보정명령에 따라 원고가 그 보정기간 안에 수납은행에 부족한 인지액을 납부하고 이 납부에 따라 발부받은 영수필확인서 등 납부서를 보정서에 첨부하여 담당 법원사무관 등에게 제출하여야 인지보정의 효과가 발생하므로, 원고가 위 납부서를 법원에 제출하지 않은 이상 인지보정의 효과를 주장할 수는 없다.

해설

① (O) 원고가 소권(항소권을 포함한다)을 남용하여 청구가 이유 없음이 명백한 소를 반복적으로 제기한 경우에는 법원은 결정으로 500만원 이하의 과태료에 처한다(민사소송법 제219조의2).

② (O) 원고가 상한을 표시하지 않고 일정액을 초과하는 채무의 부존재의 확인을 청구하는 사건에 있어서 일정액을 초과하는 채무의 존재가 인정되는 경우에는, 특단의 사정이 없는 한, 법원은 그 청구의 전부를 기각할 것이 아니라 존재하는 채무부분에 대하여 일부패소의 판결을 하여야 한다(대법원 1994. 1. 25. 선고 93다9422 판결).

③ (O) 소장이 제249조제1항의 규정에 어긋나는 경우와 소장에 법률의 규정에 따른 인지를 붙이지 아니한 경우에는 재판장은 상당한 기간을 정하고, 그 기간 이내에 흠을 보정하도록 명하여야 한다. 재판장은 법원사무관등으로 하여금 위 보정명령을 하게 할 수 있다(민사소송법 제254조 제1항). 원고가 제1항의 기간 이내에 흠을 보정하지 아니한 때에는 재판장은 명령으로 소장을 각하하여야 한다(민사소송법 제254조 제2항). 제2항의 명령에 대하여는 즉시항고를 할 수 있다(민사소송법 제254조 제3항).

④ (O) 소장 또는 상소장에 관한 재판장의 인지보정명령은 민사소송법에서 일반적으로 항고의 대상으로 삼고 있는 같은 법 제409조 소정의 "소송절차에 관한 신청을 기각하는 결정이나 명령"에 해당하지 아니하고 또 이에 대하여 불복할 수 있는 특별규정도 없으므로, 인지보정명령에 대하여는 독립하여 이의신청이나 항고를 할 수 없고 다만 보정명령에 따른 인지를 보정하지 아니하여 소장이나 상소장이 각하되면 그 각하명령에 대하여 즉시항고로 다툴 수밖에 없다(대법원 1995. 6. 30. 자 94다39086 결정).

⑤ (×) 민사소송 등 인지법, 민사소송 등 인지규칙, 송달료 규칙, 법원의 송무예규인 인지의 보정명령 및 그 현금 납부에 따른 유의사항(재일 92-4), 재판예규인 송달료규칙의 시행에 따른 업무처리요령(재일 87-4) 등 인지 첨부와 송달료의 예납 및 그에 갈음하는 현금 납부의 절차에 관한 관계 법규와 규정들을 종합하면, 인지 등 보정명령에 따른 인지 등 상당액의 현금 납부에 관하여는 송달료 규칙 제3조에 정한 송달료 수납은행에 현금을 납부한 때에 인지 등 보정의 효과가 발생되는 것이고, 이 납부에 따라 발부받은 영수필확인서 등을 보정서 등 소송서류에 첨부하여 접수 담당 법원사무관 등에게 제출하고 또 그 접수 담당 법원사무관 등이 이를 소장 등 소송서류에 첨부하여 소인하는 등의 행위는 소송기록상 그 납부 사실을 확인케 하기 위한 절차에 불과하다. 그렇다면 앞서 본 바와 같이 재항고인이 원심재판장의 인지 보정 명령에 따라 그 보정기간 안에 수납은행 중의 하나인 신한은행 법조타운 법원지점에 부족한 인지액을 납부한 이상 이로써 인지 보정의 효과가 발생하여 위 명령에 따른 보정이 제대로 이행되었다고 할 것이고, 재항

고인이 위 납부서를 원심법원에 제출하지 아니하였다고 하여 그 보정의 효과를 부정할 수 없다(대법원 2008. 8. 28. 자 2008마1073 결정).

정답 ⑤

58. 증인신문이나 당사자신문에 관한 설명 중 옳은 것을 모두 고른 것은? (다툼이 있는 경우 판례에 의함)

ㄱ. 증언을 거부하는 이유는 소명하여야 한다.
ㄴ. 당사자가 정당한 사유 없이 출석하지 아니하거나 선서 또는 진술을 거부한 때에는 법원은 신문사항에 관한 상대방의 주장을 진실한 것으로 인정할 수 있다.
ㄷ. 증인은 따로따로 신문하여야 하므로 신문하지 아니한 증인이 법정안에 있을 때에는 법정에서 나가도록 반드시 명하여야 한다.
ㄹ. 재판장은 필요하다고 인정한 때에 증인 서로의 대질이나 당사자와 증인의 대질을 명할 수 있으나, 당사자 서로의 대질은 명할 수 없다.
ㅁ. 재판장은 증인으로 하여금 선서서를 소리내어 읽고 기명날인 또는 서명하게 하며, 증인이 선서서를 읽지 못하거나 기명날인 또는 서명하지 못하는 경우에는 참여한 법원사무관등이나 그 밖의 법원공무원으로 하여금 이를 대신하게 한다.
ㅂ. 재판장은 언제든지 신문할 수 있으나, 합의부원은 신문할 수 없다.

① ㄱ, ㄴ, ㄷ
② ㄱ, ㄴ, ㅁ
③ ㅁ, ㅂ
④ ㄷ, ㄹ, ㅂ
⑤ ㄱ, ㄹ, ㅁ

해설

㉠ (○) 증언을 거부하는 이유는 소명하여야 한다(민사소송법 제316조).
㉡ (○) 당사자가 정당한 사유 없이 출석하지 아니하거나 선서 또는 진술을 거부한 때에는 법원은 신문사항에 관한 상대방의 주장을 진실한 것으로 인정할 수 있다(민사소송법 제369조).
㉢ (×) 증인은 따로따로 신문하여야 한다. 신문하지 아니한 증인이 법정 안에 있을 때에는 법정에서 나가도록 명하여야 한다. 다만, 필요하다고 인정한 때에는 신문할 증인을 법정 안에 머무르게 할 수 있다(민사소송법 제328조 제1, 2항).
㉣ (×) 재판장은 필요하다고 인정한 때에는 증인 서로의 대질을 명할 수 있다(민사소송법 제329조).
㉤ (○) 재판장은 증인으로 하여금 선서서를 소리내어 읽고 기명날인 또는 서명하게 하며, 증인이 선서서를 읽지 못하거나 기명날인 또는 서명하지 못하는 경우에는 참여한 법원사무관등이나 그 밖의 법원공무원으로 하여금 이를 대신하게 한다(민사소송법 제321조 제3항).
㉥ (×) 합의부원은 재판장에게 알리고 신문할 수 있다(민사소송법 제327조 제6항).

정답 ②

59. 송달에 관한 설명으로 옳은 것을 모두 고른 것은? (다툼이 있는 경우 판례에 의함)

ㄱ. 여러 사람이 공동으로 대리권을 행사하는 경우의 송달은 그 가운데 한 사람에게 하면 되므로, 당사자에게 여러 소송대리인이 있는 때에는 법원은 판결정본을 송달함에 있어 그 중 1명의 소송대리인에게 송달하면 된다.

ㄴ. 소송당사자가 법인인 경우 그 대표자에게 소장 등을 송달하여야 하고, 그 송달은 법인 대표자의 주소, 거소, 영업소 또는 사무소에서 함이 원칙인데, 여기에서 '영업소 또는 사무소'라 함은 당해 법인의 영업소 또는 사무소를 말하므로, 그 대표자가 겸임하고 있는 별도의 법인격을 가진 다른 법인의 영업소 또는 사무소는 이에 해당하지 않는다.
ㄷ. 원고가 소권을 남용하여 청구가 이유 없음이 명백한 소를 반복적으로 제기한 것에 대하여 법원이 변론 없이 판결로 소를 각하하는 경우라 하더라도 재판장은 직권으로 피고에 대하여 공시송달을 명할 수는 없다.
ㄹ. 교도소에 수감된 사람에게 할 송달을 교도소장에게 하지 아니하고 수감되기 전의 종전 주·거소에 하였다면 부적법하여 무효이고, 법원이 당사자의 수감 사실을 모른 채 종전 주·거소에 송달하였다고 하여도 마찬가지로 송달의 효력은 발생하지 않는다.
ㅁ. 당사자·법정대리인 또는 소송대리인이 송달받을 장소를 바꿀 때에는 바로 그 취지를 법원에 신고하여야 하는데, 이러한 신고를 하지 아니하여 기록에 현출되어 있는 자료로 달리 송달할 장소를 알 수 없는 경우에는 종전의 송달장소로 등기우편으로 발송할 수 있다.

① ㄱ, ㄷ, ㄹ ② ㄴ, ㄷ, ㄹ ③ ㄱ, ㄹ, ㅁ
④ ㄴ, ㄷ, ㅁ ⑤ ㄴ, ㄹ, ㅁ

해설

㉠ (×)
1) 여러 사람이 공동으로 대리권을 행사하는 경우의 송달은 그 가운데 한 사람에게 하면 된다(민사소송법 제180조). 여러 소송대리인이 있는 때에는 각자가 당사자를 대리한다(민사소송법 제93조 제1항).
2) 민사소송의 당사자는 민사소송법 제396조 제1항에 의하여 판결정본이 송달된 날부터 2주 이내에 항소를 제기하여야 한다. 한편 당사자에게 여러 소송대리인이 있는 때에는 민사소송법 제93조에 의하여 각자가 당사자를 대리하게 되므로, 여러 사람이 공동으로 대리권을 행사하는 경우 그 중 한 사람에게 송달을 하도록 한 민사소송법 제180조가 적용될 여지가 없어 법원으로서는 판결정본을 송달함에 있어 여러 소송대리인에게 각각 송달을 하여야 하지만, 그와 같은 경우에도 소송대리인 모두 당사자 본인을 위하여 소송서류를 송달받을 지위에 있으므로 당사자에 대한 판결정본 송달의 효력은 결국 소송대리인 중 1인에게 최초로 판결정본이 송달되었을 때 발생한다. 따라서 당사자에게 여러 소송대리인이 있는 경우 항소기간은 소송대리인 중 1인에게 최초로 판결정본이 송달되었을 때부터 기산된다.
㉡ (○) 법인인 소송당사자에게 법적효과가 발생할 소송행위는 그 법인을 대표하는 자연인의 행위이거나 그 자연인에 대한 행위이어야 할 것이므로 동 법인에게로 소장, 기일소환장 및 판결 등 서류는 그 대표자에게 송달하여야 하고, 그 송달은 법인 대표자의 주소, 거소, 영업소 또는 사무소에서 함이 원칙인데{구 민사소송법(2002. 1. 26. 법률 제6626호로 전문 개정되기 전의 것) 제170조 제1항}, 여기에서 '영업소 또는 사무소'라 함은 당해 법인의 영업소 또는 사무소를 말한다고 보아야 하므로, 그 대표자가 겸임하고 있는 별도의 법인격을 가진 다른 법인의 영업소 또는 사무소는 그 대표자의 근무처에 불과하다(대법원 2003. 4. 25. 선고 2000다60197 판결).
㉢ (×)
1) 원고가 소권(항소권을 포함한다)을 남용하여 청구가 이유 없음이 명백한 소를 반복적으로 제기한 것에 대하여 법원이 변론 없이 판결로 소를 각하하는 경우에는 재판장은 직권으로 피고에 대하여 공시송달을

명할 수 있다(민사소송법 제194조 제4항). 동조 제4항은 2023. 4. 18.에 신설되었다.
2) 참고 : 동조 제5항도 마찬가지이다. 재판장은 직권으로 또는 신청에 따라 법원사무관등의 공시송달 처분을 취소할 수 있다(민사소송법 제194조 제5항).

ㄹ (O) 민사소송법 제182조에 의하면 교도소·구치소 또는 국가경찰관서의 유치장에 수감된 사람에게 할 송달을 교도소·구치소 또는 국가경찰관서의 장에게 하지 아니하고 수감되기 전의 종전 주·거소에 하였다면 부적법하여 무효이고, 법원이 피고인의 수감 사실을 모른 채 종전 주·거소에 송달하였다고 하여도 마찬가지로 송달의 효력은 발생하지 않는다. 그리고 송달명의인이 체포 또는 구속된 날 소송기록접수통지서 등의 송달서류가 송달명의인의 종전 주·거소에 송달되었다면 송달의 효력 발생 여부는 체포 또는 구속된 시각과 송달된 시각의 선후에 의하여 결정하되, 선후관계가 명백하지 않다면 송달의 효력은 발생하지 않는 것으로 보아야 한다(대법원 2017. 11. 7.자 2017모2162 결정).

ㅁ (O) 민사소송법 제185조 제2항에서 말하는 '달리 송달할 장소를 알 수 없는 경우'라 함은 상대방에게 주소보정을 명하거나 직권으로 주민등록표 등을 조사할 필요까지는 없지만, 적어도 기록에 현출되어 있는 자료로 송달할 장소를 알 수 없는 경우에 한하여 등기우편에 의한 발송송달을 할 수 있음을 뜻한다(대법원 2022. 3. 17. 선고 2020다216462 판결).

정답 ⑤

60. 화해나 화해권고결정에 관한 설명 중 옳은 것을 모두 고른 것은? (다툼이 있는 경우 판례에 의함)

> ㄱ. 재판상의 화해를 조서에 기재한 때에는 확정판결의 당연무효사유와 같은 사유가 없는 한 그 효력을 다투기 위하여 기일지정신청을 할 수 있다.
> ㄴ. 재판상 화해는 확정판결과 동일한 효력이 있고 창설적 효력을 가지는 것이어서 화해가 이루어지면 당사자가 다툰 사실이 없었던 사항은 물론 화해의 전제로서 서로 양해하고 있는 사항에 관하여도 그러한 효력이 생긴다.
> ㄷ. 조정이나 재판상 화해의 대상인 권리관계는 사적 이익에 관한 것으로서, 당사자가 자유롭게 처분할 수 있는 것이어야 하므로, 성질상 당사자가 임의로 처분할 수 없는 사항을 대상으로 한 조정이나 재판상 화해는 허용될 수 없다.
> ㄹ. 소송상의 화해는 소송행위로서 사기나 착오를 이유로 취소할 수 없다.
> ㅁ. 화해권고결정은 그 심급에서 판결이 선고되어도 효력이 유지된다.
> ㅂ. 화해권고결정에 대한 이의신청권은 그 신청전까지 포기할 수 있다.

① ㄱ, ㄷ ② ㄷ, ㄹ, ㅁ ③ ㄴ, ㄹ, ㅂ
④ ㄱ, ㅁ, ㅂ ⑤ ㄷ, ㄹ, ㅂ

해설

ㄱ (×) 재판상의 화해를 조서에 기재한 때에는 그 조서는 확정판결과 동일한 효력이 있고 당사자간에 기판력이 생기는 것이므로 확정판결의 당연무효 사유와 같은 사유가 없는 한 재심의 소에 의하여만 효력을 다툴 수 있는 것이나, 당사자 일방이 화해조서의 당연무효 사유를 주장하며 기일지정신청을 한 때에는 법원으로서는 그 무효사유의 존재 여부를 가리기 위하여 기일을 지정하여 심리를 한 다음 무효사유가 존재한다고 인정되지 아니한 때에는 판결로써 소송종료선언을 하여야 한다(대법원 2000. 3. 10. 선고 99다67703 판결).

ⓛ (×) 재판상 화해는 확정판결과 동일한 효력이 있고 창설적 효력을 가지는 것이어서 화해가 이루어지면 종전의 법률관계를 바탕으로 한 권리·의무관계는 소멸하나, 재판상 화해 등의 창설적 효력이 미치는 범위는 당사자가 서로 양보를 하여 확정하기로 합의한 사항에 한하며, 당사자가 다툰 사실이 없었던 사항은 물론 화해의 전제로서 서로 양해하고 있는 데 지나지 않은 사항에 관하여는 그러한 효력이 생기지 아니한다 (대법원 2001. 4. 27. 선고 99다17319 판결).

ⓒ (○) 조정이나 재판상 화해의 대상인 권리관계는 사적 이익에 관한 것으로서, 당사자가 자유롭게 처분할 수 있는 것이어야 하므로, 성질상 당사자가 임의로 처분할 수 없는 사항을 대상으로 한 조정이나 재판상 화해는 허용될 수 없고, 설령 그에 관하여 조정이나 재판상 화해가 성립하였더라도 효력이 없어 당연무효이다(대법원 2012. 9. 13. 선고 2010다97846 판결).

ⓔ (○)
1) 재판상 화해에 강행법규 위반, 사회질서 위반, 의사표시의 하자가 있는 경우에도 준재심의 소에 의해서 화해가 취소되지 않는 한 유효하다.
2) 관련 판례군(群)
ⓐ 민사소송법 제206조 소정의 화해조서는 확정판결과 동일한 효력이 있으므로 한번 재판상의 화해가 성립한 경우에는 가령 그 내용이 강행법규에 위배된 경우라도 그것은 단지 재판상 화해에 하자가 있음에 불과하고 재심절차에 의한 구제를 받는 것은 별문제로 하고 그 화해조서의 무효를 주장할 수 없으며 이 법리는 제소전 화해(민사소송법 제355조)에 관하여도 같다(대법원 1975. 11. 11. 선고 74다634 판결).
ⓑ 재판상화해조서는 확정판결과 같은 효력이 있어 기판력이 생기는 것이므로 그 내용이 강행법규에 위반된다 할지라도, 화해조서가 준재심절차에 의하여 취소되지 아니하는 한, 그 당사자 사이에서는 그 화해가 무효라는 주장을 할 수 없으나, 기판력은 재판상화해의 당사자가 아닌 제3자에 대하여까지 미친다고 할 수 없다(대법원 1999. 10. 8. 선고 98다38760 판결).
ⓒ 소송상의 화해는 소송행위로서 사법상의 화해와는 달리 사기나 착오를 이유로 취소할 수는 없다(대법원 1979. 5. 15. 선고 78다1094 판결).
ⓓ 제소전화해조서는 확정판결과 같은 효력이 있어 당사자 사이에 기판력이 생기는 것이므로 그 내용이 강행법규에 위반된다 할지라도 준재심절차에 의하여 취소되지 아니하는 한 그 화해가 통정한 허위표시로서 무효라는 취지의 주장은 할 수 없다(대법원 1992. 10. 27. 선고 92다19033 판결).

ⓜ (×) 화해권고결정은 그 심급에서 판결이 선고된 때에는 그 효력을 잃는다(민사소송법 제232조 제2항).
ⓗ (○) 이의신청권은 그 신청전까지 포기할 수 있다(민사소송법 제229조 제1항). 정답 ⑤

61. 문서제출명령에 관한 설명 중 옳은 것을 모두 고른 것은? (다툼이 있는 경우 판례에 의함)

ㄱ. 당사자가 서증을 신청하고자 하는 때에는 문서를 가진 사람에게 그것을 제출할 것을 명하는 방식으로만 할 수 있다.

ㄴ. 제3자에 대하여 문서의 제출을 명하는 경우에는 제3자 또는 그가 지정하는 자를 심문하여야 한다.

ㄷ. 전기통신사업자는 특별한 사정이 없는 한 법원의 문서제출명령에 응할 의무가 있으나, 통신비밀보호법 제3조 제1항 본문에 따라서 통신사실확인자료의 제출을 거부하는 것은 정당하다.

ㄹ. 당사자가 문서제출명령에 따르지 아니한 경우에는 법원은 그 문서에 의하여 입증하고자 하는 상대방의 주장사실까지 반드시 증명되었다고 인정하여야 하는 것은 아니다.

ㅁ. 민사소송에 있어 당사자 일방이 일부가 훼손된 문서를 증거로 제출하였는데 상대방이 훼손된 부분에 잔존 부분의 기재와 상반된 내용이 기재되어 있다고 주장하는 경우, 문서제출자가 상대방의 사용을 방해할 목적으로 그 문서를 훼손하였다면 법원은 훼손된 문서 부분의 기재에 대한 상대방의 주장을 진실한 것으로 인정할 수 있다.

① ㄱ, ㄷ ② ㄱ, ㄹ ③ ㄴ, ㄷ
④ ㄴ, ㄹ, ㅁ ⑤ ㄷ, ㅁ

해설

㉠ (×) 당사자가 서증을 신청하고자 하는 때에는 문서를 제출하는 방식 또는 문서를 가진 사람에게 그것을 제출하도록 명할 것을 신청하는 방식으로 한다(민사소송법 제343조).

㉡ (○) 제3자에 대하여 문서의 제출을 명하는 경우에는 제3자 또는 그가 지정하는 자를 심문하여야 한다(민사소송법 제347조 제3항).

㉢ (×) 법원은 민사소송법 제344조 이하의 규정을 근거로 통신사실확인자료에 대한 문서제출명령을 할 수 있고 전기통신사업자는 특별한 사정이 없는 한 이에 응할 의무가 있으며, 전기통신사업자가 통신비밀보호법 제3조 제1항 본문을 들어 문서제출명령의 대상이 된 통신사실확인자료의 제출을 거부하는 것에는 정당한 사유가 있다고 볼 수 없다(대법원 2023. 7. 17. 자 2018스34 전원합의체 결정).

㉣ (○) 당사자가 문서제출명령에 따르지 아니한 경우에는 법원은 상대방의 그 문서에 관한 주장 즉, 문서의 성질, 내용, 성립의 진정 등에 관한 주장을 진실한 것으로 인정하여야 한다는 것이지 그 문서에 의하여 입증하고자 하는 상대방의 주장사실까지 반드시 증명되었다고 인정하여야 한다는 취지는 아니다(대법원 1993. 6. 25. 선고 93다15991 판결).

㉤ (○) 민사소송에서 당사자 일방이 일부가 훼손된 문서를 증거로 제출하였는데 상대방이 훼손된 부분에 잔존 부분의 기재와 상반된 내용이 기재되어 있다고 주장하는 경우, 문서제출자가 상대방의 사용을 방해할 목적으로 문서를 훼손하였다면 법원은 훼손된 문서 부분의 기재에 대한 상대방의 주장을 진실한 것으로 인정할 수 있을 것이나(민사소송법 제350조), 그러한 목적 없이 문서가 훼손되었다고 하더라도 문서의 훼손된 부분에 잔존 부분과 상반되는 내용의 기재가 있을 가능성이 인정되어 문서 전체의 취지가 문서를 제출한 당사자의 주장에 부합한다는 확신을 할 수 없게 된다면 이로 인한 불이익은 훼손된 문서를 제출한 당사자에게 돌아가야 한다(대법원 2015. 11. 17. 선고 2014다81542 판결).

정답 ④

62. 보험회사 甲은, 乙이 적정입원일수를 초과하여 입원한 기간에 관한 보험금 4천만 원을 수령하였음을 이유로, 乙을 상대로 불법행위를 원인으로 한 손해배상청구와 부당이득반환청구를 선택적으로 구하였다. 제1심법원은 그중 불법행위를 원인으로 한 손해배상청구 부분을 인용하여 원고승소판결을 선고하였고, 이에 乙이 항소하였다. 항소심에서 甲은 위 각 청구 부분에 관하여 주위적으로 부당이득반환청구를, 예비적으로 불법행위를 원인으로 한 손해배상청구를 하는 것으로 병합의 형태를 달리하여 청구하였다. 이 사안과 관련된 다음 설명 중 옳지 <u>않은</u> 것을 모두 고른 것은?

ㄱ. 판례에 따르면 불법행위를 원인으로 한 손해배상청구와 부당이득반환청구는 양립할 수 없으므로 甲은 소제기 당시부터 예비적 병합 형태로 소를 제기했어야 한다.

ㄴ. 항소심법원이 주위적 청구로 변경된 부당이득반환청구 부분을 먼저 심리하여 그 청구가 이유 있는 경우, 판례에 따르면 제1심판결을 취소하고 새로이 청구를 인용하는 주문을 선고하여야 한다.
ㄷ. 위 ㄴ의 경우에 학설 중에는 甲이 구하는 소송의 목적이 달성된 점에서 제1심판결과 다를 바 없으므로 항소심법원은 제1심이 인용한 청구와 다른 청구를 인용하여 乙의 항소를 기각할 수 있다는 견해도 있다.
ㄹ. 만일 항소심법원이 부당이득반환청구 부분을 먼저 심리하여 청구를 기각하고 불법행위를 원인으로 한 손해배상청구 부분을 판단하지 않았다면, 이는 하나의 전부판결이 위법한 것으로서 판단누락에 준하여 상고로 시정하여야 한다는 것이 판례의 입장이다.
ㅁ. 위 ㄹ의 항소심판결에 대하여 甲이 상고하지 않아 그대로 확정되었더라도, 이후에 甲은 판단이 누락된 불법행위를 원인으로 한 손해배상청구 부분에 관하여 별소를 제기할 수 있다는 것이 판례의 입장이다.

① ㄴ　　② ㄱ, ㄹ　　③ ㄴ, ㄷ
④ ㄱ, ㅁ　　⑤ ㄹ, ㅁ

해설

㉠ (×) 법률행위가 사기에 의한 것으로서 취소되는 경우에 그 법률행위가 동시에 불법행위를 구성하는 때에는 취소의 효과로 생기는 부당이득반환청구권과 불법행위로 인한 손해배상청구권은 경합하여 병존하는 것이므로, 채권자는 어느 것이라도 선택하여 행사할 수 있지만 중첩적으로 행사할 수는 없다(대법원 1993. 4. 27. 선고 92다56087 판결). 즉, 양립할 수 있는 청구이다. 따라서 선택적 병합으로 구하는 것이 원칙이다. 예외적으로 논리적으로 양립할 수 있는 수 개의 청구라고 하더라도 수 개의 청구 사이에 논리적 관계가 밀접하고, 심판의 순위를 붙여 청구를 할 합리적 필요성이 있다고 인정되는 경우, 이른바 부진정 예비적 병합 청구의 소가 허용된다는 것이 판례이다(대법원 2021. 5. 7. 선고 2020다292411 판결). 그러므로, 불법행위를 원인으로 한 손해배상청구와 부당이득반환청구는 양립할 수 없으므로 甲은 소 제기 당시부터 본래적 의미의 예비적 병합 형태로 소를 제기했어야 한다는 선지는 틀린 지문이나.

㉡ (○)
1) 제1심에서 전부 승소한 원고도 항소심 계속중 그 청구취지를 확장·변경할 수 있고, 그것이 피고에게 불리하게 하는 한도 내에서는 부대항소를 한 취지로도 볼 수 있다(대법원 1995. 6. 30. 선고 94다58261 판결).
2) 원고가 제1심에서 선택적으로 구한 두 개의 청구 중 1개의 청구가 인용되고 피고가 항소한 후, 원고가 항소심에서 병합의 형태를 변경하여 제1심에서 심판되지 않은 청구 부분을 주위적 청구로, 제1심에서 인용된 위 청구 부분을 예비적 청구로 구함에 따라 항소심이 주위적 청구 부분을 먼저 심리하여 그 청구가 이유 있다고 인정하는 경우에는, 비록 결론이 제1심판결의 주문과 동일하더라도 피고의 항소를 기각하여서는 아니 되고 새로이 청구를 인용하는 주문을 선고하여야 한다(대법원 2020. 10. 15. 선고 2018다229625 판결).

㉢ (○) 정동윤, 유병현, 김경욱 교수님의 견해이다.

㉣ (○) 예비적 병합의 경우에는 수 개의 청구가 하나의 소송절차에 불가분적으로 결합되어 있기 때문에 주위적 청구를 먼저 판단하지 않고 예비적 청구만을 인용하거나 주위적 청구만을 배척하고 예비적 청구에

대하여 판단하지 않는 등의 일부판결은 예비적 병합의 성질에 반하는 것으로서 법률상 허용되지 않는다. 그런데도 주위적 청구를 배척하면서 예비적 청구에 대하여 판단하지 않은 판결을 한 경우에는 그 판결에 대한 상소가 제기되면 판단이 누락된 예비적 청구 부분도 상소심으로 이심이 되고 그 부분이 재판의 누락에 해당하여 원심에 계속 중이라고 볼 것은 아니다. 이러한 법리는 부진정 예비적 병합의 경우에도 달리 볼 이유가 없다(대법원 2021. 5. 7. 선고 2020다292411 판결).

ⓜ (×) 위법한 판결로 인하여 불이익을 받게 된 당사자는 별소를 제기할 필요가 없이 간편하게 그 소송절차 내에서 상소를 통하여 그 분쟁해결을 위한 적정한 판단을 구할 길이 열려져 있으며 또한 소송경제에 맞는 그 방법을 통하여서만 사실심인 하급심판결에 대하여 새로 올바른 판단을 받도록 마련되어 있는 것이기에, 하급심의 판결에 위법한 오류가 있음을 알게 된 당사자가 그를 시정하기 위한 상소절차를 이용할 수 있었음에도 그를 이용하지 아니하고 당연무효가 아닌 그 판결을 확정시켰다면 그 판결은 위법한 오류가 있는 그대로 확정됨과 동시에 당사자로서는 그 단계에서 주어진 보다 더 간편한 분쟁해결수단인 상소절차 이용권을 스스로 포기한 것이 되어, 그 후에는 상소로 다투었어야 할 그 분쟁을 별소로 다시 제기하는 것은 특별한 사정이 없는 한, 그의 권리보호를 위한 적법요건을 갖추지 못한 때문에 허용될 수 없다(대법원 2002. 9. 4. 선고 98다17145 판결). 정답 ④

63. 항소심에서의 반소제기에 관한 설명 중 옳지 않은 것은? (다툼이 있는 경우 판례에 의함)

① 항소심에서 반소는 상대방의 심급의 이익을 해할 우려가 없는 경우 또는 상대방의 동의를 받은 경우에 제기할 수 있다.
② 반소청구의 기초를 이루는 실질적인 쟁점이 제1심에서 본소의 청구원인 또는 방어방법과 관련하여 충분히 심리되었다면, 상대방의 심급의 이익을 해할 우려가 없으므로 상대방의 동의 없이도 항소심에서의 반소제기가 허용된다.
③ 상대방이 이의를 제기하지 않고 반소의 본안에 관하여 변론한 때에는 반소제기에 동의한 것으로 보는데, 항소심에서 피고가 반소장을 진술한 데 대하여 원고가 "반소기각 답변"을 한 것만으로도 반소제기에 동의한 것으로 볼 수 있다.
④ 항소심에서도 반소청구의 기초가 바뀌지 아니하고 소송절차를 현저히 지연시키는 경우가 아니라면 반소원고는 반소피고의 동의 없이도 예비적 반소청구를 추가할 수 있다.
⑤ 피고가 본소에 대한 추후보완항소를 하면서 항소심에서 비로소 반소를 제기한 경우에 추후보완항소가 부적법 각하되면 반소도 소멸한다.

해설

① (O), ④ (O)
1) 항소심에서의 반소제기는 민사소송법 제412조가 추가적으로 규정한다. 반소의 일반규정인 민사소송법 제269조에 더해서 추가적인 요건을 정한 것이다. 상대방의 심급의 이익을 보장하기 위함이다. 반소는 소송절차를 현저히 지연시키지 아니하는 경우에만 사실심인 항소심 변론종결시까지 제기할 수 있지만(민사소송법 제269조 제1항 본문), 항소심에서의 반소제기는 ⓐ 상대방의 심급의 이익을 해할 우려가 없는 경우 또는 ⓑ 상대방의 동의를 받은 경우에 한한다.
2) 피고는 소송절차를 현저히 지연시키지 아니하는 경우에만 변론을 종결할 때까지 본소가 계속된 법원에 반소를 제기할 수 있다. 다만, 소송의 목적이 된 청구가 다른 법원의 관할에 전속되지 아니하고 본소의

청구 또는 방어의 방법과 서로 관련이 있어야 한다(민사소송법 제269조 제1항). 반소는 상대방의 심급의 이익을 해할 우려가 없는 경우 또는 상대방의 동의를 받은 경우에 제기할 수 있다. 상대방이 이의를 제기하지 아니하고 반소의 본안에 관하여 변론을 한 때에는 반소제기에 동의한 것으로 본다(민사소송법 제412조 제1, 2항).

② (○) 형식적으로 확정된 제1심판결에 대한 피고의 항소추완신청이 적법하여 해당 사건이 항소심에 계속된 경우 그 항소심은 다른 일반적인 항소심과 다를 바 없다. 따라서 원고와 피고는 형식적으로 확정된 제1심판결에도 불구하고 실기한 공격·방어방법에 해당하지 아니하는 한 자유로이 공격 또는 방어방법을 행사할 수 있고, 나아가 피고는 상대방의 심급의 이익을 해할 우려가 없는 경우 또는 상대방의 동의를 받은 경우에는 반소를 제기할 수도 있다. 여기서 '상대방의 심급의 이익을 해할 우려가 없는 경우'라고 함은 반소청구의 기초를 이루는 실질적인 쟁점이 제1심에서 본소의 청구원인 또는 방어방법과 관련하여 충분히 심리되어 상대방에게 제1심에서의 심급의 이익을 잃게 할 염려가 없는 경우를 말한다(대법원 2013. 1. 10. 선고 2010다75044 판결).

③ (×) 항소심에서 피고가 반소장을 진술한 데 대하여 원고가 "반소기각 답변"을 한 것만으로는 민사소송법 제382조 제2항(현행 제412조) 소정의 "이의없이 반소의 본안에 관하여 변론을 한 때"에 해당한다고 볼 수 없다(대법원 1991. 3. 27. 선고 91다1783 판결).

⑤ (○) 피고가 본소에 대한 추완항소를 하면서 항소심에서 비로소 반소를 제기한 경우에 항소가 부적법 각하되면 반소도 소멸한다(대법원 2003. 6. 13. 선고 2003다16962 판결). 판시의 '반소의 소멸'이란 소송종료를 의미한다.

정답 ③

64. 통상공동소송에 관한 설명 중 옳지 <u>않은</u> 것은? (다툼이 있는 경우 판례에 의함)

① 제3자가 공유자를 상대로 하여 제기한 소유권확인소송, 소유권보존등기말소청구소송, 소유권이전등기청구소송은 통상공동소송이다.
② 통상공동소송에서는 자백간주가 된 당사자와 상대방의 주장을 다툰 당사자 사이에서 동일한 실체관계에 대하여 서로 배치되는 내용으로 판단을 하더라도 위법이라고 할 수 없다.
③ 통상공동소송에서 공동당사자 일부만이 항소를 제기한 경우, 피항소인은 항소인인 공동소송인 이외의 다른 공동소송인을 상대방으로 하거나 상대방으로 보태어 부대항소를 제기할 수도 있다.
④ 통상공동소송에서 공동피고 상호간에 그 주장이 일치하지 아니하고 다른 입장을 취하고 있다 하여 재판장이 당사자에게 그에 대한 질문을 하고 진상을 규명하여야 할 의무는 없다.
⑤ 통상공동소송에서는 판결내용이 공동소송인 사이에 일치할 필요가 없으므로 소송비용부담의 재판도 공동소송인별로 할 수 있다.

해설

① (○)
1) 공유관계소송에서 수동소송의 경우, 판례는 공유물분할청구와 경계확정의 소를 제외하고는 통상공동소송이라고 본다.
2) ⓐ 토지를 수인이 공유하는 경우에 공유자들의 소유권이 지분의 형식으로 공존하는 것뿐이고, 그 처분권이 공동에 속하는 것은 아니므로 공유토지의 일부에 대하여 취득시효완성을 원인으로 공유자들을

상대로 그 시효취득부분에 대한 소유권이전등기절차의 이행을 청구하는 소송은 필요적 공동소송이라고 할 수 없다(대법원 1994. 12. 27. 선고 93다32880 판결).
ⓑ 공유물의 경우 공유자들의 소유권이 지분의 형식으로 공존하고 있을 뿐이고, 그 처분권이 공동으로 귀속하는 것이 아니므로 제3자가 공유자들 소유명의로 된 소유권보존등기의 말소등기절차의 이행을 청구하는 소송, 소유권확인 소송도 통상공동소송이다(통설).
ⓒ 제3자는 공유자 각자에 대하여 그의 지분범위 내에서 철거나 반환을 구할수 있고 이것도 통상공동소송이다. 공동상속인들의 건물철거의무는 그 성질상 불가분채무라고 할 것이고 각자 그 지분의 한도내에서 건물 전체에 대한 철거의무를 지는 것이다(대법원 1980. 6. 24. 선고 80다756 판결).

② (○) 통상 공동소송에 있어서 공동소송인의 1인의 상대방에 대한 소송행위는 다른 공동소송인에 대하여 효력이 생기지 않는다(대법원 1968. 5. 14. 선고 67다2787 판결). 민사소송법 에 의하면 당사자가 공시송달에 의하지 아니한 적법한 소환을 받고도 변론기일에 출석하지 아니하고 답변서 기타 준비서면마저 제출하지 아니하여 상대방이 주장한 사실을 명백히 다투지 아니한 때에는 그 사실을 자백한 것으로 간주하도록 되어 있으므로, 그 결과 의제자백이 된 피고들과 원고의 주장을 다툰 피고들 사이에서 동일한 실체관계에 대하여 서로 배치되는 내용의 판단이 내려진다고 하더라도 이를 위법하다고 할 수 없다(대법원 1997. 2. 28. 선고 96다53789 판결).

③ (×) 통상의 공동소송에 있어 공동당사자 일부만이 항소를 제기한 때에는 피항소인은 항소인인 공동소송인 이외의 다른 공동소송인을 상대방으로 하거나 상대방으로 보태어 부대항소를 제기할 수는 없다(대법원 1994. 12. 23. 선고 94다40734 판결).

④ (○) 석명권은 당사자의 진술이 모순, 흠결이 있거나 애매하여 그 진술취지를 알 수 없을 때 이를 명백히 하기 위하여 하는 것이지, 피고 중 (갑), (을)이 소송형태상 피고이나 실질상으로는 원고와 이해관계를 같이 하고 있는 경우에 있어서 공동피고 상호 간에 그 주장이 일치하지 아니하고 다른 입장을 취하고 있다하여 재판장이 당사자에게 그에 대한 발문을 하고 진상을 규명하여야 할 의무는 없다 할 것이다(대법원 1982. 11. 23. 선고 81다39 판결). 사안은 공유자 중 1인이 보존행위로서 소를 제기한 것으로서 소송형태가 통상공동소송임을 전제로 위와 같은 판시를 한 것이다.

⑤ (○)
[1] 민사소송법 제102조 제1항은 "공동소송인은 소송비용을 균등하게 부담한다. 다만 법원은 사정에 따라 공동소송인에게 소송비용을 연대하여 부담하게 하거나 다른 방법으로 부담하게 할 수 있다."라고 규정하고 있으므로, 재판주문에서 공동소송인별로 소송비용의 부담비율을 정하거나, 연대부담을 명하지 아니하고 단순히 '소송비용은 공동소송인들의 부담으로 한다.'라고 정하였다면 공동소송인들은 상대방에 대하여 균등하게 소송비용을 부담하고, 공동소송인들 상호 간에 내부적으로 비용분담 문제가 생기더라도 그것은 그들 사이의 합의와 실체법에 의하여 해결되어야 한다.
[2] 소송비용액확정 결정절차에서는 상환할 소송비용의 액수를 정할 수 있을 뿐이고, 소송비용부담재판에서 확정한 상환의무 자체의 범위를 심리·판단하거나 변경할 수 없다. 따라서 불합리한 결과의 발생을 방지하고 공동소송인 사이의 형평성과 구체적 타당성에 부합하는 소송비용부담재판이 되도록 하기 위해서는, 통상공동소송에서 공동소송인이 같은 비율로 함께 패소하였을 경우, 공동소송인 사이에 소송목적의 값에 현저한 차이가 있다거나 소송물의 내용이나 성격, 항쟁의 정도 등이 다르다는 등의 사정으로 공동소송인이 공동으로 소송비용을 부담하는 것이 형평에 반하거나 불합리하다고 생각된다면 민사소송법 제102조 제1항 단서를 적극적으로 적용하여 공동소송인별로 소송관계를 구분하여 소송비용의 부담을 정하거나 공동소송인별로 수액이나 부담비율을 정하는 등의 방식으로 소송비용부담재판을 하는 것이 더 바람직하다(대법원 2017. 11. 21. 자 2016마1854 결정).

정답 ③

65. 공동소송참가에 관한 설명 중 옳지 않은 것은? (다툼이 있는 경우 판례에 의함)

① 학교법인의 이사회결의무효확인을 구하는 소송의 계속 중에 제3자는 원고 쪽에 공동소송참가를 할 수 있다.
② 공유물분할청구소송의 계속 중 변론종결일 전에 공동피고의 일부인 공유자의 지분이 이전된 경우에 지분을 이전받은 자는 피고 쪽에 공동소송참가를 할 수 있다.
③ 주주대표소송의 계속 중에 회사는 원고 쪽에 공동소송참가를 할 수 있다.
④ 채권자대위소송의 계속 중에 다른 채권자는 동일한 채무자를 대위하여 동일한 채권에 대한 채권자대위권을 행사하면서 원고 쪽에 공동소송참가를 할 수 있다.
⑤ 추심소송의 계속 중에 집행력 있는 정본을 가진 모든 채권자는 원고 쪽에 공동소송참가를 할 수 있다.

해설

① (×) 공동소송참가는 타인간의 소송의 목적이 당사자 일방과 제3자에 대하여 합일적으로 확정될 경우 즉, 타인간의 소송의 판결의 효력이 제3자에게도 미치게 되는 경우에 한하여 그 제3자에게 허용되는바, 학교법인의 이사회의 결의에 하자가 있는 경우에 관하여 법률에 별도의 규정이 없으므로 그 결의에 무효사유가 있는 경우에는 이해관계인은 언제든지 또 어떤 방법에 의하든지 그 무효를 주장할 수 있고, 이와 같은 무효주장의 방법으로서 이사회결의무효확인소송이 제기되어 승소확정판결이 난 경우, 그 판결의 효력은 위 소송의 당사자 사이에서만 발생하는 것이지 대세적 효력이 있다고 볼 수는 없으므로, 이사회결의무효확인의 소는 그 소송의 목적이 당사자 일방과 제3자에 대하여 합일적으로 확정될 경우가 아니어서 제3자는 공동소송참가를 할 수 없다(대법원 2001. 7. 13. 선고 2001다13013 판결).

② (○)
[1] 공유물분할청구의 소는 분할을 청구하는 공유자가 원고가 되어 다른 공유자 전부를 공동피고로 하여야 하는 고유필수적 공동소송이다.
[2] 공유물분할에 관한 소송계속 중 변론종결일 전에 공유자 중 1인인 甲의 공유지분의 일부가 乙 및 丙 주식회사 등에게 이전된 사안에서, 변론종결 시까지 민사소송법 제81조에서 정한 승계참가나 민사소송법 제82조에서 정한 소송인수 등의 방식으로 일부 지분권을 이전받은 자가 소송의 당사자가 되었어야 함에도 그렇지 못하였으므로 위 소송 전부가 부적법하게 되었다고 한 사례(대법원 2014. 1. 29. 선고 2013다78556 판결).

③ (○) 주주의 대표소송에 있어서 원고 주주가 원고로서 제대로 소송수행을 하지 못하거나 혹은 상대방이 된 이사와 결탁함으로써 회사의 권리보호에 미흡하여 회사의 이익이 침해될 염려가 있는 경우 그 판결의 효력을 받는 권리귀속주체인 회사가 이를 막거나 자신의 권리를 보호하기 위하여 소송수행권한을 가진 정당한 당사자로서 그 소송에 참가할 필요가 있으며, 회사가 대표소송에 당사자로서 참가하는 경우 소송경제가 도모될 뿐만 아니라 판결의 모순·저촉을 유발할 가능성도 없다는 사정과, 상법 제404조 제1항에서 특별히 참가에 관한 규정을 두어 주주의 대표소송의 특성을 살려 회사의 권익을 보호하려한 입법 취지를 함께 고려할 때, 상법 제404조 제1항에서 규정하고 있는 회사의 참가는 공동소송참가를 의미하는 것으로 해석함이 타당하고, 나아가 이러한 해석이 중복제소를 금지하고 있는 민사소송법 제234조에 반하는 것도 아니다(대법원 2002. 3. 15. 선고 2000다9086 판결).

④ (○) 채권자대위소송이 계속 중인 상황에서 다른 채권자가 동일한 채무자를 대위하여 채권자대위권을 행사하면서 공동소송참가신청을 할 경우, 양 청구의 소송물이 동일하다면 민사소송법 제83조 제1항이 요구

하는 '소송목적이 한쪽 당사자와 제3자에게 합일적으로 확정되어야 할 경우'에 해당하므로 참가신청은 적법하다. 이때 양 청구의 소송물이 동일한지는 채권자들이 각기 대위행사하는 피대위채권이 동일한지에 따라 결정되고, 채권자들이 각기 자신을 이행 상대방으로 하여 금전의 지급을 청구하였더라도 채권자들이 채무자를 대위하여 변제를 수령하게 될 뿐 자신의 채권에 대한 변제로서 수령하게 되는 것이 아니므로 이러한 채권자들의 청구가 서로 소송물이 다르다고 할 수 없다. 여기서 원고가 일부 청구임을 명시하여 피대위채권의 일부만을 청구한 것으로 볼 수 있는 경우에는 참가인의 청구금액이 원고의 청구금액을 초과하지 아니하는 한 참가인의 청구가 원고의 청구와 소송물이 동일하여 중복된다고 할 수 있으므로 소송목적이 원고와 참가인에게 합일적으로 확정되어야 할 필요성을 인정할 수 있어 참가인의 공동소송참가신청을 적법한 것으로 보아야 한다(대법원 2015. 7. 23. 선고 2013다30301 판결).

⑤ (○) 제3채무자가 추심절차에 대하여 의무를 이행하지 아니하는 때에는 압류채권자는 소로써 그 이행을 청구할 수 있다(민사집행법 제249조 제1항). 집행력 있는 정본을 가진 모든 채권자는 공동소송인으로 원고 쪽에 참가할 권리가 있다(민사집행법 제249조 제2항). 소를 제기당한 제3채무자는 제2항의 채권자를 공동소송인으로 원고 쪽에 참가하도록 명할 것을 첫 변론기일까지 신청할 수 있다(민사집행법 제249조 제3항).

정답 ①

66. 독립당사자참가에 관한 설명 중 옳지 않은 것은? (다툼이 있는 경우 판례에 의함)

① 독립당사자참가에 의한 소송에서 원·피고 사이에만 재판상 화해를 하는 것은 허용되지 않는다.
② 원고(수익자)의 피고(채무자)에 대한 청구의 원인행위가 사해행위라는 이유로 독립당사자참가인(채권자)이 원고에 대하여 사해행위취소를 청구하면서 사해방지참가신청을 하는 것은 부적법하다.
③ 권리주장참가에 있어서 참가하려는 소송에 수개의 청구가 병합된 경우 그 중 어느 하나의 청구라도 독립당사자참가인의 주장과 양립하지 않는 관계에 있으면 그 본소청구에 대한 참가가 허용된다고 할 것이고, 양립할 수 없는 본소청구에 관하여 본안에 들어가 심리한 결과 이유가 없는 것으로 판단된다고 하더라도 참가신청이 부적법하게 되는 것은 아니다.
④ 편면적 독립당사자참가가 허용되는 이상, 독립당사자참가인이 수개의 청구를 병합하여 독립당사자참가를 하는 경우에 각 청구별로 독립당사자참가의 요건을 갖출 필요는 없고, 참가인이 독립당사자참가의 요건을 갖추지 못한 청구를 추가하는 것도 허용된다.
⑤ 독립당사자참가인의 신청이 비록 참가신청 당시 독립당사자참가의 요건을 갖추지 못하였다고 하더라도, 독립의 소로서 소송요건을 갖춘 이상 이미 본소가 적법하게 취하되었으면 참가신청을 각하할 수는 없다.

해설

① (○)
[1] 민사소송법 제79조에 의한 소송은 동일한 권리관계에 관하여 원고, 피고 및 참가인 상호간의 다툼을 하나의 소송절차로 한꺼번에 모순 없이 해결하려는 소송형태로서 두 당사자 사이의 소송행위는 나머지 1인에게 불이익이 되는 한 두 당사자 간에도 효력이 발생하지 않는다고 할 것이므로, 원·피고 사이에만 재판상 화해를 하는 것은 3자 간의 합일확정의 목적에 반하기 때문에 허용되지 않는다.

[2] 독립당사자참가인이 화해권고결정에 대하여 이의한 경우, 이의의 효력이 원·피고 사이에도 미친다고 한 사례(대법원 2005. 5. 26. 선고 2004다25901 판결).

② (O) 채권자가 사해행위의 취소와 함께 수익자 또는 전득자로부터 책임재산의 회복을 명하는 사해행위취소의 판결을 받은 경우 취소의 효과는 채권자와 수익자 또는 전득자 사이에만 미치므로, 수익자 또는 전득자가 채권자에 대하여 사해행위의 취소로 인한 원상회복 의무를 부담하게 될 뿐, 채권자와 채무자 사이에서 취소로 인한 법률관계가 형성되거나 취소의 효력이 소급하여 채무자의 책임재산으로 복구되는 것은 아니다. 이러한 사해행위취소의 상대적 효력에 의하면, 원고의 피고에 대한 청구의 원인행위가 사해행위라는 이유로 원고에 대하여 사해행위취소를 청구하면서 독립당사자참가신청을 하는 경우, 독립당사자참가인의 청구가 그대로 받아들여진다 하더라도 원고와 피고 사이의 법률관계에는 아무런 영향이 없고, 따라서 그러한 참가신청은 사해방지참가의 목적을 달성할 수 없으므로 부적법하다(대법원 2014. 6. 12. 선고 2012다47548 판결).

③ (O) 독립당사자참가 중 권리주장참가는 소송의 목적의 전부나 일부가 자기의 권리임을 주장하면 되는 것이므로 참가하려는 소송에 수개의 청구가 병합된 경우 그 중 어느 하나의 청구라도 독립당사자참가인의 주장과 양립하지 않는 관계에 있으면 그 본소청구에 대한 참가가 허용된다고 할 것이고, 양립할 수 없는 본소청구에 관하여 본안에 들어가 심리한 결과 이유가 없는 것으로 판단된다고 하더라도 참가신청이 부적법하게 되는 것은 아니다(대법원 2007. 6. 15. 선고 2006다80322 판결).

④ (X) 독립당사자참가 중 민사소송법 제79조 제1항 전단의 권리주장참가를 하기 위해서는, 독립당사자참가인은 우선 참가하려는 소송의 당사자 양쪽 또는 한쪽을 상대방으로 하여 원고의 본소 청구와 양립할 수 없는 청구를 하여야 하고 그 청구는 소의 이익을 갖추는 외에 그 주장 자체에 의하여 성립할 수 있음을 요하며, 민사소송법 제79조 제1항 후단의 사해방지참가는 본소의 원고와 피고가 당해 소송을 통하여 독립당사자참가인을 해할 의사를 가지고 있다고 객관적으로 인정되고 그 소송의 결과 독립당사자참가인의 권리 또는 법률상 지위가 침해될 우려가 있다고 인정되는 경우에 허용된다. 독립당사자참가인이 수 개의 청구를 병합하여 독립당사자참가를 하는 경우에는 각 청구별로 독립당사자참가의 요건을 갖추어야 하고, 편면적 독립당사자참가가 허용된다고 하여, 참가인이 독립당사자참가의 요건을 갖추지 못한 청구를 추가하는 것을 허용하는 것은 아니다(대법원 2022. 10. 14. 선고 2022다241608 판결).

⑤ (O) 독립당사자참가소송에서 본소가 적법하게 취하된 경우에는 삼면소송관계는 소멸하고, 그 이후부터는 당사자참가인의 원·피고들에 대한 청구가 일반 공동소송으로 남아 있게 되므로, 당사자참가인의 원·피고에 대한 소가 독립의 소로서의 소송요건을 갖춘 이상, 그 소송계속은 적법하며, 종래의 삼면소송 당시에 필요하였던 당사자 참가요건의 구비여부는 가려 볼 필요가 없다(대법원 1991. 1. 25. 선고 90다4723 판결).

정답 ④

67. 甲이 고속도로를 자신의 승용차로 운행하던 중에 도로에 방치된 철판을 튕겨 오르게 하여 뒤에 오던 乙의 차량을 충격하게 하였다. 乙은 2024. 5. 16. 甲의 보험사인 丙과 고속도로를 설치하고 보존·관리하는 丁을 상대로 손해배상청구의 소를 제기하려 한다. 다음 설명 중 옳은 것은? (각 지문은 독립적이며, 다툼이 있는 경우 판례에 의함)

① 甲과 丁은 불법행위를 할 공통의 의사나 공동으로 행위한다는 인식을 갖지 아니하였으므로 공동불법행위라고 할 수는 없으나, 사실상 같은 원인으로 말미암아 각자에 대한 손해배상청구권이 생긴 경우이므로 乙은 丙과 丁을 공동피고로 하여 소제기할 수 있다.

② 乙이 丙과 丁을 공동피고로 하여 손해배상청구하면서, 청구취지에서 "피고들은 공동하여 원고에게 3억 원을 지급하라"고 기재하였다면, 이 소는 합의부 관할에 속한다.

③ 乙이 丙과 丁을 공동피고로 하여 손해배상청구하면서, 청구취지에서 "피고들은 원고에게 각 3억 원을 지급하라"고 기재한 뒤 부진정연대채무관계에 관하여 달리 주장하지 않았더라도 법원은 공동피고의 부진정연대책임을 인정할 수 있다.

④ 법원이 丙에 대하여는 청구를 일부인용하고 丁에 대하여는 청구기각하는 판결을 선고하였는데, 丙이 자신의 패소부분에 대하여 항소하지 않고 乙의 항소기간 내에 乙을 위하여 보조참가 신청을 하면서 丁에 대한 항소를 제기할 수 있다.

⑤ 丁에 대한 손해배상채무가 시효로 소멸한 후에 丙이 乙에게 자기의 부담부분을 넘는 손해를 배상하였다면, 丙의 丁에 대한 구상금청구는 기각된다.

해설

① (×) 공동불법행위의 성립에는 공동불법행위자 상호간에 의사의 공통이나 공동의 인식이 필요하지 아니하고 객관적으로 각 행위에 관련공동성이 있으면 족하므로, 관련공동성 있는 행위에 의하여 손해가 발생하였다면 그 손해배상책임을 면할 수 없다(대법원 1998. 6. 12. 선고 96다55631 판결).

② (×) 합의부의 관할은 소송목적의 값이 5억 원을 초과하는 민사사건이다(법원조직법 제32조 제1항 제2호, 민사 및 가사소송의 사물관할에 관한 규칙 제2조 단서).

③ (×)
1) 판례는, 원고가 청구취지로 피고들에 대하여 개별적으로 그 지급을 구하고 있음에도 불구하고, 피고들에게 피고들의 손해배상청구가 부진정연대채무관계에 해당함을 전제로 연대하여 지급책임을 인정한 것 역시 처분권주의에 위반한 것으로 본다(대법원 2013. 5. 9. 선고 2011다61646 판결).
2) 참고 : 반대로, 원고가 청구취지로 피고들의 각 채무가 부진정연대채무 관계에 있음을 전제로 연대하여 지급할 것을 구하였는데도 피고들에게 개별적 지급책임을 인정한 것은 원고가 청구한 범위를 넘는 것으로서 처분권주의에 위반한 것으로 본다(대법원 2014. 7. 10. 선고 2012다89832 판결).

④ (○) 불법행위로 인한 손해배상책임을 지는 자는 피해자가 다른 공동불법행위자들을 상대로 제기한 손해배상 청구소송의 결과에 대하여 법률상의 이해관계를 갖는다고 할 것이므로, 위 소송에 원고를 위하여 보조참가를 할 수가 있고, 피해자인 원고가 패소판결에 대하여 상소를 하지 않더라도 원고의 상소기간 내라면 보조참가와 동시에 상소를 제기할 수도 있다(대법원 1999. 7. 9. 선고 99다12796 판결).

⑤ (×) 공동불법행위자의 다른 공동불법행위자에 대한 구상권은 피해자의 다른 공동불법행위자에 대한 손해배상채권과는 그 발생 원인 및 성질을 달리하는 별개의 권리이고, 연대채무에 있어서 소멸시효의 절대적 효력에 관한 민법 제421조의 규정은 공동불법행위자 상호간의 부진정연대채무에 대하여는 그 적용이 없으므로, 공동불법행위자 중 1인의 손해배상채무가 시효로 소멸한 후 다른 공동불법행위자 1인이 피해자에게 자기의 부담 부분을 넘는 손해를 배상하였을 경우에도, 그 공동불법행위자는 다른 공동불법행위자에게 구상권을 행사할 수 있다(대법원 1997. 12. 23. 선고 97다42830 판결). **정답 ④**

68. 압류명령, 추심명령, 전부명령에 관한 설명 중 옳은 것을 모두 고른 것은? (다툼이 있는 경우 판례에 의함)

ㄱ. 채권자대위소송에서 확정된 판결에 따라 대위채권자가 제3채무자로부터 지급받을 채권에 대한 압류 및 전부명령은 무효이다.

ㄴ. 채권압류 및 추심명령 당시 피압류채권이 이미 제3자에 대한 대항요건을 갖추어 양도되어 그 명령이 효력이 없는 것이 되었다면, 그 후의 사해행위취소소송에서 위 채권양도계약이 취소되어 채권이 원채권자에게 복귀하였다고 하더라도 이미 무효로 된 채권압류 및 추심명령이 다시 유효로 되는 것은 아니다.
ㄷ. 우리나라 법원이 외국을 제3채무자로 하는 추심명령에 대하여 재판권을 행사할 수 없는 경우에는 그 추심명령에 기하여 외국을 피고로 하는 추심금 소송에 대하여도 역시 재판권을 행사할 수 없다.
ㄹ. 임대차계약에 따른 권리와 의무를 함께 부담하는 공동임차인 중 1인에 대한 채권자가 임대차보증금반환채권 일부에 대하여 압류 및 전부명령을 받은 경우 그 압류 및 전부명령의 효력은 나머지 공동임차인들에게도 미친다.
ㅁ. 채권자는 추심명령에 따라 얻은 권리를 포기할 수 있고 추심권의 포기는 압류의 효력에 영향을 미치므로 추심권의 포기는 압류로 인한 소멸시효 중단의 효력을 상실시킨다.

① ㄱ, ㅁ   ② ㄱ, ㄴ, ㄷ   ③ ㄱ, ㄴ, ㄹ
④ ㄷ, ㄹ, ㅁ   ⑤ ㄱ, ㄷ, ㄹ

해설

㉠ (O) 자기의 금전채권을 보전하기 위하여 채무자의 금전채권을 대위행사하는 대위채권자는 제3채무자로 하여금 직접 대위채권자 자신에게 지급의무를 이행하도록 청구할 수 있고 제3채무자로부터 변제를 수령할 수도 있으나, 이로 인하여 채무자의 제3채무자에 대한 피대위채권이 대위채권자에게 이전되거나 귀속되는 것이 아니므로, 대위채권자의 제3채무자에 대한 추심권능 내지 변제수령권능은 자체로서 독립적으로 처분하여 환가할 수 있는 것이 아니어서 압류할 수 없는 성질의 것이고, 따라서 추심권능 내지 변제수령권능에 대한 압류명령 등은 무효이다. 그리고 채권자대위소송에서 제3채무자로 하여금 직접 대위채권자에게 금전의 지급을 명하는 판결이 확정되었더라도 판결에 기초하여 금전을 지급받는 것 역시 대위채권자의 제3채무자에 대한 추심권능 내지 변제수령권능에 속하므로, 채권자대위소송에서 확정된 판결에 따라 대위채권자가 제3채무자로부터 지급받을 채권에 대한 압류명령 등도 무효이다(대법원 2016. 8. 29. 선고 2015다236547 판결).

㉡ (O)
[1] 채무자가 압류 또는 가압류의 대상인 채권을 양도하고 확정일자 있는 통지 등에 의한 채권양도의 대항요건을 갖추었다면, 그 후 채무자의 다른 채권자가 그 양도된 채권에 대하여 압류 또는 가압류를 하더라도 그 압류 또는 가압류 당시에 피압류채권은 이미 존재하지 않는 것과 같아 압류 또는 가압류로서의 효력이 없고, 그에 기한 추심명령 또한 무효이므로, 그 다른 채권자는 압류 등에 따른 집행절차에 참여할 수 없다. 또한 압류된 금전채권에 대한 전부명령이 절차상 적법하게 발부되어 확정되었다고 하더라도 전부명령이 제3채무자에게 송달될 때에 피압류채권이 존재하지 않으면 전부명령도 무효이므로, 피압류채권이 전부채권자에게 이전되거나 집행채권이 변제되어 소멸하는 효과는 발생할 수 없다.
[2] 채권자가 사해행위의 취소와 함께 수익자 또는 전득자로부터 책임재산의 회복을 명하는 사해행위취소의 판결을 받은 경우 그 취소의 효과는 채권자와 수익자 또는 전득자 사이에만 미치므로, 수익자 또는 전득자가 채권자에 대하여 사해행위의 취소로 인한 원상회복 의무를 부담하게 될 뿐, 채무자와 사이에서 그 취소로 인한 법률관계가 형성되거나 취소의 효력이 소급하여 채무자의 책임재산으로 회복되는 것은

ⓒ (O)
우리나라 법원이 외국을 제3채무자로 하는 추심명령에 대하여 재판권을 행사할 수 있는 경우에는 그 추심명령에 기하여 외국을 피고로 하는 추심금 소송에 대하여도 역시 재판권을 행사할 수 있다고 할 것이고, 반면 추심명령에 대한 재판권이 인정되지 않는 경우에는 추심금 소송에 대한 재판권 역시 인정되지 않는다 (대법원 2011. 12. 13. 선고 2009다16766 판결).

ⓓ (×) 수인의 채권자에게 금전채권이 불가분적으로 귀속되는 경우에, 불가분채권자들 중 1인을 집행채무자로 한 압류 및 전부명령이 이루어지면 그 불가분채권자의 채권은 전부채권자에게 이전되지만, 그 압류 및 전부명령은 집행채무자가 아닌 다른 불가분채권자에게 효력이 없으므로, 다른 불가분채권자의 채권의 귀속에 변경이 생기는 것은 아니다. 따라서 다른 불가분채권자는 모든 채권자를 위하여 채무자에게 불가분채권 전부의 이행을 청구할 수 있고, 채무자는 모든 채권자를 위하여 다른 불가분채권자에게 전부를 이행할 수 있다. 이러한 법리는 불가분채권의 목적이 금전채권인 경우 그 일부에 대하여만 압류 및 전부명령이 이루어진 경우에도 마찬가지이다(대법원 2023. 3. 30. 선고 2021다264253 판결).

ⓔ (×) 금전채권에 대한 압류명령과 그 현금화 방법인 추심명령을 동시에 신청하더라도 압류명령과 추심명령은 별개로서 그 적부는 각각 판단하여야 하고, 그 신청의 취하 역시 별도로 판단하여야 한다. 채권자는 추심명령에 따라 얻은 권리를 포기할 수 있지만(민사집행법 제240조 제1항) 추심권의 포기는 압류의 효력에는 영향을 미치지 아니하므로, 추심권의 포기만으로는 압류로 인한 소멸시효 중단의 효력은 상실되지 아니하고 압류명령의 신청을 취하하면 비로소 소멸시효 중단의 효력이 소급하여 상실된다(대법원 2014. 11. 13. 선고 2010다63591 판결).

정답 ②

69. 甲주식회사의 이사 乙의 업무수행에 불만을 품은 주주들의 입김이 거세지자 甲주식회사는 2024. 4. 23. 임시주주총회를 열어 (1) 乙을 이사에서 해임하고 (2) 대주주들에 우호적인 丙을 새로운 이사로 선임하며 (3) 정관을 변경하는 결의를 하였다. 그러나 위 각 결의에 하자가 있다고 생각하는 일부 사람들이 이를 소송으로 다투고자 한다. 이에 관한 설명 중 옳은 것을 모두 고른 것은? (다툼이 있는 경우 판례에 의함)

ㄱ. 乙이 丙의 직무를 정지시키기 위하여 이사직무집행정지가처분신청을 하려는 경우 甲주식회사를 피신청인으로 하여야 한다.

ㄴ. 甲주식회사의 다른 이사인 丁이 단독으로 이사의 지위에 기하여 위 임시주주총회결의의 취소의 소를 제기하였다가 소송계속 중 사망한 경우, 다른 이사가 수계할 때까지 이 소송절차는 중단된다.

ㄷ. 甲주식회사의 주주 戊가 위 임시주주총회결의의 무효확인의 소를 제기하였는데, 이 소송에서 피고는 청구의 인낙을 할 수 없고 위 결의의 무효를 확인하는 내용의 화해나 조정을 할 수도 없다.

ㄹ. 이사 丁과 주주 戊가 공동원고로서 위 임시주주총회결의의 무효확인의 소를 제기한 경우, 공동소송의 형태는 「민사소송법」 제67조가 적용되는 필수적 공동소송에 해당한다.

ㅁ. 甲주식회사의 주주 戊가 2024. 6. 20. 위 임시주주총회결의 중 乙을 해임하고 丙을 이사로 선임하는 결의에 대하여 취소의 소를 제기하였고 소송계속 중인 2024. 7. 29. 정관변경결의에 대한 취소의 소를 추가적으로 병합한 경우, 수소법원은 정관변경결의 부분에 대하여는 판결로 소를 각하하여야 한다.

① ㄱ, ㄷ, ㄹ ② ㄴ, ㄷ, ㄹ ③ ㄱ, ㄹ, ㅁ
④ ㄴ, ㄷ, ㅁ ⑤ ㄷ, ㄹ, ㅁ

해설

㉠ (×) 민사소송법 제714조 제2항(현행 민사집행법 제300조 제2항) 소정의 임시의 지위를 정하기 위한 이사직무집행정지가처분에 있어서 피신청인이 될 수 있는 자는 그 성질상 당해 이사이고, 회사에게는 피신청인의 적격이 없다(대법원 1982. 2. 9. 선고 80다2424 판결).

㉡ (×) 이사가 그 지위에 기하여 주주총회결의 취소의 소를 제기하였다가 소송 계속 중에 사망하였거나 사실심 변론종결 후에 사망하였다면, 그 소송은 이사의 사망으로 중단되지 않고 그대로 종료된다. 이사는 주식회사의 의사결정기관인 이사회의 구성원이고, 의사결정기관 구성원으로서의 지위는 일신전속적인 것이어서 상속의 대상이 되지 않기 때문이다(대법원 2019. 2. 14. 선고 2015다255258 판결).

㉢ (O) 주주총회결의의 부존재·무효를 확인하거나 결의를 취소하는 판결이 확정되면 당사자 이외의 제3자에게도 그 효력이 미쳐 제3자도 이를 다툴 수 없게 되므로, 주주총회결의의 하자를 다투는 소에 있어서 청구의 인낙이나 그 결의의 부존재·무효를 확인하는 내용의 화해·조정은 할 수 없고, 가사 이러한 내용의 청구인낙 또는 화해·조정이 이루어졌다 하여도 그 인낙조서나 화해·조정조서는 효력이 없다(대법원 2004. 9. 24. 선고 2004다28047 판결).

㉣ (O)
1) 주주총회결의의 부존재 또는 무효 확인을 구하는 소의 경우, 상법 제380조에 의해 준용되는 상법 제190조 본문에 따라 청구를 인용하는 판결은 제3자에 대하여도 효력이 있다. 이러한 소를 여러 사람이 공동으로 제기한 경우 당사자 1인이 받은 승소판결의 효력이 다른 공동소송인에게 미치므로 공동소송인 사이에 소송법상 합일확정의 필요성이 인정되고, 상법상 회사관계소송에 관한 전속관할이나 병합심리 규정(상법 제186조, 제188조)도 당사자 간 합일확정을 전제로 하는 점 및 당사자의 의사와 소송경제 등을 함께 고려하면, 이는 민사소송법 제67조가 적용되는 필수적 공동소송에 해당한다(대법원 2021. 7. 22. 선고 2020다284977 전원합의체 판결). 즉, 유사필수적 공동소송이라는 판시이다.

2) **참고** : 유사필수적 공동소송으로 본 다른 사안
채무자가 채권자대위권에 의한 소송이 제기된 것을 알았을 경우에는 그 확정판결의 효력은 채무자에게도 미친다. 이 경우 각 채권자대위권에 기하여 공동하여 채무자의 권리를 행사하는 다수의 채권자들은 유사필요적 공동소송관계에 있다 할 것이다(대법원 1991. 12. 27. 선고 91다23486 판결). 대위채권자가 소송계속 중 사망하고 채무자가 위 소송계속 사실을 안 경우 대위채권자를 승계, 수계한 수인의 상속인들의 관계는 유사필수적 공동소송이라는 판례이다.

㉤ (O)
[1] 주주총회결의 취소의 소는 상법 제376조 제1항에 따라 그 결의의 날로부터 2개월 내에 제기하여야 하고, 이 기간이 지난 후에 제기된 소는 부적법하다. 그리고 주주총회에서 여러 개의 안건이 상정되어 각기 결의가 행하여진 경우 위 제소기간의 준수 여부는 각 안건에 대한 결의마다 별도로 판단되어야 한다.

[2] 임시주주총회에서 이루어진 여러 안건에 대한 결의 중 이사선임결의에 대하여 그 결의의 날로부터 2개월 내에 주주총회결의 무효확인의 소를 제기한 뒤, 위 임시주주총회에서 이루어진 정관변경결의 및 감사선임결의에 대하여 그 결의의 날로부터 2개월이 지난 후 주주총회결의 무효확인의 소를 각각 추가적으로 병합한 후, 위 각 결의에 대한 주주총회결의 무효확인의 소를 주주총회결의 취소의 소로 변경한 경우, 위 정관변경결의 및 감사선임결의 취소에 관한 부분은 위 각 주주총회결의 무효확인의 소가 추가적으로 병합될 때에 주주총회결의 취소의 소가 제기된 것으로 볼 수 있으나, 위 추가적 병합 당시 이미 2개월의 제소기간이 도과되었으므로 부적법하다고 한 사례(대법원 2010. 3. 11. 선고 2007다51505 판결). **정답** ⑤

70. 소의 이익에 관한 설명 중 옳지 않은 것은? (다툼이 있는 경우 판례에 의함)

① 주식회사의 주주는 회사의 재산관계에 대하여 구체적 또는 법률상의 이해관계가 없으므로 제3자를 상대로 주식회사와 제3자 사이에 체결된 영업양도계약의 무효 확인을 구할 수 없다.

② 주식회사의 채권자는 회사가 제3자와 체결한 계약이 자신의 권리나 법적 지위를 구체적으로 침해하거나 이에 직접적으로 영향을 미치는 경우에는 그 계약의 무효 확인을 구할 수 있으나, 그 계약으로 인하여 회사의 변제 자력이 감소되어 그 결과 채권의 전부나 일부가 만족될 수 없게 될 뿐인 때에는 직접 그 계약의 무효 확인을 구할 이익이 없다.

③ 처분금지가처분등기는 법원의 가처분결정에 의하여 그 가처분집행의 방법으로 이루어지는데, 잘못된 사실관계에 기하여 행하여진 처분금지가처분등기에 의하여 법률상 이익에 현존하는 불안이나 위험이 있는 토지소유자는 이를 들어 처분금지가처분등기의 말소등기절차의 이행을 구하는 소를 제기할 이익이 있다.

④ 확정된 승소판결에는 기판력이 있으므로, 승소 확정판결을 받은 당사자가 그 상대방을 상대로 다시 승소 확정판결의 전소와 동일한 청구의 소를 제기하는 경우 그 후소는 권리보호의 이익이 없어 부적법하나, 예외적으로 확정판결에 의한 채권의 소멸시효기간인 10년의 경과가 임박한 경우에는 그 시효중단을 위한 소는 소의 이익이 있다.

⑤ 주주총회에서 乙이 감사로 선임되었는데 甲회사가 감사 임용계약의 체결을 거부하자 乙이 甲회사를 상대로 제기한 감사 지위 확인의 소에서 원고승소 취지의 파기환송판결 당시에는 乙의 임기가 남아 있었는데 환송 후 원심 계속 중 임기가 만료되어 후임 감사가 선임된 경우, 乙의 감사 지위 확인청구는 과거의 법률관계에 대한 확인을 구하는 것이 되었더라도, 법원은 乙에게 과거에 일정 기간 동안 감사 지위에 있었음에 대한 확인을 구할 이익이 있는지를 석명하고 이에 관한 의견진술 또는 청구취지변경의 기회를 주어야 한다.

해설

① (O), ② (O)

[1] 주식회사의 주주는 주식의 소유자로서 회사의 경영에 이해관계를 가지고 있기는 하지만, 직접 회사의 경영에 참여하지 못하고 주주총회의 결의를 통해서 이사를 해임하거나 일정한 요건에 따라 이사를 상대로 그 이사의 행위에 대하여 유지청구권을 행사하여 그 행위를 유지시키고 대표소송에 의하여 그 책임을 추궁하는 소를 제기하는 등 회사의 영업에 간접적으로 영향을 미칠 수 있을 뿐이다. 그러므로 주주가 회사의 재산관계에 대하여 법률상 이해관계를 가진다고 평가할 수 없고, 주주는 직접 제3자와의 거래

관계에 개입하여 회사가 체결한 계약의 무효 확인을 구할 이익이 없다. 이러한 법리는 회사가 영업의 전부 또는 중요한 일부를 양도하는 계약을 체결하는 경우에도 마찬가지이다.
[2] 주식회사의 채권자는 회사가 제3자와 체결한 계약이 자신의 권리나 법적 지위를 구체적으로 침해하거나 이에 직접적으로 영향을 미치는 경우에는 그 계약의 무효 확인을 구할 수 있으나, 그 계약으로 인하여 회사의 변제 자력이 감소되어 그 결과 채권의 전부나 일부가 만족될 수 없게 될 뿐인 때에는 채권자의 권리나 법적 지위가 그 계약에 의해 구체적으로 침해되거나 직접적으로 영향을 받는다고 볼 수 없으므로 직접 그 계약의 무효 확인을 구할 이익이 없다(대법원 2022. 6. 9. 선고 2018다228462 판결).

③ (×) 법원의 가처분결정에 기하여 그 가처분집행의 방법으로 이루어진 처분금지가처분등기는 집행법원의 가처분결정의 취소나 집행취소의 방법에 의해서만 말소될 수 있는 것이어서 처분금지가처분등기의 이행을 소구할 수는 없는 것이다(대법원 1982. 12. 14. 선고 80다1872 판결). 판시에 의하면 처분금지가처분등기의 말소등기절차의 이행을 구하는 소를 제기하는 것도 불허된다.

④ (○) 확정된 승소판결에는 기판력이 있으므로 승소 확정판결을 받은 당사자가 전소의 상대방을 상대로 다시 승소 확정판결의 전소(전소)와 동일한 청구의 소를 제기하는 경우, 특별한 사정이 없는 한 후소(후소)는 권리보호의 이익이 없어 부적법하다. 하지만 예외적으로 확정판결에 의한 채권의 소멸시효기간인 10년의 경과가 임박한 경우에는 그 시효중단을 위한 소는 소의 이익이 있다(대법원 2019. 1. 17. 선고 2018다24349 판결).

⑤ (○)
1) 갑 주식회사의 주주들이 법원의 허가를 받아 개최한 주주총회에서 을이 감사로 선임되었는데도 갑 회사가 감사 임용계약의 체결을 거부하자, 을이 갑 회사를 상대로 감사 지위의 확인을 구하는 소를 제기하여, 소를 제기할 당시는 물론 대법원이 을의 청구를 받아들이는 취지의 환송판결을 할 당시에도 을의 감사로서 임기가 남아 있었는데, 환송 후 원심의 심리 도중 을의 임기가 만료되어 후임 감사가 선임된 사안에서, 을의 임기가 만료되고 후임 감사가 선임됨으로써 을의 감사 지위 확인 청구가 과거의 법률관계에 대한 확인을 구하는 것이 되었으나, 과거의 법률관계라고 할지라도 현재의 권리 또는 법률상 지위에 영향을 미치고 이에 대한 위험이나 불안을 제거하기 위하여 그 법률관계에 관한 확인판결을 받는 것이 유효·적절한 수단이라고 인정될 때에는 확인을 구할 이익이 있으므로, 을에게 현재의 권리 또는 법률상 지위에 대한 위험이나 불안을 제거하기 위해 과거의 법률관계에 대한 확인을 구할 이익이나 필요성이 있는지를 석명하고 이에 관한 의견을 진술하게 하거나 청구취지를 변경할 수 있는 기회를 주어야 하는데도, 종진의 감사 지위 확인 청구가 과거의 법률관계에 대한 확인을 구하는 것이 되었다는 등의 이유만으로 확인의 이익이 없다고 보아 을의 청구를 부적법 각하한 원심판결에는 확인소송에서 확인의 이익 및 석명의무의 범위에 관한 법리오해의 잘못이 있다고 한 사례(대법원 2020. 8. 20. 선고 2018다249148 판결).

2) **비교판례**: 갑 주식회사의 이사로 근무하다가 임기가 만료된 을이 자신의 임기만료 후 개최된 주주총회의 결의에 모두 하자가 존재하여 이사 정원에 결원이 발생하였으므로 자신의 이사 지위가 계속 유지된다고 주장하면서 이사 지위의 확인을 구하는 소를 제기하였다가, 소송 계속 중 새로운 이사가 선임되자, 자신이 임기가 만료된 때부터 약 2년 4개월 동안 이사의 지위에 있었음에 대한 확인을 구하는 것으로 청구를 변경한 사안에서, 변경 후 청구는 과거의 법률관계에 대하여 확인을 구하는 것이므로, 임기만료 후 을이 이사의 지위에서 갑 회사 또는 이해관계인들과 사이에 어떠한 법률관계 등을 형성하여 왔고 이를 전제로 당사자들 사이에 현재 어떠한 법적 분쟁이 존재하는지, 과거의 기간에 대한 이사 지위 확인을 통하여 그러한 분쟁들이 유효·적절하게 해결될 수 있는지 등을 구체적으로 심리하거나 을에게 청구취지 변경 여부 등에 관하여 석명하여 확인의 이익이 있는지를 판단하였어야 하는데도, 별다른 심리나 석명 없이 변론을 종결한 후 을에게 과거 이사 지위에 대하여 확인을 구할 이익이 있다고 한 원심판단에는 법리오해 등의 잘못이 있다(대법원 2022. 6. 16. 선고 2022다207967 판결).

3) **이해의 포인트** – 현재의 '여러' 법률관계를 일거에 정리하기 위한 수단이 될 때에는 과거의 법률관계를 확인할 이익이 있다. 즉, 여러 법률관계'를 '일거에 해결'하기 위한 수단이어야 하므로, 파생되는 법률관계가 적어도 '2개 이상'은 되어야 과거의 법률관계를 확인할 이익이 인정된다. 따라서, 파생되는 법률관계가 하나뿐이라면, 확인의 이익이 없어 소를 각하하여야 한다. 위의 1)의 감사 지위 관련 확인 판결을 파생되는 법률관계가 여러 개인 사실관계에 있으므로 확인의 이익이 인정되고, 2) 이사 지우 관련 확인 판결을 구하는 사건의 사실관계가 파생되는 법률관계가 1개 이기에 과거의 법률관계의 확인을 구할 이익이 없는 것으로 이해하자.

정답 ③

COMPACT 변시 2024년 8모 민사법 해설

제2편
사례형

2024년도 제2차 변호사시험 모의시험 – 논술형(사례형)

시험과목	민사법(사례형)	응시번호		성 명	

응시자 준수사항

【공통사항】
1. 시험 시작 전 문제지의 봉인을 손상하는 경우, 봉인을 손상하지 않더라도 문제지를 들추는 행위 등으로 문제 내용을 미리 보는 경우 그 답안은 영점으로 처리됩니다.
2. 시험시간 중에는 휴대전화, 스마트워치, 무선이어폰 등 무선통신 기기를 비롯한 전자기기를 지녀서는 안 됩니다.
3. **답안은 반드시 문제번호에 해당하는 번호의 답안지**(제1문은 제1문 답안지 내, 제2문은 제2문 답안지 내)**에 작성**하여야 합니다. 즉, 해당 문제의 번호와 답안지의 번호가 일치하지 않으면 그 답안은 영점으로 처리됩니다. 다만, 수기로 작성하는 답안지에 한해 답안지를 제출하기 전 시험관리관이 답안지 번호를 정정해 준 경우에는 정상적으로 채점됩니다.
4. 답안지에는 문제 내용을 쓸 필요가 없으며, 답안 이외의 사항을 기재하거나 밑줄 기타 어떠한 표시도 하여서는 안 됩니다.
5. 지정된 시각까지 지정된 시험실에 입실하지 않거나 시험관리관의 승인 없이 시험시간 중에 시험실에서 퇴실한 경우, 그 시간 시험과 나머지 시간의 시험에 응시할 수 없습니다.
6. 시험시간 중에는 어떠한 경우에도 문제지를 시험실 밖으로 가지고 갈 수 없고, 그 시험시간이 끝난 후에는 문제지를 시험장 밖으로 가지고 갈 수 있습니다.

【IBT 방식】
1. 시험시간은 프로그램에 의해 자동 시작, 종료되며 시험이 종료되면 답안을 수정하는 등 답안 작성을 일절 할 수 없습니다.

【수기 방식】
1. 답안은 흑색 또는 청색 필기구(수성펜이나 연필 사용 금지) 중 한 가지 필기구만을 사용하여 답안 작성란(흰색 부분) 안에 기재하여야 합니다.
2. 답안지에 성명과 수험번호 등을 기재하지 않아 인적사항이 확인되지 않는 경우에는 영점으로 처리되는 등 불이익을 받게 됩니다. 특히 답안지를 바꾸어 다시 작성하는 경우, 성명 등의 기재를 빠뜨리지 않도록 유의하여야 합니다.
3. 답안을 정정할 경우에는 두 줄로 긋고 다시 써야 하며, 수정액·수정테이프 등은 사용할 수 없습니다.
4. 시험 종료 시각에 임박하여 답안지를 교체했더라도 시험시간이 끝나면 그 즉시 새로 작성한 답안지를 회수합니다.
5. 시험시간이 지난 후에는 답안지를 일절 작성할 수 없습니다. 이를 위반하여 **시험시간이 종료되었음에도 불구하고 계속 답안을 작성할 경우 그 답안은 영점으로 처리됩니다.**
6. 배부된 답안지는 백지 답안이라도 모두 제출하여야 하며, **답안지를 제출하지 아니한 경우 그 시간 시험과 나머지 시험에 응시할 수 없습니다.**

법학전문대학원협의회
KOREAN ASSOCIATION OF LAW SCHOOLS

2024년도 제2차 변호사시험 모의시험 – 논술형(사례형) 민사법

〈제1문의 1〉

수원시 정자동에 거주하는 甲은 서울특별시 서초동에 거주하는 乙에게 6억 원을 대여하면서, 乙 소유의 춘천시 조양동 소재 X토지에 대하여 저당권설정계약을 체결하고 그 등기를 경료하였다. 甲과 乙은 위 금전대여계약을 체결하면서 위 대여금에 관한 소송과 위 저당권과 관련한 소송은 甲의 주소지 관할법원에서만 제소하기로 합의하였다.

부산광역시 보수동에 거주하는 丙은 甲의 위 6억 원 채권에 대하여 압류 및 전부명령을 받았다. 이 명령은 乙에게 송달되었으며, 丙의 등기촉탁신청에 의하여 X토지에 대한 저당권이전의 부기등기도 丙 앞으로 경료되었다.

乙은 저당권설정계약이 원인무효임을 주장하여 丙을 상대로 춘천지방법원에 저당권설정등기 말소청구의 소를 제기하였는데, 丙이 이송신청을 하였고, 법원은 관할합의 위반을 이유로 수원지방법원으로 이송하는 결정을 하였다. 이에 乙은 그 이송결정에 대하여 즉시항고하였다.

〈참고〉

수원시 정자동은 수원지방법원 관할구역 내에, 서울특별시 서초동은 서울중앙지방법원 관할구역 내에, 춘천시 조양동은 춘천지방법원 관할구역 내에, 부산광역시 보수동은 부산지방법원 관할구역 내에 위치함.

문제.

항고법원은 이러한 이송결정 및 즉시항고의 허용여부에 관하여 어떻게 판단하여야 할 것인가? (15점)

문제해설 [제1문의 1] 문제 해설

1. 문제
(1) 관할합의의 효력이 특정승계인에게 미치는지의 여부, (2) 이송결정에 대하여 즉시항고로 불복할 수 있는지 여부가 문제 된다.

2. 관할합의의 효력이 丙에게 미치는지 여부
(1) **관련 조문** - 당사자는 합의로 제1심 관할법원을 정할 수 있다(민소법 제29조 제1항). 제1항의 합의는 일정한 법률관계로 말미암은 소에 관하여 서면으로 하여야 한다(민소법 제29조 제2항). 등기·등록에 관한 소를 제기하는 경우에는 등기 또는 등록할 공공기관이 있는 곳의 법원에 제기할 수 있다(민소법 제21조).

(2) **판례** - 관할의 합의의 효력은 부동산에 관한 물권의 특정승계인에게는 미치지 않는다(대법원 1994. 5. 26. 자 94마536 결정).

(3) **사안의 경우** - 甲과 乙은 저당권설정계약을 하면서 저당권과 관련한 소송에 대하여 甲의 주소지인 수원지방법원에 전속적 관할합의를 하였다. 관할합의의 대상이 된 저당권의 권리관계는 물권이고, 채권압류 및 전부명령에 의하여 저당권의 특정승계인이 된 丙에게는 위 관할합의의 효력이 미치지 않는다. 그렇다면, 저당권말소청구의 관할은 민소법 제21조에 따라 춘천지방법원 관할이므로, 乙이 제기한 저당권설정등기말소청구는 관할위반이 아니다.

3. 관할위반에 대한 당사자의 이송신청과 불복방법
(1) **관련 조문** - 법원은 소송의 전부 또는 일부에 대하여 관할권이 없다고 인정하는 경우에는 결정으로 이를 관할법원에 이송한다(민소법 제34조 제1항). 이송결정과 이송신청의 기각결정에 대하여는 즉시항고(卽時抗告)를 할 수 있다(민소법 제39조).

(2) **판례** - 당사자가 관할위반을 이유로 한 이송신청을 한 경우에도 이는 단지 법원의 직권발동을 촉구하는 의미밖에 없는 것이고, 법원은 이 이송신청에 대하여는 재판을 할 필요가 없고, 설사 법원이 이 이송신청을 거부하는 재판을 하였다고 하여도 항고가 허용될 수 없으므로 항고심에서는 이를 각하하여야 한다(대법원 1993. 12. 6. 자 93마524 전원합의체 결정).

(3) **사안의 경우** - 당사자가 관할위반을 이유로 한 이송신청을 한 경우 이송신청을 거부하는 재판에 대해서는 항고가 허용되지 않으므로 즉시항고가 각하되지만, 법원의 관할위반을 이유로 한 직권이송결정에 대해서는 민소법 제39조에 의하여 즉시항고 할 수 있다. 그런데, 乙의 저당권설정등기말소청구는 적법한 관할에 제기되어 관할위반이 아니다. 따라서, 법원은 직권으로 관할위반을 이유로 이송결정을 하였으므로 乙은 이에 대하여 즉시항고 할 수 있고, 항고법원은 즉시항고를 인용하여 이송결정을 취소하여야 한다.

4. 결론
법원의 이송결정은 위법하므로, 乙은 이에 대하여 즉시항고 할 수 있고, 항고법원은 乙의 항고를 인용하여 이송 결정을 취소하여야 한다.

〈제1문의 2〉

〈기초적 사실관계〉

甲은 2022. 2. 3. 乙에게 X토지를 매매대금 5억 원에 매도하면서, 계약금 5천만 원은 즉시 지급받고, 잔금 4억 5천만 원은 2022. 2. 28. 위 X토지에 관한 소유권이전등기에 필요한 서류를 넘겨줌과 동시에 지급받기로 합의했다.

甲은 2022. 2. 28.이 되어 약속한 법무사사무실로 갔는데, 乙이 아직 매매잔금 준비가 덜 되었다며 우선 등기를 넘겨주면 기존에 가지고 있던 돈에 위 부동산을 담보로 하고 빌린 돈을 합하여 늦어도 2022. 3. 15.까지 전액 지급하겠다고 하였다. 甲은 이 말을 믿고 이날 X토지에 관한 소유권이전등기를 乙에게 넘겨주었다. 그런데 약속한 날이 도과하였으나 乙이 매매대금을 주지 않고 전화까지 피하였다.

※ 이하의 추가적 사실관계들은 각각 독립적인 별개의 사실관계이고, 질문도 별개임.

〈추가적 사실관계 1〉

甲은 2022. 3. 28. 乙을 상대로 4억 5천만 원의 매매대금의 지급을 구하는 소(전소)를 제기하였다. 이 소송의 3회 변론기일인 2023. 8. 5. 乙은 甲에 대해 갖고 있던 4억 5천만 원의 대여금채권을 자동채권으로 하여 대등액에서 상계하겠다는 항변을 제출하였다. 그런데 乙은 이에 그치지 않고 위 소송 계속 중인 2023. 9. 4. 甲을 상대로 위 상계항변으로 제출한 대여금채권을 소송물로 하여 별도의 소(후소)를 제기하였다. 후소의 변론종결 당시 전소는 유효하게 계속 중이었다.

문제 1.

乙이 2023. 9. 4. 甲을 상대로 제기한 후소는 적법한가? (10점)

〈추가적 사실관계 2〉

甲은 2022. 3. 28. 乙을 상대로 매매대금청구의 소(이하 '당해사건'이라 한다)를 제기하였으나, 소장부본이 폐문부재로 乙에게 송달되지 않았다. 甲의 신청에 따라 특별송달까지 적법하게 실시하였음에도 송달이 되지 않자, 법원은 공시송달을 명하여 소송을 진행하였다. 2023. 10. 18. 변론이 종결되었고, 2023. 11. 11. 甲의 청구를 전부 인용하는 제1심판결이 선고되었으며, 이 판결정본 또한 공시송달의 방법으로 乙에게 송달되었고, 이 당해사건은 그 무렵 확정되었다.

한편 乙은 2023. 9. 15. 甲을 상대로 4억 원의 약정금을 구하는 소(이하 '관련사건'이라 한다)를 제기하였는데, 甲은 2024. 4. 2. 관련사건의 소송절차에서 위 당해사건의 제1심판결문과 확정증명원을 서증으로 제출하였고, 그 서증은 관련사건에서 선임된 乙의 소송대리인 A변호사에게 2024. 4. 5. 송달되었는데, A변호사가 이를 乙에게 전달하였다는 증거나 정황은 없다. 그 후 乙은 우연히 2024. 6. 1. 당해사건의 소송기록을 열람하여 당해사건의 소송이 계속된 사실 및 판결정본이 공시송달의 방법으로 송달된 사실을 알게 되었고, 2024. 6. 8. 당해사건에 대한 추후보완항소를 제기하였다.

문제 2.
 (1) 乙의 위 추후보완항소는 적법한지, (2) 만약 위 관련사건에서 甲이 제출한 당해사건의 제1심 판결문과 확정증명원 등 서증을 乙이 2024. 4. 5. 직접 송달받은 경우라면 추후보완항소는 적법한지, 그 근거와 함께 서술하시오. (15점)

문제해설 [제1문의 2] 문제 1. 해설

1. 문제

전소에서 상계항변으로 제출한 채권을 소송물로 하여 별소를 제기한 경우 후소가 중복소제기에 해당하는지 여부가 문제된다.

2. 乙의 별소가 중복소제기에 해당하는지 여부

(1) **관련 조문 및 법리** - 법원에 계속되어 있는 사건에 대하여 당사자는 다시 소를 제기하지 못한다(민소법 제259조). 후소가 중복소송에 해당하기 위해서는 ① 당사자의 동일 ② 소송물의 동일 ③ 전소의 소송계속 중 후소제기의 요건을 요한다.

(2) **판례** - 상계의 항변을 제출할 당시 이미 자동채권과 동일한 채권에 기한 소송을 별도로 제기하여 계속 중인 경우, 사실심의 담당재판부로서는 전소와 후소를 같은 기회에 심리·판단하기 위하여 이부, 이송 또는 변론병합 등을 시도함으로써 기판력의 저촉·모순을 방지함과 아울러 소송경제를 도모함이 바람직하나, 별소로 계속 중인 채권을 자동채권으로 하는 소송상 상계의 주장이 허용되지 않는다고 볼 수 없다. 마찬가지로 먼저 제기된 소송에서 상계항변을 제출한 다음 그 소송계속 중에 자동채권과 동일한 채권에 기한 소송을 별도의 소나 반소로 제기하는 것도 가능하다(대법원 2022. 2. 17. 선고 2021다275741 판결).

(3) **사안의 경우** - 상계항변은 항변의 일종이지 소송물이 아니고, 청구(소송물)과 달리 항변에는 소송계속이 발생하지 아니하므로, 상계로 주장한 채권을 소송물로 하여 별소를 제기하여도 소송물이 동일하지 않아 중복소송에 해당하지 않는다.

3. 결론

乙이 제기한 별소는 적법하다.

문제해설 [제1문의 2] 문제 2. 해설

1. 문제
당해사건의 확정판결사실과 관련하여 乙의 변호사에게만 송달된 경우와 당사자 乙에게 송달된 경우, 당해사건에 대한 추완항소의 적법 여부가 문제 된다.

2. 乙의 추완항소 적법 여부

(1) **관련 조문** - 항소는 판결서가 송달된 날부터 2주 이내에 하여야 한다. 다만, 판결서 송달 전에도 할 수 있고, 그 기간은 불변기간으로 한다(민소법 제396조 제1, 2항). 당사자가 책임질 수 없는 사유로 말미암아 불변기간을 지킬 수 없었던 경우에는 그 사유가 없어진 날부터 2주 이내에 게을리한 소송행위를 보완할 수 있다(민소법 제173조 제1항 본문).

(2) **판례**
  1) 민소법 제173조 제1항에서 말하는 '당사자가 그 책임을 질 수 없는 사유'라고 함은 당사자가 그 소송행위를 하기 위하여 일반적으로 하여야 할 주의를 다하였음에도 불구하고 그 기간을 준수할 수 없었던 사유를 가리키고, 그 당사자에는 당사자 본인뿐만 아니라 그 소송대리인 및 대리인의 보조인도 포함된다(대법원 1999. 6. 11. 선고 99다9622 판결).
  2) 당사자가 다른 소송의 재판절차에서 송달받은 준비서면 등에 당해 사건의 제1심 판결문과 확정증명원 등이 첨부된 경우에는 그 시점에 제1심판결의 존재 및 공시송달의 방법으로 송달된 사실까지 알았다고 볼 것이지만, 다른 소송에서 선임된 소송대리인이 그 재판절차에서 위와 같은 준비서면 등을 송달받았다는 사정만으로 이를 당사자가 직접 송달받은 경우와 동일하게 볼 수는 없다(대법원 2022. 4. 14. 선고 2021다305796 판결).

(3) **사안의 경우**
  1) 항소기간은 불변기간에 해당하고, 당해사건은 처음부터 소송이 공시송달의 방법으로 진행되었으며, 乙이 이를 알지 못하였으므로 이는 乙이 책임질 수 없는 사유에 해당한다.
  2) 관련사건에서 甲이 제출한 당해 사건의 판결문 등 서증을 그 관련사건의 소송대리인 A 변호사가 송달받았다고 하더라도, 이를 乙이 직접 송달받은 경우와 같이 볼 수 없으므로, A 변호사가 이를 乙에게 전달하였다는 증거나 정황이 없는 이상, 乙이 공시송달의 방법으로 판결문이 송달된 사실을 알았다고 볼 수 없다. 그렇다면, 2024. 6. 1. 공시송달의 방법으로 송달된 사실을 알게 되어 2주 이내인 2024. 6. 8. 제기한 이 사건 추후보완항소는 적법하다.
  3) 다만, 甲이 제출한 당해사건 제1심 판결문과 확정증명원 등의 서증을 乙이 2024. 4. 5. 직접 송달받은 경우라면 乙은 판결문이 공시송달의 방법으로 송달된 사실을 알았다고 할 것이므로 그때부터 민소법 제173조 제1항 소정의 '사유가 없어진 후'에 해당하는바, 2024. 4. 5.로부터 2주가 도과한 2024. 6. 8. 제기한 이 사건 추후보완항소는 부적법하다.

3. 결론

1) 관련사건에서 乙의 소송대리인 A 변호사가 당해사건의 판결문을 송달받아 乙에게 전달하지 않은 경우, 2024. 6. 8. 제기된 乙의 추완항소는 적법하다.

2) 관련사건에서 乙이 당해사건의 판결문을 직접 송달받은 경우, 2024. 6. 8. 제기된 乙의 추완항소는 항소기간 도과로 부적법하다.

〈제1문의 3〉

甲은 2023. 5.경 乙을 상대로 대여금 1억 원의 지급을 구하는 소를 전자소송시스템을 이용하여 제기하였다. 乙은 본안에 관한 준비서면을 제출하여 이를 다투었다. 소송진행 도중에 甲과 乙은 재판 외에서 "乙이 甲에게 2023. 12.말까지 대여금 1억 원을 갚겠다는 내용의 확약서를 2023. 9.경까지 써주면 甲은 소를 취하한다."라고 합의하였다.

乙이 2023. 10.말이 지나도록 확약서를 써주지 않자 甲은 법원에 기일지정신청서를 제출하려 하였다. 그런데 전자소송시스템에 익숙하지 않은 甲은 조작을 잘못하여 소취하서를 제출하였다. 乙은 甲의 소취하서를 송달받은 당일 소취하동의서를 제출하였다. 乙이 제출한 동의서를 보고 본인의 실수를 깨달은 甲은 착오로 소취하한 것이므로 취소하여야 한다고 주장하며 기일지정신청서를 제출하였다.

문제.
법원은 甲의 기일지정신청에 대하여 어떠한 조치를 취하여야 하는가? (15점)

문제해설 [제1문의 3] 문제 해설

1. 문제
(1) 소취하의 유효여부 및 취소가부, (2) 기일지정신청에 대한 법원의 조치가 문제 된다.

2. 소취하의 유효여부 및 취소가부

(1) 유효여부
1) 관련 조문 - 소의 취하는 상대방이 본안에 관하여 준비서면을 제출하거나 변론준비기일에서 진술하거나 변론을 한 뒤에는 상대방의 동의를 받아야 효력을 가진다(민소법 제266조 제2항). 소가 취하된 부분에 대하여는 소가 처음부터 계속되지 아니한 것으로 본다(민소법 제267조 제1항).
2) 판례 - 소의 취하는 원고의 법원에 대한 소송행위이고, 소송행위는 일반 사법상의 행위와 달리 내심의 의사보다 그 표시를 기준으로 하여 그 효력 유무를 판정할 수밖에 없으므로 착오에 의한 소취하도 유효하다(대법원 2017. 11. 29. 선고 2017다247503 판결).
3) 사안의 경우 - 甲이 소를 취하할 의사가 아니라 기일지정을 신청하려는 의사였더라도 착오라는 이유로 소취하를 취소하거나 무효라고 볼 수 없다.

(2) 취소가부
1) 판례 - 민법상의 법률행위에 관한 규정은 민사소송법상의 소송행위에는 특별한 규정 또는 특별한 사정이 없는한 적용이 없으므로 사기 또는 착오를 원인으로 하여 소취하등 소송행위를 취소할 수 없다(대법원 1964. 9. 15. 선고 64다92 판결).
2) 사안의 경우 - 소송절차의 안정성을 고려할 때 표시주의가 우선되어야 하는바, 甲은 착오를 이유로 소 취하를 취소할 수 없다.

3. 기일지정신청에 대한 법원의 조치
(1) 관련 조문 - 소의 취하가 무효라는 것을 주장하는 당사자는 기일지정신청을 할 수 있고, 법원이 이를 심리한 결과 이유 없다고 인정하는 경우에는 판결로 소송종료를 선언하여야 한다(민소규칙 제67조 제1항, 제3항).

(2) 사안의 경우 - 법원은 甲의 소취하 착오취소 주장이 이유 없다고 판단되므로 판결로 소송종료 선언을 하여야 한다.

4. 결론
법원은 변론기일을 지정하여 심리한 후 민소법 규칙 제67조 제3항을 근거로 하여 판결로 소송종료 선언을 한다.

⟨제1문의 4⟩

⟨기초적 사실관계⟩

甲은 乙에 대하여 5,000만 원의 대여금채권을 가지고 있다. 변제기가 지나도록 乙이 채무를 변제하지 않자, 甲은 "乙의 부인 丙이 경매를 통하여 1억 원에 낙찰받은 X토지는 실질적으로 乙이 낙찰대금을 부담하고 그 명의만 丙으로 한 것으로서 명의신탁에 해당한다."고 주장하면서, 乙을 대위하여 丙을 상대로 낙찰대금액 중 甲의 채권액에 해당하는 5,000만 원의 지급을 구하는 부당이득반환청구의 소를 제기하였다. 제1심법원은 乙이 X토지의 낙찰대금을 실질적으로 부담하였다고 인정할 증거가 없다는 이유로 청구를 기각하였고, 甲은 이에 불복하여 항소를 제기하였다. 항소심에서 甲은 청구취지변경신청서를 통하여 X토지가 乙과 丙의 부부공동재산이라고 주장하면서 乙을 대위하여 X토지 중 1/2지분에 관하여 명의신탁 해지를 원인으로 한 소유권이전등기절차의 이행을 구하는 것으로 청구를 교환적으로 변경하였다.

※ 이하의 추가적 사실관계들은 각각 독립적인 별개의 사실관계이고, 질문도 별개임.

⟨추가적 사실관계 1⟩

항소심법원은 교환적으로 변경된 소유권이전등기청구에 대하여 심리한 결과 X토지가 乙과 丙의 부부공동재산이라고 인정할 증거가 없어 청구를 기각할 사안인데 이는 제1심판결과 결론이 같다는 이유로 甲의 항소를 기각하는 판결을 선고하였다.

문제 1.
위 항소기각판결은 적법한가? (10점)

⟨추가적 사실관계 2⟩

항소심법원은 위 청구취지의 변경사실을 간과하고 신청구인 소유권이전등기청구에 대하여는 판단하지 아니한 채 원래의 청구인 부당이득반환청구를 기각한 제1심판결을 유지하여 甲의 항소를 기각하였다. 甲은 위 항소심판결에 불복하여 상고를 제기하였다.

문제 2.
(1) 상고심법원은 어떠한 판결을 하여야 하는지, (2) 소유권이전등기청구 부분은 어떻게 처리되어야 하는지 그 근거와 함께 서술하시오. (15점)

문제해설 [제1문의 4] 문제 1. 해설

1. 문제
항소심에서 청구의 교환적 변경이 있고 법원의 심리 결과 변경된 청구에 대하여 이유 없는 경우, 항소기각을 내린 항소심 판결의 적법 여부가 문제 된다.

2. 항소심에서 청구의 교환적 변경이 있는 경우의 판결주문

(1) 관련 조문 및 법리 - 원고는 청구의 기초가 바뀌지 아니하는 한도안에서 변론을 종결할 때까지 청구의 취지 또는 원인을 바꿀 수 있다(민소법 제262조 제1항). 항소심의 소송절차에는 특별한 규정이 없으면 제1심의 소송절차에 관한 규정이 준용되므로(민소법 제408조), 항소심에서도 청구의 교환적 변경이 가능하며, 이는 구소 취하 및 신소 제기의 실질을 갖는다.

(2) 판례 - 항소심에 이르러 소가 교환적으로 변경된 경우에는 구 청구는 취하되어 그에 해당하는 제1심판결은 실효되고 신 청구만이 항소심의 심판대상이 되는 것이므로, 항소심은 제1심판결 중 항소심이 추가로 인용하는 부분에 해당하는 원고 패소부분을 취소한다거나 피고의 항소를 기각한다는 주문 표시를 하여서는 아니 된다(대법원 2009. 2. 26. 선고 2007다83908 판결).

(3) 사안의 경우
 1) 甲이 항소심에서 청구를 교환적으로 변경함으로써 구 청구인 부당이득반환 청구는 취하되어 부당이득반환 청구에 대한 제1심판결은 실효되었으므로, 항소심 법원이 실효된 제1심판결이 여전히 유효함을 전제로 甲의 항소를 기각한 것은 위법하다.
 2) 청구의 교환적 변경으로 신 청구만이 항소심의 심판대상이 되었으므로 항소심 법원은 소유권이전등기청구가 이유 없으면 청구를 기각하는 주문 표시를 하여야 한다.

3. 결론
제1심판결과 결론이 같다는 이유로 甲의 항소를 기각한 것은 적법하지 않다.

문제해설 [제1문의 4] 문제 2. 해설

1. 문제
항소심에서 청구의 교환적 변경을 간과한 경우, 법원의 처리 방법이 문제 된다.

2. 항소심에서 청구의 교환적 변경을 간과한 경우, 법원의 처리 방법

(1) **관련 조문 및 법리** - 법원이 청구의 일부에 대하여 재판을 누락한 경우에 그 청구 부분에 대하여는 그 법원이 계속하여 재판한다(민소법 제212조 제1항). 항소심 법원이 청구의 교환적 변경을 간과하고 신청구에 대하여 판단하지 않은 것은 재판의 누락에 해당하며, 원고가 구청구에 대한 항소심 판결에 불복하여 상고하더라도 신청구는 상고심으로 이심되지 않고 항소심에 그대로 계속되어 있으므로 항소심 법원이 신청구에 대하여 추가판결을 하여야 한다.

(2) **판례** - 항소심에서 청구가 교환적으로 변경된 경우에는 구청구는 취하되고 신청구만이 항소심의 심판 대상이 되므로, 항소심 법원이 이를 간과하고 신청구에 대하여는 판단하지 아니한 채 구청구에 대하여 판단한 것은 위법하고, 이러한 항소심 판결에 불복하여 원고가 상고한 경우에는 상고심 법원은 원심판결을 파기하고 구 청구에 대하여는 소송종료선언을 하여야 하며 원심으로 환송할 대상은 없다(대법원 2017. 2. 21. 선고 2016다45595 판결).

(3) **사안의 경우**

1) 甲은 항소심에서 청구를 교환적으로 변경하였으므로 구청구인 부당이득반환청구는 취하되고 신청구인 소유권이전등기청구만이 심판대상이 되는데, 항소심법원이 이를 간과하고 구청구인 부당이득반환청구에 대하여만 심판하여 甲의 항소를 기각한 것은 위법하다. 이에, 甲이 항소심 판결에 불복하여 상고한 경우 상고심법원은 원심판결을 파기하고 부당이득반환청구에 대하여 소송종료선언을 하여야 한다.

2) 신청구인 소유권이전등기청구 부분은 재판의 누락에 해당하여 상고심으로 이심되지 않고, 항소심에 계속되어 있으므로 항소심 법원이 소유권이전등기청구에 대하여 추가판결을 하여야 한다.

3. 결론

(1) 상고심 법원은 원심판결을 파기하고 부당이득반환청구에 대하여 소송종료선언을 하여야 하고,

(2) 신청구인 소유권이전등기청구 부분은 항소심 법원이 추가판결을 하여야 한다.

〈제1문의 5〉

〈기초적 사실관계〉

甲은 乙에게 1억 원을 대여하여 주었는데 乙의 친구 丙이 乙의 甲에 대한 채무에 대하여 연대보증을 하였다고 주장하며 丙을 상대로 보증채무의 이행을 구하는 소를 제기하였다. 丙은 乙이 甲에게 1억 원을 빌린 사실이 없고 자신도 甲과 보증계약을 체결한 적이 없다고 주장하였으나, 제1심법원은 주채무 및 보증채무의 존재를 인정하면서 甲의 청구를 인용하는 판결을 선고하였다. 이에 丙은 위 판결에 대해 항소하였다. 丙은 항소심 계속 중에 乙에 대하여 소송고지신청을 하여 위 소송고지서가 乙에게 송달되었다.

※ 이하의 추가적 사실관계들은 각각 독립적인 별개의 사실관계이고, 질문도 별개임.

〈추가적 사실관계 1〉

乙은 소송고지서를 송달받은 후 위 소송의 항소심 계속 중에 丙을 위하여 적법한 보조참가를 하였다.

문제 1.
 항소심 재판 중 乙은 丙의 동의를 받지 않은 채 甲의 동의만을 받아 丙의 항소를 취하할 수 있는가? (10점)

〈추가적 사실관계 2〉

乙은 소송고지서를 송달받고도 위 소송에 참가하지 않았다. 항소심 법원은 丙의 항소를 기각하는 판결을 선고하였고 丙은 더 이상 다투지 않아 甲의 승소판결이 그대로 확정되었다. 그 후 丙은 甲에게 위 보증채무금을 변제하였다. 그리고 丙은 乙을 상대로 보증채무금 상당액의 구상을 구하는 소를 제기하였다.

문제 2.
 이 소송에서 乙은 주채무의 부존재를 주장할 수 있는가? (10점)

문제해설 [제1문의 5] 문제 1. 해설

1. 문제
보조참가인 乙이 피참가인 丙의 동의 없이 상대방 甲의 동의를 얻어 항소를 취하할 수 있는지가 문제된다.

2. 보조참가인 乙의 항소 취하 가부

(1) **관련 조문** - 참가인은 소송에 관하여 공격·방어·이의·상소, 그 밖의 모든 소송행위를 할 수 있다. 다만, 참가할 때의 소송의 진행 정도에 따라 할 수 없는 소송행위는 그러하지 아니하다. 참가인의 소송행위가 피참가인의 소송행위에 어긋나는 경우에는 그 참가인의 소송행위는 효력을 가지지 아니한다(민소법 제76조 제1, 2항). 항소는 항소심의 종국 판결이 있기 전에 취하할 수 있고(민소법 제393조 제1항), 항소심에서의 항소취하는 상대방의 동의가 필요없다(민소법 제393조 제2항에서 제266조 제2항 부준용).

(2) **판례** - 민소법 제76조 제2항의 규정 취지는 피참가인들의 소송행위와 보조참가인들의 소송행위가 서로 어긋나는 경우에는 피참가인의 의사가 우선하는 것을 뜻하므로 피참가인은 참가인의 행위에 어긋나는 행위를 할 수 있고, 보조참가인들이 제기한 항소를 포기 또는 취하할 수도 있다(대법원 2010. 10. 14. 선고 2010다38168 판결).

(3) **사안의 경우**

1) 보조참가소송에서 참가인은 피참가인이 제기한 항소를 취하할 수 없지만, 참가인이 항소를 제기한 경우에는 피참가인의 동의가 있으면 보조참가인도 항소를 취하할 수 있다.

2) 다만, 항소의 취하는 피참가인 丙에게 불이익한 행위에 해당하므로 참가인 乙은 상대방 甲의 동의를 얻었다 하더라도 피참가인 丙의 동의 없이 항소를 취하할 수 없다.

3. 결론
乙은 丙의 동의 없이 甲의 동의만을 받아 丙의 항소를 취하할 수 없다.

> **문제해설** [제1문의 5] 문제 2. 해설

1. 문제
소송고지를 받고도 참가하지 않은 피고지자 乙에 대한 소송법상 참가적 효과가 문제 된다.

2. 乙에게 참가효가 미치는지 여부

(1) **관련 조문** - 소송이 법원에 계속된 때에는 당사자는 참가할 수 있는 제3자에게 소송고지를 할 수 있다(민소법 제84조). 소송고지를 받은 사람이 참가하지 아니한 경우라도 참가인에 대한 재판의 효력을 적용할 때에는 참가할 수 있었을 때에 참가한 것으로 본다(민소법 제86조).

(2) **판례**(대법원 2020. 1. 30. 선고 2019다268252 판결)
  1) 보조참가인이 피참가인을 보조하여 공동으로 소송을 수행하였으나 피참가인이 소송에서 패소한 경우에는 형평의 원칙상 보조참가인이 피참가인에게 패소판결이 부당하다고 주장할 수 없도록 구속력을 미치게 하는 참가적 효력이 인정된다.
  2) 전소 확정판결의 참가적 효력은 전소 확정판결의 결론의 기초가 된 사실상·법률상 판단으로서 보조참가인이 피참가인과 공동이익으로 주장하거나 다툴 수 있었던 사항에 미친다. 소송고지를 받은 사람이 참가하지 않은 경우라도 참가할 수 있었을 때에 참가한 것으로 보기 때문에 소송고지를 받은 사람에게도 위와 같은 효력이 미친다.

(3) **사안의 경우** - 甲의 丙에 대한 보증채무이행 청구 판결이 그대로 확정됨에 따라 甲과 乙 사이에 주채무의 존재에 대하여는 기판력이 발생하였다. 그리고 이러한 소송에 대한 소송고지서가 乙에 송달되었으므로 乙에게 참가적 효력이 미치므로, 乙은 丙과의 사이에서 주채무의 부존재를 주장할 수 없다.

3. 결론
乙은 丙의 구상금 청구 소송에서 주채무의 부존재를 주장할 수 없다.

〈제1문의 6〉

〈기초적 사실관계〉

甲은 2019. 11. 9. 乙로부터 X 건물을 임대차보증금 2억 5천만 원, 차임 월 5백만 원, 기간 2019. 11. 9.부터 2021. 11. 8.까지로 정하여 임차하고, 같은 날 X 건물을 인도받으면서 乙에게 위 임대차보증금을 지급하였다. 丙은 2021. 5. 11. 甲과 사이에 작성된 약속어음공정증서 정본에 기초하여 2021. 9. 8. 甲의 乙에 대한 위 임대차보증금반환채권 중 2억 원에 대하여 채권압류 및 전부명령을 받았다. 그 후 위 채권압류 및 전부명령은 2021. 9. 12. 乙에게, 2021. 9. 13. 甲에게 각 송달된 후 2021. 9. 20. 확정되었다.

※ 아래 추가된 사실관계 및 각 질문은 상호무관하고 독립적이다.

〈추가된 사실관계 1〉

甲은 2021. 9. 10. 자신의 또 다른 채권자인 丁에게 위 임대차보증금 반환채권 전부를 양도하였고, 확정일자(2019. 9. 10.)를 갖춘 채권양도통지가 2021. 9. 12. 乙에게 도달하였다. 그 후 丁이 양수받은 2억 5천만 원의 지급을 乙에게 청구하자, 乙은 위 채권압류 및 전부명령이 있음을 이유로 2억 원을 제외한 5천만 원만 지급하겠다고 주장하였다.

문제 1.

乙의 주장을 고려하여 丁의 乙에 대한 청구의 결론(소 각하, 청구 기각, 청구 인용, 청구 일부인용, 일부인용의 경우 그 구체적인 범위를 확정할 것)을 구체적인 논거와 함께 서술하시오. (20점)

〈추가된 사실관계 2〉

丙은 2022. 5. 20. 乙에게 위 채권압류 및 전부명령에 기하여 2억 원의 지급을 구하는 소를 제기하였다. 이에 대하여 乙은 2022. 7. 12. 법정에 출석하여 "(1) 乙이 2021. 4. 9. 甲에게 1억 원을 이자 월 1%(매월 8일 지급), 변제기 2021. 12. 8.로 정하여 대여하였는데, 甲으로부터 위 대여금에 대하여 2021. 12. 8.까지의 이자를 수령하고 그 뒤로 원금과 지연이자를 받지 못하였으므로 위 대여원리금 채권을 자동채권으로 하여 상계하겠다. (2) 乙은 2021. 1. 9. 甲에게 1억 원을 이자 월 1%(매월 8일 지급), 변제기 2021. 10. 8.로 정하여 대여하였으며, 甲으로부터 위 대여금에 대하여 2021. 6. 8.까지의 이자를 수령하고 그 뒤로 원금과 지연이자를 받지 못하였으므로 위 대여원리금 채권을 자동채권으로 상계하겠다."고 답변하였다. 이에 대하여 丙은 "丙이 임차보증금채권 전부에 관하여 전부명령을 받은 것이 아니라 2억 5천만 원 중 2억 원에 관하여만 전부명령을 받은 것이므로 자신에 대해서만 자동채권 전부에 대하여 상계하는 것은 허용되지 않는다."고 주장하였다.

문제 2.

법원의 심리결과 乙이 주장하는 대여금채권이 전부 인정된 경우, 丙의 乙에 대한 청구의 결론(소 각하, 청구 기각, 청구 인용, 청구 일부인용, 일부인용의 경우 그 구체적인 범위를 확정할 것)을 구체적인 논거와 함께 서술하시오. (30점)

문제해설 [제1문의 6] 문제 1. 해설

1. 문제
전부 명령과 대항요건을 갖춘 채권양수인 사이의 우열이 문제 된다.

2. 전부 명령을 받은 丙과 대항요건을 갖춘 채권양수인 丁의 우열 관계

(1) **관련 조문** - 압류 및 전부명령은 제3채무자에게 송달되어야 효력이 생긴다(민집법 제229조 제4항). 지명채권의 양도는 양도인이 채무자에게 통지하거나 채무자가 승낙하지 아니하면 채무자 기타 제삼자에게 대항하지 못하고, 통지나 승낙은 확정일자 있는 증서에 의하지 아니하면 채무자이외의 제삼자에게 대항하지 못한다(민법 제450조 제1,2항).

(2) **판례**(대법원 1994. 4. 26. 선고 93다24223 전원합의체 판결)
   1) 채권이 이중으로 양도된 경우의 양수인 상호간의 우열은 채권양도에 대한 채무자의 인식, 즉 확정일자 있는 양도통지가 채무자에게 도달한 일시 또는 확정일자 있는 승낙의 일시의 선후에 의하여 결정되고, 이는 채권양수인과 동일 채권에 대하여 가압류명령을 집행한 자 사이의 우열을 결정하는 경우에 있어서도 마찬가지이므로, 확정일자 있는 채권양도 통지와 가압류결정 정본의 제3채무자(채권양도의 경우는 채무자)에 대한 도달의 선후에 의하여 그 우열을 결정하여야 한다.
   2) 채권양도 통지 또는 압류명령 등이 제3채무자에 동시에 송달되어 그들 상호 간에 우열이 없는 경우에도 그 채권양수인, 압류채권자는 모두 제3채무자에 대하여 완전한 대항력을 갖추었으므로, 그 전액에 대하여 채권양수금, 압류전부금의 이행청구를 하고 적법하게 이를 변제받을 수 있고, 제3채무자로서는 이들 중 누구에게라도 그 채무 전액을 변제하면 다른 채권자에 대한 관계에서도 유효하게 면책된다.
   3) 만약 양수채권액과 가압류 또는 압류된 채권액의 합계액이 제3채무자에 대한 채권액을 초과할 때에는 그들 상호간에는 법률상의 지위가 대등하므로 공평의 원칙상 각 채권액에 안분하여 이를 내부적으로 다시 정산할 의무가 있다.

(3) **사안의 경우**
   1) 丙의 압류 및 전부 명령이 효력을 발생하는 시기는 제3채무자인 乙에게 송달된 2021. 9. 12.이고, 채권양수인 丁이 채무자 乙에게 채권양도의 대항요건을 갖춘 시기 또한 2021. 9. 12.이므로 丙과 丁은 동순위의 채권자이다.
   2) 동순위 채권자 丁과 丙은 양수 또는 전부된 채권 전액에 대한 청구가 가능하고, 그에 대한 변제로 乙은 유효하게 면책되는바, 丁의 乙에 대한 2억 5천만 원 지급 청구는 적법 유효하다.
   3) 다만, 그에 대한 지급으로 丙과 丁사이에 내부적 정산의무는 발생할 수 있다.

3. 결론
乙의 주장은 타당하지 않아서, 丁은 乙에게 양수한 임차보증금 전액을 청구할 수 있는바, 丁의 청구는 인용된다.

문제해설 [제1문의 6] 문제 2. 해설

1. 문제
(1) 乙의 甲에 대한 자동채권으로 상계 가부, (2) 제3채무자의 전부채권자에 대한 상계의 범위, (3) 상계충당 이후의 금액이 문제 된다.

2. 乙의 甲에 대한 자동채권으로 상계 가부

(1) **관련 조문** - 지급을 금지하는 명령을 받은 제3채무자는 그 후에 취득한 채권에 의한 상계로 그 명령을 신청한 채권자에게 대항하지 못한다(민법 제498조).

(2) **판례** - 채권압류명령을 받은 제3채무자가 압류채무자에 대한 반대채권을 가지고 있는 경우에 상계로써 압류채권자에게 대항하기 위하여는, 압류의 효력 발생 당시에 대립하는 양 채권이 상계 적상에 있거나, 그 당시 반대채권(자동채권)의 변제기가 도래하지 아니한 경우에는 그것이 피압류 채권(수동채권)의 변제기와 동시에 또는 그보다 먼저 도래하여야 한다(대법원 2012. 2. 16. 선고 2011다45521 전원합의체 판결).

(3) **사안의 경우** - 2021. 4. 9. 자 자동채권의 변제기는 2021. 12. 8.이고, 수동채권(임대차보증금 반환채권)의 변제기는 2021. 11. 8.이므로 위 채권을 가지고 상계할 수 없지만, 2021. 1. 9. 자 자동채권의 변제기는 2021. 10. 8.이고, 수동채권(임대차보증금반환채권)의 변제기는 2021. 11. 8.이므로 위 채권을 가지고 상계할 수 있다.

3. 제3채무자 乙의 전부채권자 丙에 대한 상계의 범위

(1) **판례**(대법원 2010. 3. 25. 선고 2007다35152 판결)
  1) 가분적인 금전채권의 일부에 대한 전부명령이 확정되면 전부명령이 제3채무자에 송달된 때에 소급하여 전부된 채권 부분과 전부되지 않은 채권 부분에 대하여 각기 독립한 분할채권이 성립하게 되므로, 그 채권에 대하여 압류채무자에 대한 반대채권으로 상계하고자 하는 제3채무자로서는 전부채권자 혹은 압류채무자 중 어느 누구도 상계의 상대방으로 지정하여 상계하거나 상계로 대항할 수 있다.
  2) 제3채무자의 상계 의사표시를 수령한 전부채권자는 압류채무자에 잔존한 채권 부분이 먼저 상계되어야 한다거나 각 분할채권액의 채권 총액에 대한 비율에 따라 상계되어야 한다는 이의를 할 수 없다.

(2) **사안의 경우** - 丙은 乙의 상계항변에 대하여 자신의 전부금(2억 원)에 대해서만 상계하는 것은 허용되지 않는다는 주장을 할 수 없는바, 乙은 甲에 대한 2021. 1. 9.자 채권 전액을 상계로 주장할 수 있다.

4. 상계충당

(1) **자동채권** - 2021. 1. 9. 자 원금 1억 원, 이자 월 1%(매월 8일 지급), 변제기 2021. 10. 8.

(2) 수동채권 - 2021. 11. 8. 임대차보증금 반환채권 2억 원

(3) 상계충당

1) 상계적상시점 : 2021. 11. 8.

2) 자동채권 : 1억 원 + 500만 원(=100만 원 × 5개월 : 2021. 7.월분 부터 2021. 11.월분 까지)

3) 수동채권 : 2억 원 (전부금)

4) 충당액 : 2억 원 - 1억 5백만 원 = 9천 5백만 원

5. 결론

丙의 청구는 9,500만 원 범위에서 일부인용된다.

〈제2문의 1〉

〈기초적 사실관계〉

甲 종중은 X 토지 및 Y 토지의 소유자이다. A는 2003. 7. 1. 甲 종중으로부터 X 토지 및 Y 토지를 적법하게 매수하여 매매대금을 모두 지급하고 같은 날부터 점유하기 시작하였으나 소유권이전등기는 마치지 못하였다. 甲 종중은 2005. 9. 1. X 토지에 관하여 종원 乙 앞으로 명의신탁을 원인으로 소유권이전등기를 마쳤다(甲 종중과 乙 사이의 위 명의신탁약정은 조세포탈, 강제집행의 면탈 또는 법령상 제한의 회피를 목적으로 한 것은 아니었다).

한편 甲 종중은 2005. 12. 1. Y 토지에 관하여 매매를 원인으로 丙 명의로 소유권이전등기를 마쳐주었다. A는 2013. 8. 1. X 토지와 Y 토지를 B에게 매도하고 같은 날 B에게 위 토지를 모두 인도하였다.

[※ 아래 추가된 사실관계 및 각 질문은 상호무관하고 독립적이다.]

〈추가적 사실관계 1〉

甲 종중은 2023. 7. 25. X 토지에 관하여 乙과의 명의신탁약정을 해지하고 같은 날 甲 종중 명의로 소유권이전등기를 마쳤다. B는 2023. 10. 1. C에게 X 토지를 매도하고 같은 날 C에게 위 토지를 인도하였다. C는 2024. 6. 19. 甲 종중을 피고로 하여 B가 甲 종중에게 가지는 취득시효완성에 기한 이전등기청구권을 대위하는 소를 제기하였다.

문제 1.

C의 甲 종중에 대한 소의 결론(소 각하, 청구 기각, 청구 인용, 청구 일부인용, 일부인용의 경우 그 구체적인 범위를 확정할 것)을 구체적인 논거와 함께 서술하시오. (15점)

〈추가적 사실관계 2〉

2020. 5. 7. 丙은 K은행으로부터 3억 원을 차용하면서 Y 토지에 저당권을 설정하였고 같은 날 K은행 명의의 저당권등기가 마쳐졌다. 2023. 5. 7. K은행에 의한 Y 토지에 대한 임의경매개시결정이 이루어져 그 결정이 丙 등에게 송달되었다. 丙은 2023. 1. 2. Y 토지를 丁에게 매도하고 같은 날 丁 명의로 소유권이전등기를 마쳤다. B가 Y 토지에 관하여 취득시효완성을 원인으로 한 소유권이전등기청구권을 취득하였다고 주장하면서 2023. 12. 1. 이를 D에게 양도한 후 丁에게 내용증명 우편으로 채권양도통지를 하였다. 그 후 D는 丁을 상대로 양수받은 채권에 기하여 소유권이전등기 청구소송을 제기하였다. 이에 대해 丁은 "① 주위적으로 Y 토지에 대한 압류에 의해 취득시효는 중단되었으므로 시효취득이 인정되지 않으며, ② 예비적으로 취득시효가 인정된다고 하더라도 채권양도의 통지만으로는 자신에게 대항할 수 없다."고 주장하였다.

문제 2.

丁의 주위적·예비적 주장이 타당한지를 구체적인 논거와 함께 서술하시오. (15점)

〈추가된 사실관계 3〉

한편 甲 종중이 2005. 10. 1. Y 토지를 戊에게 증여하고 같은 날 戊 명의로 소유권이전등기를 마쳐주었으나, 甲 종중이 불법으로 말소하여 2005. 12. 1. Y 토지에 관하여 매매를 원인으로 丙 명의로 소유권이전등기를 마쳐준 사실이 확인되었다. 丙은 2023. 1. 2. Y 토지를 丁에게 매도하고 같은 날 丁 명의로 소유권이전등기를 마쳤다.

이러한 사실을 뒤늦게 알게 된 戊가 소유권에 기한 말소등기청구권을 보전하기 위하여 丁을 상대로 Y 토지에 대한 처분금지가처분 신청을 하였고, 2023. 8. 1. 법원의 결정에 의해 Y 토지에 처분금지가처분 등기가 마쳐졌다. 2024. 1. 8. B가 Y 토지에 대하여 취득시효완성을 원인으로 한 소유권이전등기청구권을 행사하여 같은 날 B 명의로 소유권이전등기를 마쳤다. 한편 2024. 3. 8. 戊가 丁을 상대로 제기한 소유권에 기한 말소등기청구소송이 승소판결로 확정되었고, 戊는 2024. 6. 8. B를 상대로 처분금지가처분의 저촉을 이유로 소유권이전등기의 말소를 청구하였다.

문제 3.

戊의 B에 대한 청구의 결론(소 각하, 청구 기각, 청구 인용, 청구 일부인용, 일부인용의 경우 그 구체적인 범위를 확정할 것)을 구체적인 논거와 함께 서술하시오. (15점)

문제해설 [제2문의 1] 문제 1. 해설

1. 문제
C의 채권자대위소송에서 채무자인 B가 제3채무자인 甲 종중에게 취득시효완성에 기한 이전등기청구권을 행사할 수 있는지가 문제 된다.

2. B의 甲 종중에 대한 취득시효 완성을 원인으로 한 소유권이전등기청구권 행사 가부

(1) 관련 조문
1) 20년간 소유의 의사로 평온, 공연하게 부동산을 점유한 자는 등기함으로써 소유권을 취득하는데(민법 제245조 제1항), 점유자의 자주점유성 및 평온·공연성은 추정되고(민법 제197조 제1항), 점유승계인은 자기점유와 전점유자의 점유를 아울러 주장할 수 있으며 이때 하자도 승계한다(민법 제199조 제2항).
2) 종중이 보유한 부동산에 관한 물권을 종중 외의 자의 명의로 등기한 경우, 조세포탈, 강제집행의 면탈 또는 법령상 제한의 회피를 목적으로 하지 아니하는 한 명의신탁약정은 유효로 한다(부실법 제8조 1호).

(2) 판례
명의신탁된 부동산에 대하여 점유취득시효가 완성된 후 시효취득자가 그 소유권이전등기를 경료하기 전에 명의신탁이 해지되어 그 등기명의가 명의수탁자로부터 명의신탁자에게로 이전된 경우에는 그 명의신탁자는 취득시효 완성 후에 소유권을 취득한 자에 해당하여 그에 대하여 취득시효를 주장할 수 없다(대법원 1995. 12. 8. 선고 95다38493 판결).

(3) 사안의 경우
1) B는 전 점유자인 A의 점유를 승계하였으므로 A의 점유개시일인 2003. 7. 1.로부터 20년이 경과한 2023. 7. 1.에 B는 X 토지에 관한 취득시효가 완성되었고 민법 제245조 제1항에 의해 소유권이전등기청구권을 취득한다.
2) 그런데 취득시효 완성 후 시효취득자가 소유권이전등기를 경료하기 전 2023. 7. 25. 명의신탁이 해지되어 등기명의가 甲 종중으로 이전되었는데, 내부적인 소유권 변동은 없으나 대외적으로는 그 소유권에 변동이 있는바, 점유시효취득자와의 관계는 대외적 관계이므로 甲 종중은 취득시효완성 후에 소유권을 취득한 자에 해당하여, B는 甲 종중에게 시효완성의 효과를 주장할 수 없다.

3. 결론
C의 채권자대위소송은 피대위권리의 부존재로 기각된다.

문제해설　[제2문의 1] 문제 2. 해설

1. 문제

丁의 (1) 주위적, (2) 예비적 주장의 당부가 문제 된다.

2. 丁의 주위적 주장의 당부

(1) **관련 조문** - 소멸시효의 중단에 관한 규정은 점유취득시효 기간 산입에 준용한다(민법 제247조 제2항). 소멸시효는 압류로 인해 중단된다(민법 제168조 제2호).

(2) **판례** - 부동산에 압류 또는 가압류 조치가 이루어졌다고 하더라도 이로써 종래의 점유상태의 계속이 파괴되었다고는 할 수 없으므로 이는 취득시효의 중단사유가 될 수 없다(대법원 2019. 4. 3. 선고 2018다296878 판결).

(3) **사안의 경우** - K은행이 2023. 5. 7. Y토지에 대하여 임의경매개시결정을 받아 丙에게 송달되었지만, 이는 금전채권의 보전을 위한 강제집행의 일환으로 Y토지 점유상태의 계속을 파괴하는 사유에 해당되지 않으므로, Y토지에 대한 점유취득시효가 압류로 중단되었다는 주위적 주장은 타당하지 않다.

3. 丁의 예비적 주장의 당부

(1) **관련 조문** - 채권은 양도할 수 있으나, 채권의 성질이 양도를 허용하지 아니하는 때에는 그러하지 아니하다(민법 제449조 제1항). 지명채권의 양도는 양도인이 채무자에게 통지하거나 채무자가 승낙하지 아니하면 채무자 기타 제삼자에게 대항하지 못한다(민법 제450조 제1항).

(2) **판례** (대법원 2018. 7. 12. 선고 2015다36167 판결)

　1) 매매로 인한 소유권이전등기청구권의 양도는 특별한 사정이 없는 이상 양도가 제한되고 양도에 채무자의 승낙이나 동의를 요한다고 할 것이므로 통상의 채권양도와 달리 양도인의 채무자에 대한 통지만으로는 채무자에 대한 대항력이 생기지 않으며 반드시 채무자의 동의나 승낙을 받아야 대항력이 생긴다.

　2) 그러나 취득시효완성으로 인한 소유권이전등기청구권은 채권자와 채무자 사이에 아무런 계약관계나 신뢰관계가 없고, 그에 따라 채권자가 채무자에게 반대급부로 부담하여야 하는 의무도 없다. 따라서 취득시효완성으로 인한 소유권이전등기청구권의 양도의 경우에는 매매로 인한 소유권이전등기청구권에 관한 양도제한의 법리가 적용되지 않는다.

(3) **사안의 경우** - 점유취득시효완성을 원인으로 한 소유권이전등기청구권은 매매로 인한 소유권이전등기청구권의 양도와는 달리 법정채권에 해당하여 양도에 있어서 제한의 법리가 적용되지 않아서, B의 D에 대한 통지만으로 채권양수인 D는 丁에게 대항력을 취득하는바, 丁의 예비적 주장은 타당하지 않다.

4. 결론

丁의 주위적·예비적 주장은 타당하지 않다.

문제해설 [제2문의 1] 문제 3. 해설

1. 문제
戊의 B에 대한 소유권이전등기말소청구에 대한 법원의 판단이 문제 된다.

2. 부동산에 대한 점유시효취득등기와 처분금지가처분등기의 관계

(1) 관련 조문 - 20년간 소유의 의사로 평온, 공연하게 부동산을 점유한 자는 등기함으로써 소유권을 취득한다(민법 제245조 제1항).

(2) 판례(대법원 2012. 11. 15. 선고 2010다73475 판결)

1) 취득시효 완성 후 등기 이전에 제3자의 처분금지가처분이 이루어진 부동산에 관하여 점유자가 취득시효 완성을 원인으로 소유권이전등기를 하였는데, 그 후 가처분권리자가 가처분의 본안소송에서 승소판결을 받고 확정판결에 따라 소유권이전등기를 한 경우, 점유자가 가처분권리자에게 대항할 수 없다.

2) 그러나, 처분금지가처분의 권리자가 취득시효 완성 당시 부동산의 진정한 소유자이며 가처분의 피보전권리가 소유권에 기한 말소등기청구권 또는 진정명의회복을 위한 이전등기청구권인 경우, 가처분에 의하여 부동산의 소유명의를 회복한 가처분권리자는 취득시효 완성을 원인으로 하여 이루어진 소유권이전등기가 자신의 처분금지가처분에 저촉되는 것이라고 주장하여 시효취득자의 소유권취득의 효력을 부정할 수 없다.

(3) 사안의 경우

1) 가처분권리자 戊가 처분금지가처분의 본안소송에서 승소판결을 받고 그 확정판결에 따라 소유권이전등기를 하였다면 특별한 사정이 없는 한, 시효취득자 B는 戊에게 대항할 수 없다.

2) 그런데, 점유취득시효 완성자 B가 실질적으로 점유취득시효 완성을 원인으로 소유권이전등기를 청구할 상대방은 원인무효의 등기를 경료한 丁이 아닌 진정한 소유권자 戊이고, 戊에게 점유취득시효완성을 원인으로 한 소유권이전등기를 받기 위해 원인무효등기인 丁의 등기를 대위 말소하고, 戊로부터 이전등기를 받아야 한다.

3) 따라서, 무효등기인 丁으로부터 점유취득시효를 원인으로 하여 마친 이전등기는 실체관계에 부합한 등기로서 유효하므로 B는 소유권을 취득한 것으로 볼 수 있는바, 戊의 B에 대한 청구는 타당하지 않다.

3. 결론
戊의 B에 대한 청구는 기각된다.

〈제2문의 2〉

〈기초 사실관계〉
　乙은 2009. 4. 1. 甲과 甲 소유의 X 토지에 관하여 '임대차 기간은 2009. 4. 1.부터 2019. 3. 31. 까지, 월차임은 1천만 원'으로 하는 건물 소유 목적의 임대차계약을 체결하면서 甲으로부터 X 토지를 인도받았다. 乙은 2010. 3. 5. X 토지 위에 Y 건물을 신축한 후 보존등기를 마치지 않은 상태에서 丙에게 Y 건물을 매도하였다. 丙은 2020. 4. 1. 乙에게 매매대금을 지급하고 미등기인 상태로 Y 건물을 인도받아 계속 점유하였다. 임대차가 종료되었음에도 甲은 X 토지를 인도받지 못했다. 2024. 4. 1. 甲은 乙과 丙을 공동피고로 하여 X 토지의 점유·사용에 따른 부당이득으로 5년간(2019.4.1.부터 2024.3.31.까지)의 임료상당액인 6억 원을 청구하였다(임료상당액은 현재까지 1천만 원으로 변동이 없다).

문제.
　乙이 甲에게 1억 원을 지급하자 甲이 乙의 잔존 채무를 면제한 경우, 甲의 丙에 대한 청구의 결론(소 각하, 청구 기각, 청구 인용, 청구 일부인용, 일부인용의 경우 그 구체적인 범위를 확정할 것)을 구체적인 논거와 함께 서술하시오(이자 및 지연손해금은 고려하지 말 것). (20점)

문제해설 [제2문의 2] 문제 해설

1. 문제

(1) 건물의 원시취득자 乙 및 미등기 건물의 매수인 丙이 토지소유자 甲에 대하여 부담하는 부당이득반환채무의 법적성질, (2) 부진정연대채무자 1인의 일부 변제 및 면제의 효력이 문제 된다.

2. 乙과 丙의 甲에 대한 부당이득 반환채무의 법적 성질

(1) **관련 조문** - 법률상 원인없이 타인의 재산으로 인하여 이익을 얻고 이로 인하여 타인에게 손해를 가한 자는 그 이익을 반환하여야 한다(민법 제741조).

(2) **판례** - 미등기건물을 양수하여 건물에 관한 사실상의 처분권을 보유하게 됨으로써 그 양수인이 건물 부지 역시 아울러 점유하고 있다고 볼 수 있는 경우에는 미등기건물에 관한 사실상의 처분권자도 건물 부지의 점유·사용에 따른 부당이득반환의무를 부담한다. 이러한 경우 미등기건물의 원시취득자와 사실상의 처분권자가 토지 소유자에 대하여 부담하는 부당이득반환의무는 동일한 경제적 목적을 가진 채무로서 부진정연대채무 관계에 있다(대법원 2022. 9. 29. 선고 2018다243133 판결).

(3) **사안의 경우** - X건물의 법률상 소유자 乙과 사실상 처분권자 丙은 X 토지소유자 甲에 대하여 X토지의 점유, 사용으로 인한 부당이득반환채무를 부담하고 이들의 채무는 부진정연대채무 관계에 놓인다. 즉, 丙이 미등기매수인으로 점유를 시작하게 된 2020. 4. 1.부터 24. 3. 31. 까지의 4억 8천만 원을 乙과 丙이 공동하여 책임을 져야 하고, 19. 4. 1.부터 20. 3. 31.까지의 임료 상당액인 1억 2천만 원은 乙이 단독으로 책임을 부담해야 한다.

3. 부진정연대채무자 1인의 일부 변제 및 면제의 효력

(1) **변제 및 면제의 효과**

1) 판례 - 부진정연대채무 관계에서 변제, 대물변제, 공탁, 상계는 절대효가 있으나, 권리포기, 채무면제 등은 상대효 밖에 없다(대법원 2010. 9. 16. 선고 2008다97218 전원합의체 판결).

2) 사안의 경우 - 乙의 1억 원 변제는 丙에게도 효력이 있지만, 4억 원 면제는 丙에게 효력이 없다.

(2) **다액채무자의 일부변제 효과**

1) 판례 - 금액이 다른 채무가 서로 부진정연대 관계에 있을 때 다액채무자가 일부 변제를 하는 경우 변제로 인하여 먼저 소멸하는 부분은 다액채무자가 단독으로 채무를 부담하는 부분이다(대법원 2018. 3. 22. 선고 2012다74236 전원합의체 판결).

2) 사안의 경우 - 다액채무자인 乙의 1억 원 변제는 乙이 단독으로 채무를 부담하는 부분 1억 2천만 원 부분을 먼저 소멸시키므로 乙의 일부 변제 이후에도 丙은 여전히 4억 8천만 원의 채무를 부담한다.

4. 결론

甲의 丙에 대한 청구는 4억 8천만 원 범위에서 일부 인용된다.

〈제2문의 3〉

〈기초 사실관계〉

아파트 시공을 업으로 하는 乙은 2020. 6. 20. 건축자재물품을 판매하는 상인 甲으로부터 철근·시멘트 등을 구매하고 대금 1억 원을 2020. 8. 20. 甲에게 지급하기로 약정하였다. 한편 丙은 乙로부터 1억 원을 빌리고 2020. 8. 30. 갚기로 약정하였다. 乙은 채무초과상태임에도 불구하고 2020. 10. 20. 丙에 대한 대여금채권과 그에 대한 지연손해금채권을 대물변제조로 丁에게 양도하였고, 양도사실은 2020. 10. 30. 丙에게 확정일자 있는 증서로 통지되었다. 甲은 乙에 대한 위 판매대금채권을 보전하기 위하여 2022. 11. 20. 丁을 피고로 하여 乙의 丁에 대한 채권양도를 취소하고 원상회복으로서 丁에게 채권양도가 취소되었다는 취지를 丙에게 통지할 것을 구하는 소를 제기하였다. 甲은 2022. 8. 10. 乙의 채권양도 사실과 사해의사를 알았다. 변론종결 시까지 乙의 채무초과 상태는 유지되었다.

[※ 아래 추가된 사실관계 및 각 질문은 상호무관하고 독립적이다.]

〈추가된 사실관계 1〉

丁은 2022. 12. 20. 丙으로부터 위 양수금 채권원리금 전액인 1억 1천만 원을 변제받았다.

문제 1.

甲의 丁에 대한 소의 결론(소 각하, 청구 기각, 청구 인용, 청구 일부인용, 일부인용의 경우 그 구체적인 범위를 확정할 것)을 구체적인 논거와 함께 기술하시오(이자 및 지연손해금은 고려하지 말 것). (20점)

〈추가된 사실관계 2〉

甲이 丁을 상대로 제기한 사해행위취소 및 원상회복청구는 2023. 6. 20. "乙의 丁에 대한 채권양도를 취소하고 丁에 대한 채권양도가 취소되었다는 취지를 丙에게 통지할 것"을 명하는 승소판결로 확정되었다.

甲은 乙에 대한 건축자재판매대금 채권의 보전을 위하여 2023. 7. 20. 丙을 피고로 하여 乙을 대위하여 사해행위취소에 따른 乙의 丙에 대한 대여금채권에 관하여 채권자대위소송을 제기하였다. 이에 丙은 "① 甲의 乙에 대한 건축자재판매대금 채권은 소멸시효가 완성되었고, ② 乙은 丙에게 대여금채권을 행사할 수 없다."고 항변하였다.

문제 2.

甲의 丙에 대한 소의 결론(소 각하, 청구 기각, 청구 인용, 청구 일부인용, 일부인용의 경우 그 구체적인 범위를 확정할 것)을 구체적인 논거와 함께 서술하시오. (15점)

문제해설 [제2문의 3] 문제 1. 해설

1. 문제

채권자취소권 적법 여부 및 인용 여부가 문제 된다.

2. 甲의 丁에 대한 채권자취소권 적법 여부

(1) **관련 조문** - 채권자 취소의 소는 채권자가 취소 원인을 안 날로부터 1년, 법률행위 있은 날로부터 5년 내에 제기하여야 한다(민법 제406조 제2항).

(2) **판례** - 사해행위 있음을 안다는 것은 사해행위를 한 사실뿐만 아니라 채무자의 채무초과 사실 및 채무자의 사해의사도 알아야 한다(대법원 2005. 6. 9. 선고 2004다17535 판결).

(3) **사안의 경우** - 사해행위로서 채권양도 행위는 2020. 10. 20. 있었고 소제기는 2022. 11. 20.로 사해행위를 한 날부터 5년이 경과하지 않았다. 1년의 제소기간의 도과여부와 관련하여, 취소채권자 甲은 2022 8. 10. 乙의 채권양도 사실과 사해의사를 알았고, 소가 제기된 것은 2022. 11. 20. 이므로 甲이 이를 안 날부터 1년이 경과하지 않았는바, 제소기간은 준수하였다.

3. 채권자취소소송의 인용 여부

(1) **요건** - ① 피보전채권의 존재, ② 채무자의 사해행위, ③ 채무자의 사해의사(민법 제406조).

(2) **피보전채권의 존재**

피보전채권은 사해행위 이전에 존재하여야 하는데, 甲의 乙에 대한 매매대금채권이 사해행위를 한 날인 2020. 10. 20. 전인 2020. 6. 20. 1억 원의 피보전채권이 발생하였다.

(3) **채무자의 사해행위 및 사해의사**

채권양도행위는 재산상의 법률행위이므로 사해행위가 될 수 있으며, 사해행위 당시 채무자 乙은 채무초과 상태였고 현재까지 채무초과 상태가 유지되고 있으므로 사해행위에도 해당한다. 그리고, 채무자 乙의 사해의사는 취소채권자 甲이 2022. 8. 10. 알고 있었음이 밝혀졌고, 채무자의 사해의사가 인정되면 수익자 丁의 사해의사는 추정된다.

(4) **소결** - 채권자취소에 필요한 요건을 충족하여 甲의 채권자취소소송은 인용된다.

4. 원상회복방법 및 취소의 범위

(1) **판례**

1) 사해행위 전부의 취소와 원물반환을 구하고 있더라도 그 청구취지 중에는 사해행위의 일부 취소와 가액 배상을 구하는 취지도 포함되어 있으므로 법원으로서는 청구취지의 변경이 없더라도 바로 가액배상을 명할 수 있다(대법원 2001. 6. 12. 선고 99다20612 판결).

2) 사해행위에 해당하는 채권양도가 채권자에 의하여 취소되기 전에 이미 채권양수인인 수익자 등이 제3채무자로부터 그 채권을 변제받는 등으로 양도채권이 소멸된 경우에는 채권자는 원상

회복의 방법으로 수익자 등을 상대로 그 채권양도의 취소와 함께 변제로 수령한 금전의 지급을 가액배상의 방법으로 청구할 수 있다(대법원 2003. 11. 28. 선고 2003다50061 판결).

(2) **사안의 경우** - 丁의 양수금 채권과 그에 대한 지연손해금을 합한 금액이 1억 1,000만 원이며, 丁은 2022. 12. 20. 丙으로부터 이를 전부 변제받았는바, 이는 채권양도행위가 사해행위로서 취소되기 전에 변제를 받았으므로 수령한 금전의 지급을 가액배상의 방법으로 청구해야 한다. 사해행위의 취소 범위는 피보전채권의 범위에 한정되므로, 1억 원의 한도에서 사해행위취소가 가능하다.

5. 결론

법원은 "1. 소외 乙과 丁 사이의 채권양도 행위는 1억 원 범위에서 취소한다. 2. 丁은 甲에게 1억 원 및 이에 대한 판결 확정일 다음날부터 다 갚는 날까지 연 5%의 비율에 의한 금원을 지급하라."는 청구 일부인용판결을 한다.

문제해설 [제2문의 3] 문제 2. 해설

1. 문제
甲의 채권자대위권 행사가부가 문제 된다.

2. 채권자대위권 행사 가부

(1) **관련 조문** - ① 피보전채권의 존재 및 이행기 도래, ② 보전의 필요성, ③ 채무자의 권리불행사, ④ 피대위권리의 존재를 요한다(민법 제404조).

(2) **丙의 ① 항변 당부**
  1) 판례 - 채권자가 채무자를 대위하여 제3자를 상대로 하는 채권자대위소송에서, 제3채무자는 채무자가 채권자에 대하여 가지는 항변으로 채권자에게 대항할 수 없고, 채권의 소멸시효가 완성된 경우 이를 원용할 수 있는 자는 원칙적으로는 시효이익을 직접 받는 자뿐이고, 채권자대위소송의 제3채무자는 이를 행사할 수 없다(대법원 2009. 9. 10. 선고 2009다34160 판결).
  2) 사안의 경우 - 제3채무자 丙은 피보전채권인 甲의 乙에 대한 소멸시효 완성을 주장할 수 없는 바, 丙의 ① 항변은 타당하지 않다.

(3) **丙의 ② 항변 당부**
  1) 판례 - 사해행위의 취소는 채권자와 수익자의 관계에서 상대적으로 채무자와 수익자 사이의 법률행위를 무효로 하는 데에 그치고, 채무자와 수익자 사이의 법률관계에는 영향을 미치지 아니한다. 채무자의 수익자에 대한 채권양도가 사해행위로 취소되더라도, 채권자와 수익자의 관계에서 채권이 채무자의 책임재산으로 취급될 뿐, 채무자가 직접 채권을 취득하여 권리자로 되는 것은 아니므로, 채권자는 채무자를 대위하여 제3채무자에게 채권에 관한 지급을 청구할 수 없다(대법원 2015. 11. 17. 선고 2012다2743 판결).
  2) 사안의 경우 - 甲의 채권자취소권 행사로 乙의 丁에 대한 채권양도가 취소되더라도 그 효과가 乙과 丙에게는 미치지 않아 양도된 채권이 원상회복된 것이 아니어서, 피대위권리가 부존재한다.

3. 결론
甲의 채권자 대위청구는 기각된다.

〈제3문〉

〈기초사실관계〉

2012. 5. 1. 설립된 비상장 甲회사(이하 '회사'는 '주식회사'를 의미함)는 주권을 발행하지 않고 있다. 甲회사의 대표이사이자 주주인 A는 2014. 4.경 자기 소유의 주식 5천주를 양도하기로 하는 계약을 B와 체결하면서 주식양도는 양도계약과 동시에 하되 양도주식에 대한 명의개서는 잔금이 완납된 이후에 하기로 하였다. 그런데 B가 양도대금을 지급하지 않자, A는 2014. 11.경 B에게 양도계약의 해제를 통지하였다. 이후 A는 2015. 2.경 위 주식을 양도하는 계약을 C와 다시 체결하였다. 그런데 B는 "내가 甲회사에 대하여 양도계약의 해제를 통지하거나 甲회사가 이를 승낙하지 않았다"라는 이유로 여전히 자신이 甲회사 주주의 지위에 있다고 주장하였다.

투자대상을 물색하고 있던 비상장 乙회사는 2015. 6.경 甲회사 및 A와 신주인수계약을 체결하여 甲회사가 발행한 주식을 인수하였다. 위 신주인수계약에는 "甲회사가 중요자산을 매각할 때에는 乙회사의 사전 서면동의를 받아야 하며, 이를 위반하는 경우 乙회사는 인수주식에 대해 A에게 매수를 청구할 수 있고 그 매수청구가 도달한 시점에 乙회사와 A 사이에 매수청구 대상 주식에 관한 매매계약이 성립한다"는 내용이 있었다. 2016. 2.경 甲회사는 乙회사의 사전 서면동의를 받지 않고 중요 영업자산을 비상장 丙회사에 양도하였다. 이후 2023. 10.경 乙회사가 위 인수계약의 위반을 이유로 A를 상대로 하여 당시 보유 중인 甲회사의 주식에 대하여 주식매수청구권을 행사하자, A는 해당 주식매수청구권이 시효로 소멸하였다고 주장하였다.

한편 丙회사의 주식 6%를 보유한 주주 X는 위 영업자산 양수에 문제가 있다고 판단하고 2024. 3.경에 개최될 예정인 丙회사의 정기주주총회에서 아직 임기가 남아있는 丙회사 대표이사 Y에 대한 이사직 해임 건을 회의목적으로 추가해 줄 것을 2023. 12.경 丙회사에 서면청구하였으나, 2024. 3.경 개최된 丙회사의 정기주주총회에서는 이사해임 건은 다루어지지 않은 채 다른 안건들만 결의되었다.

2024. 4.경 甲회사의 주식 4%를 보유한 D는 자신의 채권자인 E에게 채무담보 목적으로 보유주식 전부를 양도하였고, E는 주주명부상 주주로 명의개서를 하였다. 이후 2024. 5.경 E는 甲회사의 대표이사인 A에게 2회에 걸쳐 정관변경을 회의목적으로 하는 임시주주총회 소집청구서를 발송하였으나 폐문부재로 배달되지 않아 우체국에서 보관하다가 폐기 처리되었다. 2024. 6.경 E는 같은 내용의 임시주주총회 소집청구서를 카카오톡 메시지로 발송하여 그 무렵 A가 이를 수신하였으나 甲회사는 임시주주총회 소집절차를 밟지 않았다.

문제 1.

C가 B를 상대로 자신이 A의 소유주식을 양수하였다고 주장하며 'B는 甲회사의 주주가 아니다'라는 확인을 구하는 소를 제기하는 경우 승소할 수 있는가? (확인의 이익 존부에 관한 쟁점은 논외로 한다) (15점)

문제 2.
　　乙회사가 자신의 주식매수청구권은 행사기간인 10년이 도과하지 않았다고 주장하는 경우 이는 타당한가? (20점)

문제 3.
　　X의 丙회사에 대한 주주제안의 적법성 및 丙회사의 2024. 3. 주주총회결의의 효력에 대해 설명하시오. (20점)

문제 4.
　　E는 법원에 주주총회의 소집허가를 구할 수 있는가? (15점)

〈추가사실관계〉
　　甲회사는 부산광역시에 있는 丁회사와 TV 500대에 대한 매매계약을 체결하고, 인천에 있는 공장에서부터 부산까지 TV를 운송하기 위하여 육상물건운송인 F와 운송계약을 체결하였다. F는 甲회사의 요구에 따라 화물상환증을 발행·교부해 주었는데, 운송물란에는 TV 500대로, 수하인은 丁회사로 기재되었다. 丁회사는 甲회사의 배서에 의하여 화물상환증을 수령하여 이를 다시 G에게 배서·양도하였다. 그 후 F는 화물상환증과 상환 없이 丁회사에게 TV 500대를 인도하였다.

문제 5.
　　G는 F와 丁회사를 상대로 어떠한 책임을 물을 수 있는가? (30점)

문제해설 [제3문] 문제 1. 해설

1. 문제

주권 발행 전 주식양도와 대항요건 및 주식양도계약 해제의 효력이 문제 된다.

2. 주권 발행 전 주식양도와 대항요건

(1) **관련 조문 및 법리** - 주권 발행 전에 한 주식의 양도는 회사에 대하여 효력이 없으나 회사성립 후 6월이 경과한 때에는 회사에 대하여도 효력이 있다(상법 제335조 제3항). 회사에 대한 대항요건으로서 양도인의 통지 또는 회사의 승낙을 갖추거나, 양수인이 단독으로 자신이 적법하게 주식을 양수했다는 사실을 회사에 입증하는 방법을 갖추어야 하며, 회사 이외의 제3자(이중양수인, 양도인의 채권자)에 대한 대항요건으로서는 확정일자 있는 증서에 의한 통지 또는 승낙을 요한다.

(2) **판례** - 회사성립 후 6월 이후 주식양도는 자신이 적법하게 주식을 양수하였다는 증명과 함께 회사에 대하여 명의개서와 주권발행 및 교부를 청구할 수 있다(대법원 1995. 5. 23. 선고 94다36421 판결).

(3) **사안의 경우** - 甲회사는 2012년에 설립되었고, 주주 A에 의한 주권발행 전 주식양도는 2014년 이후에 이루어졌으므로 해당 양도는 당사자 사이에서는 물론이고, 甲회사에 대하여도 효력이 있다.

3. 주권 발행 전 주식양도 해제

(1) **관련 조문** - 당사자 일방이 계약을 해제한 때에는 각 당사자는 그 상대방에 대하여 원상회복의 의무가 있다(민법 제548조 제1항).

(2) **판례** - 회사성립 후 6개월이 경과한 경우 주권발행 전의 주식은 당사자의 의사표시만으로 양도할 수 있고, 주식양도계약이 해제되면 계약의 이행으로 이전된 주식은 당연히 양도인에게 복귀한다. 지명채권의 양도통지를 한 후 그 양도계약이 해제된 경우에, 양도인이 그 해제를 이유로 다시 원래의 채무자에 대하여 양도채권으로 대항하려면 양수인이 채무자에게 위와 같은 해제 사실을 통지하여야 한다는 법리는 일반 채권양도계약 해제시 대항요건에 관한 것으로서, 회사에 대한 대항요건이 아닌 주주권의 귀속 여부가 쟁점인 상황에서는 적용되지 않는다(대법원 2022. 5. 26. 선고 2020다239366 판결).

(3) **사안의 경우**

1) 주권이 발행된 주식의 경우에도 회복된 주주권을 회사에 대항하기 위해서는 명의개서가 되어야 함은 별론으로 하고, 주식의 양도계약이 해제된 경우에는 주권의 반환이 없더라도 주주권이 바로 양도인에게 회복된다.

2) 그렇다면, 양도계약 해제시까지 B가 양수한 甲 회사 주식 5천 주에 대해서는 주권이 발행되지 않았고, 양도 대금이 완납되지 않아 B 앞으로 명의개서도 되지 않은 상태에서 양도계약이 해제

되었으므로, 甲회사 주식 5천 주는 B의 통지를 기다릴 필요 없이 당연히 양도인 A에게 복귀한다.

4. 결론

B에 대한 주식양도계약의 해제를 통해 甲 회사 주식 5천 주는 양도인 A에게로 복귀하였으므로 B는 더 이상 甲 회사의 주주가 아닌바, C가 B를 상대로 자신이 A의 소유 주식을 양수하였다고 주장하며 'B는 甲회사의 주주가 아니다'라는 확인을 구하는 소를 제기하는 경우, 승소할 수 있다.

문제해설 [제3문] 문제 2. 해설

1. 문제
계약상 주식매수청구권의 행사 기간이 문제 된다.

2. 계약상 주식매수청구권의 행사 기간

(1) 관련 조문 및 법리

1) 매매의 일방예약은 상대방이 매매를 완결할 의사를 표시하는 때에 매매의 효력이 생긴다(민법 제564조 제1항).

2) 주식매수청구권은 근거에 따라 법정매수청구권과 약정매수청구권으로 구분된다. 전자는 상법 제374조의2, 상법 제522조의3에서 영업양수도 내지 합병가 있는 경우에 인정되는 형성권으로서, 주주가 매수청구를 하게 되면 회사의 승낙 여부와 상관없이 주주와 회사 사이에서 매매계약이 체결되는 것이고, 그 결과 회사는 법정기간 내에 계약을 이행할 의무만 남는다. 후자는 투자 관련 계약에서 당사자 일방이 상대방에게 자신이 보유한 주식의 매수를 청구하면 주식에 관한 매매계약이 체결되는 것으로 정한 '계약상 주식매수청구권' 일방의 의사표시에 따라 매매계약이라는 새로운 법률관계를 형성하는 권리로서 형성권에 해당한다. 양자 모두 형성권이다.

(2) 판례(대법원 2022. 7. 14. 선고 2019다271661 판결)

1) 계약에 따라 발생하는 형성권인 주식매수청구권의 행사 기간은 제척기간이다. 제척기간은 일반적으로 권리자로 하여금 자신의 권리를 신속하게 행사하도록 함으로써 법률관계를 조속히 확정하려는 데 그 제도의 취지가 있으나, 법률관계를 조속히 확정할 필요성의 정도는 그 권리를 정한 계약마다 다르므로, 주식매수청구권의 행사기간을 정할 때에도 이를 고려해야 한다.

2) 상행위인 투자 관련 계약에서 투자자가 약정에 따라 투자를 실행하여 주식을 취득한 후 투자대상회사 등의 의무불이행이 있는 때에 투자자에게 다른 주주 등을 상대로 한 주식매수청구권을 부여하는 경우, 매매계약 또한 상행위에 해당하므로, 이때 주식매수청구권은 상사소멸시효에 관한 상법 제64조를 유추적용하여 5년의 제척기간이 지나면 소멸하고, 기산점은 투자대상회사 등의 의무불이행이 있는 때부터 기산한다.

(3) 사안의 경우 - 甲 회사가 서면 사전동의를 받지 않고 중요자산을 양도하여 계약상 의무를 위반한 시점은 2016. 2. 이고, 그로부터 7년 8개월이 지난 2023. 10. 乙회사는 주식매수청구권을 행사하였으므로 해당 주식매수청구권은 제척기간 도과로 소멸하였다.

3. 결론
乙 회사가 투자와 관련하여 갖는 주식매수청구권은 계약에 의한 형성권으로서 제척기간에 걸리는데, 그 제척기간은 상사소멸시효를 유추적용하여 5년이고, 乙회사의 주식매수청구권의 행사시점이 甲회사의 위반행위로부터 5년의 제척기간이 경과하였는바, 행사기간인 10년이 도과하지 않았다는 乙회사의 주장은 타당하지 않다.

문제해설 [제3문] 문제 3. 해설

1. 문제
(1) 소수 주주의 주주제안 적법성, (2) 주주제안을 간과한 주주총회 결의의 효력이 문제 된다.

2. 소수 주주의 주주제안 적법성
(1) **관련 조문 및 법리** - 의결권 없는 주식을 제외한 발행주식총수의 100분의 3 이상에 해당하는 주식을 가진 주주는 이사에게 주주총회일 6주 전에 서면 또는 전자문서로 일정한 사항을 주주총회의 목적사항으로 할 것을 제안할 수 있다(상법 제363조의2 제1항). 이사는 주주제안이 있는 경우에는 이를 이사회에 보고하고 이를 주주총회의 목적사항으로 하여야 한다(상법 제363조의2 제3항). 상장회사에 한하여 임기 중에 있는 임원의 해임에 관한 사항은 주주제안 거부사유에 해당한다(상법 시행령 제12조 제4호).

(2) **사안의 경우**
1) 주주제안권은 주주총회의 목적으로 삼을 사항을 제안하는 의제 제안과, 회의 목적사항에 관해 구체적인 결의안을 제출하는 의안 제안권이 있으며, 丙 회사 대표이사 Y의 이사직 해임 안건은 의제 및 의안 제안에 해당한다.
2) X는 丙 회사의 주식 6%를 보유한 상태에서 정기주주총회 개최일 6주 전에 서면으로 이사해임 건을 청구하여 요건과 절차를 충족하였으므로, 丙 회사 대표이사 Y는 이를 주주총회의 의제 또는 의안으로 하고, 주주제안을 한 자의 청구가 있으면 주주총회에서 그 내용을 설명할 수 있는 기회를 주어야 한다.
3) 상법시행령 제12조는 상장회사의 경우 임기 중에 있는 임원의 해임에 관한 사항을 이사회가 거부할 수 있는 사유로 정하고 있으나, 丙회사는 비상장회사이므로 대표이사 Y에 대한 이사직 해임 건은 거부사유에 해당하지 않는다.

3. 주주제안을 간과한 주주총회 결의의 효력
(1) **관련 조문** - 총회의 소집절차 또는 결의방법이 법령 또는 정관에 위반하거나 현저하게 불공정한 때 또는 그 결의의 내용이 정관에 위반한 때에는 주주·이사 또는 감사는 결의의 날로부터 2월내에 결의취소의 소를 제기할 수 있다(상법 제376조 제1항). 회사의 이사가 주주가 제안한 사항을 주주총회의 목적사항으로 하지 아니한 경우 500만 원 이하의 과태료를 부과한다(상법 제635조 제1항 제21호).

(2) **판례**(서울고등법원 2015. 8. 28. 선고 2015나2019092 판결)
1) 이사회가 주주가 제안한 의제 자체를 부당하게 거절하여 주주총회의 의제로 상정하지 않은 경우라면 그 의제 자체가 주주총회에서 다루어지지 않게 되므로 주주제안에 대응하는 결의 자체가 존재하지 않으므로, 주주의 주주제안권이 부당하게 침해되었더라도 의제 제안의 부당 거절이 주주총회에서 이루어진 다른 결의의 효력에는 영향을 미치지 않는다.

2) 주주제안이 부당하게 거절되어 주주총회의 목적 사항에 포함되지 않았음을 이유로 이사를 상대로 민사상 손해배상을 청구하거나, 이사가 상법 제635조 제1항 제21호에 따라 500만 원 이하의 과태료의 제재를 받을 것인지 여부는 별론으로 하고, 주주제안권 침해를 이유로 이 사건 결의 자체의 취소를 구할 수는 없다.

(3) 사안의 경우 - 丙회사의 정기주주총회에서 소수주주 X가 적법하게 제안한 이사해임의 건이 아예 의제로 다루어지지 않아서, 제안 건이 목적사항으로 소집통지에 기재되지도 않고 아예 의제로 다루어지지 않았으므로, 당해 총회결의는 유효하고 주주제안을 거부당한 주주는 이사에 손해배상 및 과태료 부과 청구만 가능하다.

4. 결론

丙회사 주식 6%를 보유한 소수주주 X가 정기주주총회일의 6주 전까지 서면으로 대표이사 Y의 이사직 해임 건을 총회에서 의제로 삼아 줄 것을 청구한 것은 타당하지만, 乙회사가 이러한 제안을 무시하고 총회결의를 하여도 이를 취소할 수 있는 방법은 없는바, 유효하다.

문제해설 [제3문] 문제 4. 해설

1. 문제

(1) 주식양도담보권자의 회사에 대한 지위, (2) 소수주주의 임시총회 소집 권한과 관련하여 카카오톡 메시지가 전자문서에 해당하는지 여부가 문제 된다.

2. 주식양도담보권자의 회사에 대한 지위

(1) **관련 조문 및 법리** - 주식의 양도담보란 채권의 담보를 위하여 주권의 소유권을 채권자에게 이전한 뒤 채무이행시 주권을 반환하고, 채무를 변제하지 않을 경우에는 채권자가 목적물을 환가하여 청산함으로써 채권을 확보하는 제도이다(신탁적 소유권 이전설). 이는 당사자 간의 양도담보의 합의와 주권의 교부에 의해서 이루어지는 약식양도담보와 주주명부에 명의개서도 하는 등록양도담보가 있다.

(2) **판례** - 채무자가 채무담보 목적으로 주식을 채권자에게 양도하여 채권자가 주주명부상 주주로 기재된 경우, 그 양수인이 주주로서 주주권을 행사할 수 있고 회사 역시 주주명부상 주주인 양수인의 주주권 행사를 부인할 수 없다(대법원 2020. 6. 11. 자 2020마5263 결정).

(3) **사안의 경우** - 甲회사 주주 D와 E가 체결한 양도담보계약은 등록양도담보이고, E는 주주명부상 주주로 명의개서도 이루어졌는바, E는 甲회사의 주주로서 자익권과 공익권을 모두 행사할 수 있다. 설령, 甲회사가 양도담보 사실을 알고 있더라도 등록양도담보권자인 E는 주주로서의 지위를 갖는다.

3. 소수주주에 의한 임시주주총회의 소집

(1) **관련 조문** - 발행주식총수의 100분의 3 이상에 해당하는 주식을 가진 주주는 회의의 목적사항과 소집의 이유를 적은 서면 또는 전자문서를 이사회에 제출하여 임시총회의 소집을 청구할 수 있고, 위 청구가 있은 후 지체 없이 총회소집의 절차를 밟지 아니한 때에는 청구한 주주는 법원의 허가를 받아 총회를 소집할 수 있다(상법 제366조 제1, 2항).

(2) **판례** - 상법 제366조 제1항에서 정한 '전자문서'란 정보처리시스템에 의하여 전자적 형태로 작성·변환·송신·수신·저장된 정보를 의미하고, 이는 작성·변환·송신·수신·저장된 때의 형태 또는 그와 같이 재현될 수 있는 형태로 보존되어 있을 것을 전제로 그 내용을 열람할 수 있는 것이어야 하므로, 이와 같은 성질에 반하지 않는 한 전자우편은 물론 휴대전화 문자메시지·모바일 메시지 등까지 포함된다(대법원 2022. 12. 16. 자 2022그734 결정).

(3) **사안의 경우** - E가 甲회사의 대표이사 A에게 보낸 임시총회 소집청구서는 배달이 되지 않았으나, A가 2024. 6.경 카카오톡 메시지를 통하여 E의 임시주주총회 소집요구서를 제출받아 이를 확인한 이상, E의 상법 제366조 제1항에 따른 임시주주총회의 소집청구는 적법하다.

4. 결론

甲회사 주식의 등록양도담보권자인 E는 소수주주로서 카카오톡 메시지를 통해 甲회사에게 임시주주총회의 소집을 청구하였고, 甲회사가 지체 없이 주주총회를 소집하지 않았으므로 E는 법원에 임시주주총회의 소집허가를 구할 수 있다.

문제해설 [제3문] 문제 5. 해설

1. 문제
화물상환증의 소지인 G가 운송인 F가 선하증권 소지인이 아닌 丁회사에 인도한 경우. G와 F에게 손해배상책임을 물을 수 있는지가 문제 된다.

2. 화물상환증의 소지인 G의 법적 지위

(1) **관련 조문 및 법리** - 화물상환증이란 운송인에 대한 운송물인도청구권을 표창하는 유가증권을 말한다. 화물상환증은 기명식인 경우에도 배서에 의하여 양도할 수 있다(상법 제130조).

(2) **판례** - 운송인이 송하인에게 선하증권을 발행·교부하는 경우 송하인은 선하증권 최초의 정당한 소지인이 되고, 그로부터 배서의 연속이나 그 밖에 다른 증거방법에 의하여 실질적 권리를 취득하였음을 증명하는 자는 그 정당한 소지인으로서 선하증권상의 권리를 행사할 수 있다(대법원 1995. 5. 15. 자 94마1059 결정).

(3) **사안의 경우** - 배서의 연속에 의하여 화물상환증을 소지하고 있는 G는 정당한 소지인으로서 화물상환증에 따른 권리를 행사할 수 있는 지위에 있다.

3. 운송인 F의 책임

(1) **화물상환증의 상환증권성**

1) 관련 조문 - 화물상환증을 작성한 경우에는 이와 상환하지 아니하면 운송물의 인도를 청구할 수 없다(상법 제129조).

2) 판례 - 운송인은 화물상환증의 제시가 없는 한 운송물의 인도를 거절할 수 있고, 이는 운송인의 권리일 뿐 아니라 의무이기도 하다(대법원 1992. 1. 21. 선고 91다14994 판결).

3) 사안의 경우 - 운송인 F는 정회사의 화물상환증의 제시가 없는 한 운송물의 인도를 거절하여야 하는데, 거절하지 않고 丁회사에게 그대로 인도하였으므로 G회사에게 채무불이행 및 불법행위 책임을 질 수 있다.

(2) **채무불이행 책임 성부 (화물상환증의 채권적 효력)**

1) 관련 조문 및 법리 - 화물상환증이 발행된 경우에는 운송인과 송하인 사이에 화물상환증에 적힌 대로 운송계약이 체결되고 운송물을 수령한 것으로 추정하고, 화물상환증을 선의로 취득한 소지인에 대하여 운송인은 화물상환증에 적힌 대로 운송물을 수령한 것으로 보고 화물상환증에 적힌 바에 따라 운송인으로서 책임을 진다(상법 제131조 제1,2항).

2) 사안의 경우 - 화물상환증의 채권적 효력이란 화물상환증 소지인이 운송인에 대하여 운송물인도 청구권이라는 채권을 가지며, 그 채무불이행시 손해배상청구권을 행사할 수 있는 효력을 의미한다. 그렇다면, 화물상환증 소지인 G는 운송인 F에 대해 화물상환증에 기재된 대로 TV 500대를 인도청구 할 수 있는데, 이미 운송물을 丁회사에 인도해버린 운송인 F는 해당 운송물을 G에게 인도할 수 없는바, G는 F에게 채무불이행에 기한 손해배상을 청구할 수 있다.

(3) 불법행위책임 성부 (화물상환증의 물권적 효력)

1) 관련 조문 - 화물상환증에 의하여 운송물을 받을 수 있는 자에게 화물상환증을 교부한 때에는 운송물 위에 행사하는 권리의 취득에 관하여 운송물을 인도한 것과 동일한 효력이 있다(상법 제133조).

2) 판례 - 선하증권을 발행한 운송인이 선하증권과 상환하지 아니하고 운송물을 선하증권 소지인이 아닌 자에게 인도함으로써 운송물에 관한 선하증권 소지인의 권리를 침해하였을 때는 고의 또는 중대한 과실에 의한 불법행위가 성립하고, 불법행위로 인한 손해배상청구권은 선하증권에 화체되어 그 선하증권의 소지인에게 이전된다. 따라서, 선하증권과의 상환 없이 운송물이 인도됨으로써 불법행위가 성립하는 경우, 선하증권의 정당한 소지인은 운송인을 상대로 손해배상청구를 할 수 있다(대법원 2023. 8. 31. 선고 2018다289825 판결).

3) 사안의 경우 - 운송인 F가 화물상환증과 상환하지 아니하고 丁회사에 운송물을 인도함으로써 G의 권리를 침해하였으므로 불법행위가 성립하고, 이로 인한 손해배상청구권은 G에게 있는바, G는 F를 상대로 불법행위 손해배상청구권을 행사할 수 있다.

4. 수령인 丁회사의 책임

(1) 화물상환증 배서의 효력과 원인관계에 기한 채무불이행 책임

1) 관련 조문 및 법리 - 화물상환증의 배서에는 민법 제508조(권리이전적 효력), 제513조(자격수여적 효력)가 적용된다(상법 제65조). 화물상환증에는 담보적 효력이 없으므로, 운송인의 채무불이행이 있더라도 그 표창된 권리(운송물인도청구권)의 성질상 배서인들에게 상환청구권을 행사할 수 없다.

2) 사안의 경우 - 배서의 연속에 의해 화물상환증을 소지한 G는 丁회사를 상대로 원인관계에 의한 손해배상을 청구할 수 있다.

(2) 화물상환증과 상환하지 않고 운송물을 인도받은 불법행위책임

1) 관련 조문 - 수인이 공동의 불법행위로 타인에게 손해를 가한 때에는 연대하여 그 손해를 배상할 책임이 있다(민법 제760조).

2) 판례 - 선하증권의 정당한 소지인은 선하증권과의 상환 없이 운송물이 인도됨으로써 불법행위가 성립하는 경우, 운송인 또는 운송인과 함께 그와 같은 불법행위를 저지른 공동불법행위자를 상대로 손해배상청구를 할 수 있다(대법원 2023. 8. 31. 선고 2018다289825 판결).

3) 사안의 경우 - 수하인 丁회사는 TV 500대를 매수한 자로서 화물상환증을 교부받은 다음 그와 상환하는 방법으로 TV 500대를 인도받아가야 한다는 사실을 알았거나 알 수 있었음에도 그와 같은 조치를 취하지 않고 운송물을 인도받아감으로써 화물상환증 소지인 G의 권리를 침해하였다면, 운송인 F와 丁회사는 화물상환증 소지인 G에게 공동불법행위로 인한 손해배상책임을 진다.

5. 결론

화물상환증의 정당한 소지인 G는 운송인 F, G에게 채무불이행에 기한 손해배상 및 공동불법행위 손해배상을 청구할 수 있다.

COMPACT 변시 2024년 8모 민사법 해설

제3편
기록형

2024년도 제2차 변호사시험 모의시험 – 논술형(기록형)

시험과목	민사법(기록형)

응시자 준수사항

【공통사항】
1. 시험 시작 전 문제지의 봉인을 손상하는 경우, 봉인을 손상하지 않더라도 문제지를 들추는 행위 등으로 문제 내용을 미리 보는 경우 그 답안은 영점으로 처리됩니다.
2. 시험시간 중에는 휴대전화, 스마트워치, 무선이어폰 등 무선통신 기기를 비롯한 전자기기를 지녀서는 안 됩니다.
3. **답안은 반드시 문제번호에 해당하는 번호의 답안지**(제1문은 제1문 답안지 내, 제2문은 제2문 답안지 내)**에 작성**하여야 합니다. 즉, 해당 문제의 번호와 답안지의 번호가 일치하지 않으면 그 답안은 영점으로 처리됩니다. 다만, 수기로 작성하는 답안지에 한해 답안지를 제출하기 전 시험관리관이 답안지 번호를 정정해 준 경우에는 정상적으로 채점됩니다.
4. 답안지에는 문제 내용을 쓸 필요가 없으며, 답안 이외의 사항을 기재하거나 밑줄 기타 어떠한 표시도 하여서는 안 됩니다.
5. 지정된 시각까지 지정된 시험실에 입실하지 않거나 시험관리관의 승인 없이 시험시간 중에 시험실에서 퇴실한 경우, 그 시간 시험과 나머지 시간의 시험에 응시할 수 없습니다.
6. 시험시간 중에는 어떠한 경우에도 문제지를 시험실 밖으로 가지고 갈 수 없고, 그 시험시간이 끝난 후에는 문제지를 시험장 밖으로 가지고 갈 수 있습니다.

【IBT 방식】
1. 시험시간은 프로그램에 의해 자동 시작, 종료되며 시험이 종료되면 답안을 수정하는 등 답안 작성을 일절 할 수 없습니다.

【수기 방식】
1. 답안은 흑색 또는 청색 필기구(수성펜이나 연필 사용 금지) 중 한 가시 필기구만을 사용하여 답안 작성란(흰색 부분) 안에 기재하여야 합니다.
2. 답안지에 성명과 수험번호 등을 기재하지 않아 인적사항이 확인되지 않는 경우에는 영점으로 처리되는 등 불이익을 받게 됩니다. 특히 답안지를 바꾸어 다시 작성하는 경우, 성명 등의 기재를 빠뜨리지 않도록 유의하여야 합니다.
3. 답안을 정정할 경우에는 두 줄로 긋고 다시 써야 하며, 수정액·수정테이프 등은 사용할 수 없습니다.
4. 시험 종료 시각에 임박하여 답안지를 교체했더라도 시험시간이 끝나면 그 즉시 새로 작성한 답안지를 회수합니다.
5. 시험시간이 지난 후에는 답안지를 일절 작성할 수 없습니다. 이를 위반하여 **시험시간이 종료되었음에도 불구하고 계속 답안을 작성할 경우 그 답안은 영점으로 처리됩니다.**
6. 배부된 답안지는 백지 답안이라도 모두 **제출**하여야 하며, **답안지를 제출하지 아니한 경우 그 시간 시험과 나머지 시험에 응시할 수 없습니다.**

법학전문대학원협의회
KOREAN ASSOCIATION OF LAW SCHOOLS

【문 제】

　귀하는 변호사 김이승으로서, 의뢰인 박일채와의 상담을 통해 아래【상담내용】과 같은 사실관계를 청취하고,【의뢰인 희망사항】기재사항에 관한 본안소송의 대리권을 수여받고, 첨부된 서류를 자료로 받았다. 의뢰인을 위한 본안의 소를 제기하기 위한 소장을 작성하시오.

【작성요령】

1. 소장 작성일 및 소 제기일은 2024. 8. 8.로 하시오.
2. 일방 당사자가 여러 명인 경우 성명으로 특정하시오(예, '피고 홍길동').
3. 청구취지와 청구원인은 가급적 피고별로 나누어 기재하시오.
　　　　[이하의 작성요령은 실무의 기준과 다를 수 있음]
4. 관할권이 있는 법원 중 한 곳에 1건의 공동소송으로 제기하되, 공동소송의 요건은 갖추어진 것으로 전제하고, 전속관할이 있는 청구가 있으면 반드시 그 관할법원에 소를 제기하며, 주관적이든 객관적이든 예비적·선택적 병합청구는 하지 마시오.
5. 【의뢰인 희망사항】란에 기재된 희망사항에 부합하되, 현행법과 그 해석상 승소 가능한 최대한의 범위에서 청구하고, 소 각하나 청구기각 부분이 발생하지 않도록 하시오.
6. 【사건관계인의 주장】 및 【의뢰인의 희망사항】으로 정리된 사항 중 원고의 주장 및 희망사항에 관하여는 해당 법리에 대한 판단을 거쳐서 청구 여부 및 범위를 결정하고, 피고의 주장에 관하여는 이유 있다고 판단되면 청구 여부 및 범위에 반영하되 이유 없다고 판단되면 해당 청구원인 부분에서 배척의 이유를 기재하시오.
7. 【의뢰인 상담일지】와 첨부자료에 기재된 사실관계는 모두 사실에 부합한 것으로 보고(작성자의 의견에 해당하는 사항은 제외), 기재되지 않은 사실은 없는 것으로 전제하며, 첨부된 서류는 모두 진정하게 성립된 것으로 간주하시오. 기록에 (인)으로 표시된 부분은 적법하게 날인된 것으로 간주하시오.
8. <증명방법>과 <첨부서류>란 기재는 생략하고, 부동산의 표시는 아래 [별지 목록] 및 [별지 도면]을 소장 말미에 첨부함을 전제로 하여 작성하므로 소장 말미에 [별지 목록] 및 [별지 도면]을 기재 내지 작성하지 마시오.
9. 이자나 지연손해금에 대하여는 다시 지연손해금 청구를 하지 마시오.
10. 관련 증거자료를 제시하여 기술할 필요는 없습니다.
11. 기록상의 날짜가 공휴일인지 여부, 문서의 서식이 실제와 부합하는지 여부는 고려하지 마시오.
12. 외국인, 외국국가 등을 표시하는 경우 한글 외 원어 표시를 생략하고, 외국국가에 대한 민사소송상 법률상 대표자는 법무부장관으로 기재하시오.

별지 목록 (부동산의 표시)

1. 하남시 신장2동 42-28
   [도로명주소] 하남시 대청로 21번길 7
   지상 철근콘크리트조 평슬래브지붕 1층 주택 157㎡
2. 인천 남구 학익동 578-1 대 1,081㎡
3. 서울 용산구 한남동 726-26 대 396㎡
4. 위 3항 기재 토지
   [도로명주소] 서울 용산구 한남대로 36길 12
   지상 철골조 샌드위치패널지붕 1층 단층 창고 8㎡
5. (1동의 건물의 표시)
   서울 강남구 역삼동 324
   [도로명주소] 서울 강남구 역삼2길 339
   철근콘크리트조 슬래브지붕 4층 건물 1층~4층 각 145.2㎡
   (대지권의 목적인 토지의 표시)
   서울 강남구 역삼동 324 대 296㎡
   (전유부분의 건물의 표시)
   제1층 제101호 철근콘크리트조 44.85㎡
   (대지권의 표시)
   소유권대지권 296분의 37. 끝.

별지 도면

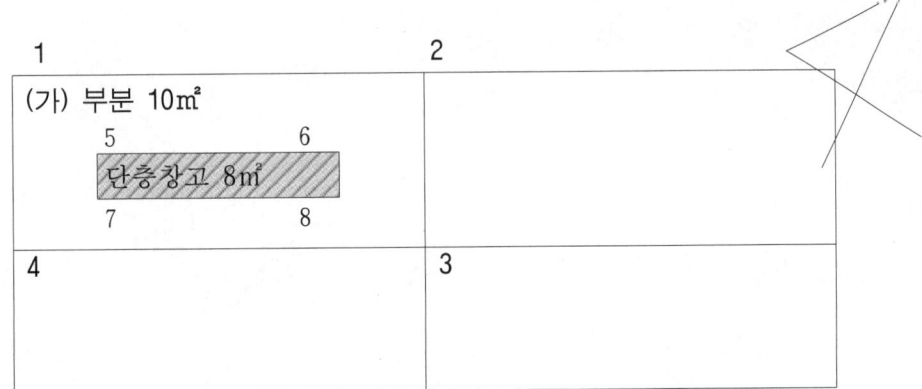

서울 용산구 한남동 726-26 대 396㎡ 중 1, 2, 3, 4, 1의 각 점을 순차로 연결한 선내 (가) 부분 10㎡(위 부동산 중 5, 6, 8, 7, 5의 각 점을 연결한 선내 부분 지상 철골조 샌드위치패널지붕 단층 창고 8㎡ 및 그 부지)

[참고자료]

각급 법원의 설치와 관할구역에 관한 법률(일부)

제4조(관할구역) 각급 법원의 관할구역은 다음 각 호의 구분에 따라 정한다. 다만, 지방법원 또는 그 지원의 관할구역에 시·군법원을 둔 경우 「법원조직법」 제34조 제1항 제1호 및 제2호의 사건에 관하여는 지방법원 또는 그 지원의 관할구역에서 해당 시·군법원의 관할구역을 제외한다.

1. 각 고등법원·지방법원과 그 지원의 관할구역: 별표 3

    (이하 제2호 내지 제8호는 생략)

[별표3] 고등법원·지방법원과 그 지원의 관할구역(일부)

고등법원	지방법원	지원	관할구역
서 울	서울중앙		서울특별시 종로구·중구·강남구·서초구·관악구·동작구
	서울동부		서울특별시 성동구·광진구·강동구·송파구
	서울남부		서울특별시 영등포구·강서구·양천구·구로구·금천구
	서울북부		서울특별시 동대문구·중랑구·성북구·도봉구·강북구·노원구
	서울서부		서울특별시 서대문구·마포구·은평구·용산구

의뢰인 상담일지

변호사 김 이 승 법률사무소

서울 서초구 서초로 7, 305호(서초동)
☎ : 02-520-1215, 팩스 : 02-530-2345, e-mail : 2seung@kmail.com

접수번호	2024-0801	상담일시	2024. 8. 1.
상담인	박일채 010-7351-8586	내방경위	지인 소개

【상 담 내 용】

1. **하남시 건물에 관한 전세권설정등기 관련**

   가. 의뢰인은 2021. 6. 1. 정서윤에게 그 소유의 하남시 소재 건물(이하 '하남시 건물'이라 한다)을 임대차보증금 1억 원 및 차임 월 100만 원, 임대기간 2년으로 정하여 임대하고, 하남시 건물에 관하여 정서윤에게 전세금을 1억 원으로 하는 전세권설정등기를 마쳐 주었다.

   나. 정서윤은 2021. 6. 15. 자신의 이정호에 대한 대여금 채권의 담보로 이정호에게 위 가.항 기재 전세권에 관하여 채권최고액을 1억 원으로 하는 근저당권설정등기를 마쳐주었는데, 이정호는 2023. 7. 1. 위 근저당권설정등기에 기하여 정서윤의 의뢰인에 대한 전세금반환채권 1억 원에 대해 물상대위에 의한 채권압류 및 추심명령을 받았고, 그 명령은 2023. 7. 10. 의뢰인에게 송달되었다.

   다. 의뢰인은 2023. 8. 15. 이정호에게 정서윤이 지급한 임대차보증금 1억 원에서 정서윤의 연체차임 1천만 원을 공제한 나머지 9천만 원을 지급하였다.

2. **학익동 토지 매매계약 관련**

   가. 의뢰인은 2023. 10. 1. 김한성에게 그 소유의 인천 남구 학익동 소재 토지(이하 '학익동 토지'라 한다)를 7억 원에 매도하고, 계약금과 중도금을 지급받았다.

나. 의뢰인은 2023. 12. 1. 잔금 4억 2천만 원을 지급받기로 하였으나 김한성은 잔금을 지급하지 않은 채 사망하였고, 김한성의 자녀들은 모두 상속을 포기하였으며, 김한성의 배우자 이미자는 이 사건 계약이 이미 해제되었다는 이유로 잔금 지급을 거절하고 있다.

3. 한남동 창고 부지 무단 사용 관련

가. 의뢰인은 서울 용산구 한남동 726-26 대 396㎡(이하 '한남동 토지'라 한다)의 소유자로서, 이정은으로부터 2020년경 위 토지의 소유권을 취득하였다.

나. 아렌델공화국은 한남동 토지에 인접한 서울 용산구 한남동 726-25 대 483㎡ 및 그 지상 건물의 소유자로서, 현재 이를 대사관으로 사용하고 있다.

다. 위 나.항 기재 각 부동산의 전 소유자인 이민국은 2015년경 이정은으로부터 사용승낙을 받아 한남동 토지 지상에 창고(이하 '창고 건물'이라 한다)를 신축하여 한남동 토지 중 일부를 부지로 사용하여 왔는데, 현재 창고 건물은 미등기 상태이다.

라. 이민국은 2018년경 아렌델공화국에 위 나.항 기재 각 부동산과 창고 건물을 함께 매도하였고, 아렌델공화국은 그 무렵부터 창고 건물을 사용하고 있다.

마. 창고 부지의 차임은 2020. 1. 1.부터 현재까지 보증금이 없는 경우 월 200만 원이고, 보증금이 2억 원인 경우 월 70만 원이다.

4. 역삼동 빌라 무단 소유권이전등기 관련

가. 의뢰인은 2016. 7. 1. 서울 강남구 역삼동 324 서준빌 101호(이하 '역삼동 빌라'라 한다)를 아버지인 박병철로부터 매수하여 소유하고 있다. 그런데 2023. 5. 1. 부동산등기부를 발급받아보니, 역삼동 빌라에 관하여 자신의 동생인 박이채 앞으로 소유권이전등기가 경료되어 있고, 나아가 이을수에게 근저당설정등기까지 마쳐진 것을 발견하였다.

나. 자초지종을 알아보니 박이채가 자신을 상대로 주소를 허위로 기재하여 소유권이전등기의 소를 제기하였고 이후 자신인 것처럼 가장하여 답변서를 수취하여 무변론 승소판결을 선고받았다는 것을 알게 되었다.

다. 의뢰인은 위 나.항 기재 사실에 대하여 박이채를 소송사기 등으로 고소하였고, 박이채는 2024. 1. 14. 유죄 판결을 선고받았다.

【의뢰인 희망사항 및 사건관계인의 주장】

1. 하남시 건물에 관한 전세권설정등기 관련
가. 의뢰인은 정서윤 명의의 전세권설정등기를 말소하는데 필요한 모든 청구를 하고자 한다. 단, 정서윤이 이정호에 대하여 근저당권설정등기의 말소등기청구를 할 예정이라고 알고 있으므로, 정서윤을 대위하여 이정호의 근저당권설정등기의 말소를 청구할 의사는 없고, 전세권설정등기 관계가 정리되기 전까지는 하남시 건물에 대한 인도 및 부당이득반환 청구를 하지 않을 예정이다.

나. 이에 대해 정서윤, 이정호는, 정서윤 명의 전세권설정등기는 임대차보증금의 담보를 위한 것으로서 적법 유효하고, 의뢰인으로부터 전세금 전액에 해당하는 금액을 반환받을 때까지는 전세권설정등기를 말소해 줄 수 없다고 주장한다.

2. 학익동 토지 매매계약 관련
가. 의뢰인은 김한성의 적법한 상속인들을 상대로 매매대금 잔금의 지급을 청구하고자 한다.

나. 이에 대해 김한성의 상속인들은, 김한성이 의뢰인에게 잔금의 이행을 제공하였으나 의뢰인이 그 수령을 거부하여 김한성은 이미 위 매매계약을 해제하였다고 주장하면서, 만일 매매계약이 여전히 유효하더라도 상속인들 중 자녀들은 상속을 포기하였고, 이미자는 의뢰인에 대한 대여금 채권 1억 원과 잔금 중 이미자의 책임 부분을 대등액에서 상계하고, 그 남은 금액을 의뢰인의 토지 인도와 동시에 지급하겠다고 주장한다.

3. 한남동 창고 부지 무단 사용 관련
가. 의뢰인은 아렌델공화국과 창고 부지 매매에 관한 협상을 진행하고 있으므로 창고 건물의 철거 및 부지 인도를 구하기보다는, 아렌델공화국의 창고 부지 무단 사용에 대하여 책임 있는 자 모두를 상대로 그 동안의 사용이익에 대한 반환을 청구하고자 한다.

나. 이에 대해 아렌델공화국은 위 창고 부지를 매수할 의사가 있다고 하면서도, 법적 분쟁에 대하여는 위 창고 건물이 대사관의 일부로 사용 중이므로 재판권이 면제된다고 주장하고 있다. 또한, 아렌델공화국은 창고 건물의 소유자가 아니므로 창고 건물 소유로 인한 책임을 질 이유가 없다고 주장하는 한편, 의뢰인의 사용료 채권 중 일부는 소멸시효가 완성되었다고 주장한다.

4. 역삼동 빌라 무단 소유권이전등기 관련
가. 의뢰인은 역삼동 빌라에 설정된 부담을 모두 말소하고 소유 명의를 회복하고 싶다.

나. 박이채는 확정된 민사 판결에 기하여 소유권이전등기를 마쳤으므로 위 판결의 기판력 때문에 재심 등을 청구하지 않고는 위 소유권이전등기에 대한 말소를 구할 수 없다고 주장한다.

다. 한편 이을수는 자신은 박이채 앞으로의 소유권이전등기를 믿고 거래하였을 뿐 아니라, 박이채의 기망행위에 대한 선의의 제3자로서 보호되어야 한다고 주장한다.

임대차계약서

박일채(이하 임대인이라 칭함)와 정서윤(이하 임차인이라 칭함)은 아래 임대차 물건에 대하여 아래와 같이 임대차계약을 체결함.

제1조(임대물건의 표시) : 하남시 대청로 21번길 7(신장동) 지상 1층 주택 157㎡
제2조(임대차기간) : 2021년 6월 1일부터 2023년 5월 31일까지 24개월
제3조(임대차보증금)
 ① 임대차보증금은 1억 원(₩100,000,000), 월 차임은 100만 원으로 하고, 차임은 매월 말일 지급한다.
 ※ 임대차보증금은 임차인이 계약 당일 목적물을 인도받음과 동시에 지급완료하였음을 쌍방 확인함.
  박일채 (인), 정서윤 (인)
 ② 임차인에게 임대료 연체, 기타 본 계약에 의한 채무의 불이행 또는 손해배상 채무가 있을 때는 임차인의 동의 없이 임대차보증금으로 충당할 수 있다.
제4조 (증·개축부분의 소유권귀속과 원상회복)
 임차인이 임차주택을 증·개축하였을 때에는 임대인의 승낙 유무에 불구하고 그 부분은 임대인의 소유로 귀속되며, 임대인의 요구가 있는 경우 원상회복하여야 한다.

2021. 6. 1.

임대인 성 명 : 박일채 (인)
    서울 서초구 양재로9, 301호(양재동, 양재빌라)
임차인 성 명 : 정서윤 (인)
    하남시 위례중앙로 10번길 3(학암동)

등기사항전부증명서 (말소사항 포함) - 건물 [제출용]

[토지] 경기도 하남시 신장2동 42-28   고유번호 1781-1017-501234

【 표 제 부 】 (건물의 표시)

표시번호	접 수	소 재 지 번	건 물 내 역	등기원인 및 기타사항
1	1991년1월18일	경기도 하남시 신장2동 42-28 [도로명 주소] 경기도 하남시 대청로 21번길 7	철근콘크리트조 평슬래브 지붕 1층 주택 1층 157㎡	

【 갑 구 】 (소유권에 관한 사항)

순위번호	등기목적	접 수	등 기 원 인	권리자 및 기타사항
1	소유권보존	1971년1월18일 제1045호		소유자 박일채 501024-1****** 서울특별시 서초구 양재동 402-2, 301호

【 을 구 】 (소유권 이외의 권리에 관한 사항)

순위번호	등기목적	접 수	등 기 원 인	권리자 및 기타사항
1	전세권설정	2021년6월1일 제95817호	2021년6월1일 설정계약	전세금 금 100,000,000원 범 위 건물 전부 존속기간 2021년6월1일부터 2023년5월31일까지 전세권자 정서윤(831025-2******) 경기도 하남시 위례중앙로 10번길 3(학암동)
1-2	전세권저당권설정	2021년6월15일 제100023호	2021년6월15일 설정계약	채권최고액 금 100,000,000원 채무자 정서윤 경기도 하남시 위례중앙로 10번길 3(학암동) 근저당권자 이정호(790501-1******) 서울특별시 중랑구 동일로 192(상봉동)

— 이 하 여 백 —

수수료 금 1,000원 영수함
관할등기소 수원지방법원 성남지원 하남등기소/ 발행등기소 법원행정처 등기정보중앙관리소

이 증명서는 등기기록의 내용과 틀림없음을 증명합니다.
서기 2024년 8월 1일
법원행정처 등기정보중앙관리소 전산운영책임관

*실선으로 그어진 부분은 말소사항을 표시함.   *등기기록에 기록된 사항이 없는 갑구 또는 을구는 생략함.

서울중앙지방법원
결 정

사 건	2023타채1980 채권압류 및 추심명령
채 권 자	이정호
	서울 중랑구 동일로 192(상봉동)
채 무 자	정서윤
	하남시 대청로 21번길 7(신장 2동)
제3채무자	박일채
	서울 강남구 논현로 9, 201호(논현동, 논현빌라)

주 문

1. 채무자의 제3채무자에 대한 별지 기재 채권을 압류한다.
2. 제3채무자는 채무자에게 위 채권에 관한 지급을 하여서는 아니 된다.
3. 채무자는 위 채권의 처분과 영수를 하여서는 아니 된다.
4. 위 압류된 채권은 채권자가 추심할 수 있다.

청구금액

금 100,000,000원

이 유

채권자는 별지 목록 기재 전세권에 관한 근저당권자로서 위 전세권의 기간종료에 따른 물상대위권을 행사하기 위하여 민사집행법 제273조에 의하여 담보권의 존재를 증명하는 서류를 집행법원에 제출하였으므로 주문과 같이 결정한다.

2023. 7. 1.

사법보좌관 박초록 (인)

정 본 입 니 다.
2023. 7. 1.
법원주사 송강원

별   지

금 100,000,000원

채무자(전세권자)가 아래 전세계약 종료에 따라 제3채무자(전세권설정자)에 대하여 가지는 전세금 반환채권 원금

전세목적물 : 하남시 대청로 21번길 7 지상 1층 주택
전세금 : 100,000,000원
전세기간 : 2021. 6. 1. - 2023. 5. 31.   끝.

송 달 증 명 원

사   건   서울중앙지방법원 2022타채1980 채권압류 및 추심명령
채 권 자   이정호
채 무 자   정서윤
제3채무자   박일채
증명신청인   박일채

위 사건에 관하여 아래와 같이 송달되었음을 증명합니다.

채무자 이정호   2023. 7. 10. 채권압류및추심명령정본 송달
제3채무자 박일채   2023. 7. 10. 채권압류및추심명령정본 송달. 끝.

내용증명

발신인 : 박일채
수신인 : 정서윤

1. 가내 평안을 빕니다. 다름이 아니라, 아시다시피 본인은 2021. 6. 1. 귀하와 하남시 대청로 21번길7 지상 1층 주택에 관하여 보증금 1억, 월 차임 100만 원, 임대차기간 2년으로 하는 임대차계약을 체결하고, 임대차보증금반환채권을 담보하기 위하여 귀하에게 전세권설정등기를 마쳐주었는데, 귀하는 아무런 이유없이 2022. 8.부터 2023. 5.까지의 차임을 지급하지 아니하였고, 위 임대차는 갱신이 없이 그대로 종료되었습니다.

2. 이처럼, 등기부상으로는 마치 귀하와 제가 전세계약을 체결한 것처럼 되어 있지만, 사실은 제가 귀하와 전세계약을 체결한 사실이 없다는 것을 귀하는 잘 알고 계실 것입니다. 당시에는 귀하가 당장 전입신고를 할 수 없다고 하면서 하도 부탁을 하여 사실과 달리 전세권등기를 해 주었고 나중에 제가 이정호에게 전세권자가 맞다고 통화까지 해주었지만 이는 사실과 전혀 다른 것임을 귀하 스스로 잘 알고 있을 것입니다.

3. 게다가, 얼마 전 이정호가 저에게 압류 및 추심명령을 보내왔기에 법률을 잘 아는 친구에게 물어보니, 보증금 1억 원에서 귀하가 연체한 10개월 간의 차임 합계 1천만 원을 공제한 나머지 9천만 원은 이정호에게 주면 된다고 하기에 저는 2023. 8. 15. 이정호에게 9천만 원을 지급하였습니다. 이렇게 전세금에 해당하는 임대차보증금도 모두 반환된 이상, 귀하는 조속히 위 전세권등기를 말소해 주어야 할 것입니다.

4. 귀하는 임대차기간 중 차임도 제대로 지급하지 않더니, 임대차가 끝나고 나서는 아무일 없었다는 듯 월 차임 상당의 금액을 내면서 부동산을 계속 점유하고 전세권등기도 말소해 주지 않고 있습니다. 귀하의 여러 사정을 고려하여 당장 인도 청구는 하지 않을 테니, 이 내용증명을 받는 즉시 전세권부터 말소해 주시기 바랍니다.

2023. 10. 12.

박일채 (인)

본 우편물은 2023-10-12
제23681호에 의하여
내용증명우편물로 발송하였음을 증명함
서울강남우체국장

내용증명 회신

발신인 : 정서윤

수신인 : 박일채

1. 귀하가 보낸 2013. 10. 12.자 내용증명은 잘 받아보았습니다.
2. 귀하가 임대차기간 중 여러 모로 저를 배려해주신 점은 깊이 감사드리지만, 이번 내용증명에서 귀하가 말씀하시는 내용은 수긍하기 어렵습니다. 귀하는 전세계약을 체결한 적이 없으니 전세권을 말소해달라고 하는데, 분명히 저와 1억 원에 임대차계약을 체결한 다음 전세권을 설정해 줘 놓고 이제 와서 전세는 아니라고 하시니 조금 당황스럽습니다.
3. 그리고 귀하는 이정호에게 9천만 원을 지급했다고 하는데, 제가 경제사정이 어려워 차임을 제대로 지급하지 못한 것은 죄송하지만, 저는 사업상 이정호로부터 1억 원을 차용하면서 다른 재산이 없어서 위 전세권을 이정호에게 담보로 제공하였는데, 이정호가 1억 원을 전부 변제받기까지는 근저당권을 말소해줄 수 없다고 버티고 있어서 전세권을 바로 말소해드릴 수 없는 사정을 양해해 주시기 바랍니다. 저 또한 이정호에게 전세권근저당권의 말소를 청구할 방법이 있는지 알아보겠습니다.

2023. 10. 15.

정서윤 (인)

본 우편물은 2023-10-15
제18981호에 의하여
내용증명우편물로 발송하였음을 증명함
하남우체국장

내용증명

발신인 : 박일채

수신인 : 이정호

1. 안녕하십니까. 본인은 하남시 대청로 21번길 7 지상 1층 주택의 소유자입니다. 본인은 위 주택에 관하여 정서윤과 임대차계약을 체결하고 전세권설정등기를 마쳐 주었는데, 최근 귀하가 위 전세권에 근저당권을 설정받았다면서 압류 및 추심명령을 보내 와 임대차보증금 중 연체차임을 제외한 9천만 원을 모두 변제한 사실이 있습니다.
2. 제가 압류 및 추심명령을 받고 귀하에게 돈을 지급하기는 하였으나, 법률을 잘 아는 제 친구에게 물어보니 그러한 경우 전세권설정등기는 실제 전세계약을 체결한 바도 없으므로 소위 통정허위표시로 무효여서 저는 전세권에 대해 아무런 책임을 지지 않아도 된다고 합니다.
3. 만에 하나 위 전세권이 유효하다고 하더라도, 앞서 말씀드린 바와 같이 전세금에 해당하는 임대차보증금이 모두 반환된 이상, 위 전세권등기는 말소되어야 할 것입니다.
4. 정서윤에게 문제를 해결해 달라고 수 차 요청하였으나 정서윤이 뚜렷한 해결책을 제시하지 못하고 있어 부득이 직접 연락을 취하게 되었으니, 정서윤과 상의하시어 조속한 시일 내에 제 부동산을 본래대로 깨끗이 돌려놓으시기 바랍니다.

2023. 10. 25.

박일채 (인)

본 우편물은 2023-10-25
제30176호에 의하여
내용증명우편물로 발송하였음을 증명함
서울강남우체국장

내용증명 회신

발신인 : 이정호
수신인 : 박일채

1. 귀하가 보낸 2023. 10. 25.자 내용증명은 잘 받아보았습니다.
2. 귀하는 정서윤과의 임대차관계를 이유로 전세권이 무효라고 주장하시는데, 저는 정서윤에게 1억 원을 대여하고 그 담보로 전세권에 근저당권을 설정하였을 뿐, 정서윤과 귀하와의 사이에 무슨 일이 있었는지는 전혀 알지 못하고 알 필요도 없습니다.
3. 귀하는 저에게 9천만 원을 지급해 주셨지만, 저는 분명히 부동산등기부에 전세금을 1억 원으로 하는 전세권설정등기가 설정되어 있는 것을 확인하고 근저당을 설정한 것이며, 제가 근저당을 설정할 당시 귀하에게 전화를 드려서 '정서윤이 위 부동산의 전세권자가 맞느냐'고 했을 때 귀하가 맞다고 확인해 주신 사실도 분명히 기억하실 것입니다.
4. 귀하도 나름의 사정이 있겠지만, 저 역시 오랫동안 알고 지냈던 친구 정서윤의 간곡한 부탁을 받고 10년간 모은 피같은 돈 1억 원을 대여해주었다가 돌려받지 못하고 있는 처지이기에 귀하의 어떠한 청구에도 응할 수 없습니다. 정서윤의 일은 정서윤과 해결하시고, 귀하의 사정을 생각하여 원금 1천만 원만을 청구하고자 하오니, 저에게 남은 1천만 원을 빨리 변제해 주시기 바랍니다.

2023. 11. 3.

이정호 (인)

본 우편물은 2023-11-3
제35210호에 의하여
내용증명우편물로 발송하였음을 증명함
서울중랑우체국장

등기사항전부증명서(말소사항 포함)-토지

[토지] 인천광역시 남구 학익동 578-1   고유번호 2458-1980-562352

【 표 제 부 】 (토지의 표시)

표시번호	접 수	소재지번	지목	면적	등기원인 및 기타사항
1	1978년5월8일	인천광역시 남구 학익동 578-1	대	1,081㎡	

【 갑 구 】 (소유권에 관한 사항)

순위번호	등기목적	접 수	등기원인	권리자 및 기타사항
1	소유권보존	1978년5월8일 제1213호		소유자 김갑생 340818-1****** 인천광역시 미추홀구 용현동 9-22
2	소유권이전	2019년7월15일 제15788호	2019년7월15일 매매	소유자 박일채 501024-1****** 서울특별시 서초구 양재로 9, 301호 (양재동, 양재빌라)

---- 이 하 여 백 ----

수수료 1,000원 영수함
관할등기소 인천지방법원 등기국 / 발행등기소 법원행정처 등기정보중앙관리소

이 증명서는 등기기록의 내용과 틀림없음을 증명합니다.
서기 2024년 2월 3일
법원행정처 등기정보중앙관리소 전산운영책임관

*실선으로 그어진 부분은 말소사항을 표시함.   *등기기록에 기록된 사항이 없는 갑구 또는 을구는 생략함.

문서 하단의 바코드를 스캐너로 확인하거나 인터넷등기소(http://iros.go.kr)의 발급확인 메뉴에서 발급확인번호를 입력하여 위·변조 여부를 확인할 수 있습니다. 발급확인번호를 통한 확인은 발행일부터 3개월까지 5회에 한하여 가능합니다.

발행번호 98123445123384028lFKNOI514852WOG25769242023   1/1   발급확인번호 WFHGTR-CIJE-3749   발행일 2024/02/03

대법원

부동산매매계약서

매도인과 매수인은 합의 하에 다음과 같이 부동산 매매 계약을 체결한다.

1. 부동산의 표시:
인천 남구 학익동 578-1 대 1,081㎡

2. 계약 내용

제1조 매수인은 위 부동산을 대금 700,000,000원에 매수하되, 매매대금은 다음과 같이 지불하기로 한다.

계약금	금 7,000만 원을 계약 당시 지불한다.
중도금	금 2억 1천만 원을 2023년 11월 1일 지불한다.
잔금	금 4억 2천만 원을 2023년 12월 1일 지불한다.

제2조 매도인은 2023. 12. 1. 잔금과 상환으로 위 부동산을 매수인에게 인도한다.

제3조 매도인은 매매대금의 잔금을 수령함과 동시에 소유권이전등기에 필요한 모든 서류를 매수인에게 교부하여 소유권을 이전한다.

제4조 위 부동산에 관하여 발생한 수익과 공과금 등의 지출 부담은 부동산의 인도일을 기준으로 하여 그 전일까지는 매도인에게, 그 이후부터는 매수인에게 귀속한다.

제5조 본 계약을 매도인이 위약시는 계약금의 배액을 변상하고, 매수인이 위약시는 계약금을 포기하고 반환 청구를 하지 않기로 한다.

본 계약에 대하여 계약 당사자가 이의 없음을 확인하고 각 서명 날인한다.

2023년 10월 1일

3. 계약당사자 및 중개인의 인적사항

	주 소	서울 강남구 논현로 9, 201호 (논현동, 논현빌라)			
매도인	주민등록번호	501024-1******	성 명	박일채 (인)	
매수인	주 소	서울 용산구 장문로 201(동빙고동)			
	주민등록번호	480711-1******	성 명	김한성 (인)	
중개인	주 소	인천 남구 학익동 188	상호	삼일공인중개사	신고번호 제2006호
	주민등록번호	461205-1******	성 명	최상영 (인) 032-3492-1407		

| 가 | 족 |

가족관계증명서　　　　　[폐쇄]

| 등록기준지 | 경기도 수원시 팔달구 인계동 240의 2 |

구 분	성 명	출생연월일	주민등록번호	성별	본
본 인	김한성(金漢成) 사망	1948년 07월 11일	480711-1010239	남	金海

가 족 사 항

구분	성 명	출생연월일	주민등록번호	성별	본
부	김유지(金有地) 사망	1927년 08월 12일	270812-1435828	남	金海
모	최길자(崔吉子) 사망	1929년 06월 24일	290624-2257390	여	慶州
배우자	이미자(李美子)	1951년 02월 07일	510207-2846277	여	全州
자녀	김미래(金美來)	1971년 02월 07일	710207 2957387	여	金海
자녀	김석래(金錫來)	1973년 06월 17일	730617-1859621	남	金海

위 가족관계증명서는 가족관계등록부의 기록사항과 틀림없음을 증명합니다.

2024년 04월 01일

경기도 수원시장

가족관계증명서

| 등록기준지 | 경기도 수원시 팔달구 인계동 240의 2 | | | | |

구 분	성 명	출생연월일	주민등록번호	성별	본
본 인	김미래(金美來)	1971년 02월 07일	710207-2957387	여	金海

가 족 사 항

구 분	성 명	출생연월일	주민등록번호	성별	본
부	김한성(金漢成) 사망	1948년 07월 11일	480711-1010239	남	金海
모	이미자(李美子)	1951년 02월 07일	510207-2846277	여	全州

위 가족관계증명서는 가족관계등록부의 기록사항과 틀림없음을 증명합니다.

2024년 04월 01일

서울특별시 서초구청장

가족관계증명서

등록기준지	경기도 수원시 팔달구 인계동 240의 2

구 분	성 명	출생연월일	주민등록번호	성별	본
본 인	김석래(金錫來)	1973년 06월 17일	730617-1859621	남	金海

가 족 사 항

구 분	성 명	출생연월일	주민등록번호	성별	본
부	김한성(金漢成) 사망	1948년 07월 11일	480711-1010239	남	金海
모	이미자(李美子)	1951년 02월 07일	510207-2846277	여	全州
배우자	박혜정(朴惠貞)	1977년 08월 19일	770819-2385267	여	密陽
자녀	김아영(金娥英)	2002년 11월 02일	021102-4145214	여	金海
자녀	김준영(金俊營)	2004년 03월 22일	040322-3024541	남	金海

위 가족관계증명서는 가족관계등록부의 기록사항과 틀림없음을 증명합니다.

2024년 04월 01일

서울특별시 서초구청장

내용증명 (1)

발신인 : 박일채
수신인 : 이미자, 김미래, 김석래

1. 안녕하십니까. 장례는 잘 치르셨는지요. 다시 한번 삼가 고인의 명복을 빕니다.
2. 다름이 아니라 잘 아시는 바와 같이, 저는 한 동네 이웃으로 알고 지낸 김한성 씨에게 2023. 10. 1. 인천 남구 학익동 소재 토지를 매도하고 계약금과 중도금으로 2억 8천 만 원을 지급받았습니다. 그런데 잔금 4억 2천만 원을 아직 지급받지 못한 상태에서 김한성 씨가 갑작스러운 심장마비로 사망하셨고, 슬픔에 잠겨 있는 가족분들께 차마 돈을 달라고 독촉할 수 없어 그간 말씀을 못 드리고 있었습니다.
3. 여러모로 결례인 줄 알지만, 저도 김한성씨로부터 잔금을 지급받아 다른 부동산을 매입할 계획이 있던 차에 이런 일이 발생하여 금전적인 어려움을 겪고 있으니, 부디 양해하시어 조속히 남은 잔금 4억 2천만 원을 지급하여 주시기 바랍니다.

2024. 1. 20.

박일채 (인)

본 우편물은 2024-1-20
제1520호에 의하여
내용증명우편물로 발송하였음을 증명함
서울강남우체국장

내용증명 회신

발신인 : 이미자, 김미래, 김석래

수신인 : 박일채

1. 귀하가 보낸 2024. 1. 20. 자 내용증명은 잘 받아보았습니다.

2. 고인이 귀하와 매매계약을 체결한 사실은 잘 알고 있습니다. 고인은 잔금을 치르기 위해 2023. 12. 1. 귀하와 부동산에서 만나기로 하였고, 당시 고인의 배우자인 이미자가 고인과 함께 부동산에서 귀하를 만난 사실은 귀하가 더 잘 알고 계실 것입니다. 고인은 어렵게 마련한 돈을 모두 준비해 갔으나, 당시 귀하는 매매계약 체결 이후 부동산 시세가 많이 올랐는데 친구라서 너무 싸게 팔았으니 매도인에게 부과될 양도세도 매수인인 고인이 지급하는 것으로 해 달라고 계속 고집을 부리며 잔금을 수령하지 않으려고 하였습니다. 그래서 말씨름만 하다가 헤어지고, 고인은 다음 날인 2023. 12. 2.에도 귀하에게 빨리 잔금을 받아가라고 전화를 하였으나 전화를 받지도 않고 그 수령을 지체하여 김한성은 이 사건 매매계약을 해제하겠다는 의사를 명확히 통지하였습니다. 그런데 고인이 사망하자마자 아무 일도 없던 것처럼 잔금을 달라고 하니, 어떻게 세상이 이런 일이 있을 수 있는지 역시 사람은 믿을 것이 못 된다는 생각뿐입니다.

3. 만에 하나 매매계약이 여전히 유효하다고 하더라도 고인의 자녀들은 모두 상속을 포기하였으니 자녀들인 김미래, 김석래에게는 아무런 책임이 없습니다. 대신 손자녀 2명이 있으니, 이미자는 손자녀들과 함께 그 중 1/3 지분에 대해서만 책임이 있습니다.

4. 그리고 이미자는 전에 귀하의 부인인 강혜주가 현재 귀하와 함께 거주하는 집의 임차보증금을 지급하는데 필요하다고 하여 1억 원을 대여한 사실이 있는데, 강혜주는 원금은 물론이고 이자 한 푼 변제한 적이 없습니다. 여기에 대해서는 귀하도 부부로서 책임을 져야 할 것이므로, 만일 제가 매매계약에 대해 책임을 져야 하는 부분이 있다면 위 1억 원의 대여금 채권과 상계한 나머지만 지급할 것입니다. 그리고 이 금액은 귀하가 양도세 등의 딴소리 없이 인도를 마쳐주어야 지급할 것임도 명확히 해 둡니다.

2024. 2. 1.

이미자, 김미래, 김석래 (인)

본 우편물은 2024-2-1
제3521호에 의하여
내용증명우편물로 발송하였음을 증명함
서울용산우체국장

서 울 가 정 법 원

심 판

사　　　건　　2023느단8272 상속포기

청　구　인　　1. 김미래

　　　　　　　　서울 동작구 대방동 123-67 나노빌라 201호

　　　　　　2. 김석래

　　　　　　　　서울 양천구 목동 87-1 신목동타운 3동 201호

피 상 속 인　　망 김한성

　　　　　　　2023. 12. 5. 사망

　　　　　　　최후주소　서울 용산구 장문로 201(동빙고동)

　　　　　　　등록기준지　수원시 팔달구 인계동 240의 2

주　　문

청구인들이 피상속인 망 김한성의 재산상속을 포기하는 2023. 12. 15.자 신고는 이를 수리한다.

이　　유

이 사건 청구는 이유 있으므로, 주문과 같이 심판한다.

2023. 12. 20.

판　사　손 명 판

차용증

강혜주는 이미자로부터 아래와 같이 1억 원을 차용하고, 변제기일까지 이를 틀림없이 지급하겠습니다. 또한 위 돈은 주거지 임대차보증금을 지급하기 위한 것인바, 만일 이사를 가게 되면 이미자에게 그 사실을 반드시 알려주기로 약속합니다.

원　금 : 100,000,000원
변제기 : 2022. 12. 2.
이　자 : 연 5%

2021. 12. 2.

대여인 : 이미자 (인)
　　　　서울 용산구 장문로 201(동빙고동)
차용인 : 강혜주 (인)
　　　　서울 서초구 양재로 9, 301호(양재동)

내용증명 (2)

발신인 : 박일채
수신인 : 이미자, 김아영, 김준영

1. 보내주신 회신은 2024. 2. 15.에 잘 받아보았습니다.
2. 회신 내용 중 계약이 해제되었다는 부분과 관련하여, 이 사건 매매계약 이후 부동산 시세가 워낙 급등하였기 때문에 제가 일부 추가 금원을 지급해 달라는 요청과 함께 당장 잔금을 받지 않으려 한 사실과 김한성이 사망 전에 돈을 안 받는다는 이유로 매매계약을 해제한다는 내용증명을 보내어 2023. 12. 5. 이를 수령한 사실은 인정합니다. 그러나 오랫동안 알고 지낸 사이에 시세가 급등했으니 돈을 좀 더 줄 수 없냐고 요청하는게 그렇게 못할 일입니까? 저는 2023. 12. 1. 소유권이전등기에 필요한 서류를 모두 가지고 나갔는데, 제가 돈을 좀 더 줄 수 없냐는 말을 좀 했다고 김한성씨가 불같이 화를 내며 자리를 박차고 일어나기에 저 역시 '알겠다, 서류는 여기 있으니 욕심대로 소유권이전등기를 하든지 말든지 알아서 하라'고 하고 서류를 던지듯 건네주고 나온 사실이 있을 뿐입니다. 이후 기분이 나빠 며칠 전화를 받지 않은 것은 사실이지만, 저는 2023. 12. 1. 이미 소유권이전등기 서류를 다 전해주었고 매매계약을 이행하지 않겠다고 한 것도 아닌데, 잔금을 며칠 안 받았다고 해서 계약을 마음대로 해제할 수 있는 것은 아닙니다.
3. 그리고 제 아내인 강혜주가 빌린 돈을 저와 강혜주의 주거지 임대차보증금으로 사용한 것은 사실이지만, 이는 저와 법적으로 무관한 일입니다. 만일 저에게도 책임이 있다면 이미자씨는 왜 차용증을 받을 때 저에게 알리지 않았습니까? 고인과의 친분과 가족들의 슬픔을 생각하여 지금껏 기다려 준 것도 억울한데 이렇게 책임을 계속 회피하신다면 저 역시 법적인 조치를 취할 수밖에 없음을 양지하시기 바랍니다.
4. 그리고 소유권이전등기서류에 필요한 모든 서류는 위와 같이 지난번 김한성 씨에게 분명히 주고 왔으니 알아서 하시고, 부동산 인도는 잔금을 지급받는 대로 해 주겠습니다.
5. 매매잔금을 지급해 달라는 내용을 이미자 씨와 자녀들에게도 이미 보낸 바 있으나 자녀들은 이미 상속을 포기했다는 답신을 받은바 손자녀들에게도 다시 내용증명을 보내니, 배우자나 자녀, 손자녀 누구든 적법한 상속인이 잔금을 지급해 주시기 바랍니다.

2024. 2. 15.

박일채 (인)

본 우편물은 2024-2-15
제8907호에 의하여
내용증명우편물로 발송하였음을 증명함
서울강남우체국장

등기사항전부증명서 (말소사항 포함) - 건물 [제출용]

[토지] 서울특별시 용산구 한남동 726-25　　　　　　고유번호 3458-1980-562334

【 표 제 부 】 (건물의 표시)

표시번호	접 수	소 재 지 번	건물 내역	등기원인 및 기타사항
1	1980년3월8일	서울특별시 용산구 한남동 726-25 [도로명 주소] 서울특별시 용산구 한남대로 36길 11	철근콘크리트조 평슬래브 지붕 1층 주택 1층 241㎡	

【 갑 구 】 (소유권에 관한 사항)

순위번호	등기목적	접 수	등 기 원 인	권리자 및 기타사항
1	소유권보존	1980년3월8일 제3313호		소유자 이민국 591022-1****** 서울특별시 서초구 방배동 435
2	소유권이전	2018년3월5일 제8976호	2018년3월1일 매매	소유자 아렌델공화국 145

— 이 하 여 백 —

수수료 금 1,000원 영수함

관할등기소 서울서부지방법원 등기국 / 발행등기소 법원행정처 등기정보중앙관리소

이 증명서는 등기기록의 내용과 틀림없음을 증명합니다.
서기 2024년 1월 9일
법원행정처 등기정보중앙관리소 전산운영책임관

*실선으로 그어진 부분은 말소사항을 표시함.　　*등기기록에 기록된 사항이 없는 갑구 또는 을구는 생략함.

문서 하단의 바코드를 스캐너로 확인하거나 인터넷등기소(http://iros.go.kr)의 발급확인 메뉴에서 발급확인번호를 입력하여 위·변조 여부를 확인할 수 있습니다. 발급확인번호를 통한 확인은 발행일부터 3개월까지 5회에 한하여 가능합니다.

발행번호 99318445123384028IFKNOI514852WOG25769242022　1/1　발급확인번호 WFHGTR-CIJE-2859　발행일 2024/01/09

등기사항전부증명서(말소사항 포함)-토지

[토지] 서울특별시 용산구 한남동 726-26 　　　　　고유번호 3458-1980-562363

【 표 제 부 】　　(토지의 표시)

표시번호	접 수	소재지번	지목	면적	등기원인 및 기타사항
1	1980년3월8일	서울특별시 용산구 한남동 726-26	대	396㎡	

【 갑 　　구 】　　(소유권에 관한 사항)

순위번호	등기목적	접 수	등기원인	권리자 및 기타사항
1 (전 2)	소유권이전	1980년3월8일 제3223호		소유자 이정은 650818-1****** 서울특별시 종로구 이화동 438
2	소유권이전	2020년3월15일 제35788호	2020년3월1일 매매	소유자 박일채 501024-1****** 서울특별시 서초구 양재로 9, 301호(양재동, 양재빌라)

---- 이 하 여 백 ----

수수료 1,000원 영수함

관할등기소　서울서부지방법원 등기국 / 발행등기소 법원행정처 등기정보중앙관리소

이 증명서는 등기기록의 내용과 틀림없음을 증명합니다.
서기 2024년 1월 9일
법원행정처 등기정보중앙관리소 전산운영책임관

*실선으로 그어진 부분은 말소사항을 표시함.　　*등기기록에 기록된 사항이 없는 갑구 또는 을구는 생략함.

문서 하단의 바코드를 스캐너로 확인하거나 인터넷등기소(http://iros.go.kr)의 발급확인 메뉴에서 발급확인번호를 입력하여 위·변조 여부를 확인할 수 있습니다. 발급확인번호를 통한 확인은 발행일부터 3개월까지 5회에 한하여 가능합니다.

발행번호 003184451233840281FKNOI514852WOG25769252024　1/1　발급확인번호 WFHGTR-CIJE-2878　발행일 2024/01/09

내용증명

발신인 아렌델공화국 주 대한민국 대사관
수신인 박일채, 서울 강남구 논현로 9, 201호(논현동, 논현빌라)

1. 두루 평안을 기원합니다.
2. 저는 아렌델공화국의 법률상 대표자인 법무부장관 크리스토프 비요르만(Kristoff Bjorgman)입니다.
3. 저희 대사관이 창고로 사용하고 있는 부지가 귀하의 소유라는 점을 유감으로 생각합니다. 저희 대사관은 귀하로부터 위 부지를 시가인 5억 원에 매수할 용의가 있습니다.
4. 귀하가 창고의 사용대가의 지급을 구하는 소를 제기하려 한다고 들었습니다. 그러나 국제관습법 및 유엔협약에 따라 외국에 대한 재판권은 면제되므로, 귀하는 아렌델공화국을 상대로 소를 제기할 수는 없습니다. 또한 문제되는 창고에는 아렌델공화국 대사관의 주요한 문서가 보관되어 있습니다.
5. 귀하가 사용대가의 지급을 구하는 것은 아래와 같은 점에서도 부당합니다. 먼저, 저희 대사관은 창고 건물에 관하여 소유권이전등기를 마치지 못하여 위 창고의 소유자가 아닙니다. 창고 건물의 소유자는 이를 2015. 12. 1. 신축한 이민국입니다. 따라서 저희 대사관이 창고 건물을 점유하여도 그 부지를 점유하고 있다고 볼 수는 없으므로, 부지 사용대가는 위 창고의 원시취득자이자 소유자인 이민국에게 청구하여야 합니다.
6. 다음으로 대한민국의 법률전문가에게 알아본 바로는, 대한민국 민법 제163조 제1호에서 토지 사용료의 소멸시효는 3년이라고 정하고 있습니다. 이 사건 소 제기시부터 역산하여 3년이 지난 부분은 소멸시효가 완성되었습니다.
7. 하지만, 이러한 여러 법률 주장과 별개로 저희 대사관은 귀하에게 불편을 끼친 점에 관하여 다시 한 번 유감을 표명합니다. 저희 대사관에서는 창고 부지를 시가에 따라 매수할 의사가 있으므로, 답변 기다리겠습니다.

2024. 1. 9.
Kristoff Bjorgman, Republic of Arendelle (인)

본 우편물은 2024-1-9
제1754호에 의하여
내용증명우편물로 발송하였음을 증명함
서울용산우체국장

내용증명에 대한 회신

발신인 박일채, 서울 강남구 논현로 9, 201호(논현동, 논현빌라)
수신인 아렌델공화국 주 대한민국 대사관

1. 귀 대사관이 보낸 내용증명은 2024. 1. 23. 잘 받았습니다.
2. 저는 서울 용산구 한남동 726-26 토지의 소유자입니다. 귀 대사관이 현재 제 소유 토지 일부를 무단점유하고 있어 소유자로서 애로가 많습니다.
3. 저도 창고 부지를 정당한 가격에 매도하고자 합니다. 그런데 위 부지의 시가는 귀 대사관이 주장하는 5억 원이 아니라 10억 원으로 알고 있습니다.
4. 나아가 본인은 매매계약과 별개로 그동안 창고부지를 사용하지 못하여 입은 손해에 대하여 금전적 보상을 받고 싶습니다. 대한민국의 영토 내에서 행해진 사법적 행위라면 국가여도 일반인과 마찬가지의 책임을 진다고 알고 있습니다.
5. 창고를 점유하는 사람이 부지도 함께 점유하는 것이지, 창고를 귀 대사관에 매도한 이민국이 위 부지를 점유한다는 얼토당토 않은 말은 듣지 않은 것으로 하겠습니다.
6. 귀하가 2024. 3. 25.까지 10억 원에 매매계약을 체결할 의사를 표시하고 그 동안의 사용대가의 반환을 하지 않는다면, 저는 매매에 관한 협상 등이 결렬되는 것으로 생각하고 즉시 소를 제기할 생각입니다.

2024. 2. 25.

박일채 (인)

본 우편물은 2024-2-25
제10632호에 의하여
내용증명우편물로 발송하였음을 증명함
서울강남우체국장

■ 건축물대장의 기재 및 관리 등에 관한 규칙 [별지 제1호서식] <개정 2018. 12. 4.>

일반건축물대장(갑)

고유번호	12341241242-3-2355600		명칭		호수/가구수/세대수	
대지위치 서울 용산구 한남동		지번 726-26		도로명주소 서울 용산구 한남대로 36길 12		
※대지면적 396㎡	연면적 ㎡	※지역 중심상업지역		※지구	※구역	
건축면적 ㎡	용적률 산정용 연면적 ㎡	주구조 철골조		주용도 창고	층수 지하: 층, 지상: 1층	
※건폐율 %	※용적률 %	높이 m		지붕	부속 건축물	동 ㎡
※조경면적 ㎡	공개 공지·공간 면적 ㎡	※건축선 후퇴면적 ㎡		※건축선 후퇴거리 m		

건축물 현황					소유자 현황			
구분	층별	구조	용도	면적(㎡)	성명(명칭)	주소	소유권 지분	변동일
					주민(법인)등록번호 (부동산등기용등록번호)			변동원인
주1	1층	철골조	창고	8	이민국(591022-1******)	서울 서초구 방배로8, 302호		

이 등(초)본은 건축물대장의 원본내용과 틀림없음을 증명합니다.

발급일: 2024년 5월 25일

담당자: 이정민

전 화: 02-2199-4232

서울용산구청장 [인]

※ 표시 항목은 총괄표제부가 있는 경우에는 적지 않을 수 있습니다.

토지사용승낙서

승낙인은, 토지사용인으로부터 매월 1,000,000원을 지급받는 것을 조건으로, 토지사용인이 승낙인 소유의 서울 용산구 한남동 726-26 대 396㎡ 중 아래 도면 표시 (가) 부분 10㎡를 사용하는 것을 승낙한다. 토지사용인은 위 금원을 2회 이상 연체하면 위 토지 지상에 건축한 건물을 깨끗이 철거하고, 위 부동산을 인도하기로 한다.

2015. 10. 1.

토지소유자 겸 승낙인   이정은(650818-1429583)   *이 정 은* **(인)**

토지사용인   이민국(591022-1036125)   *이 민 국* **(인)**

도 면

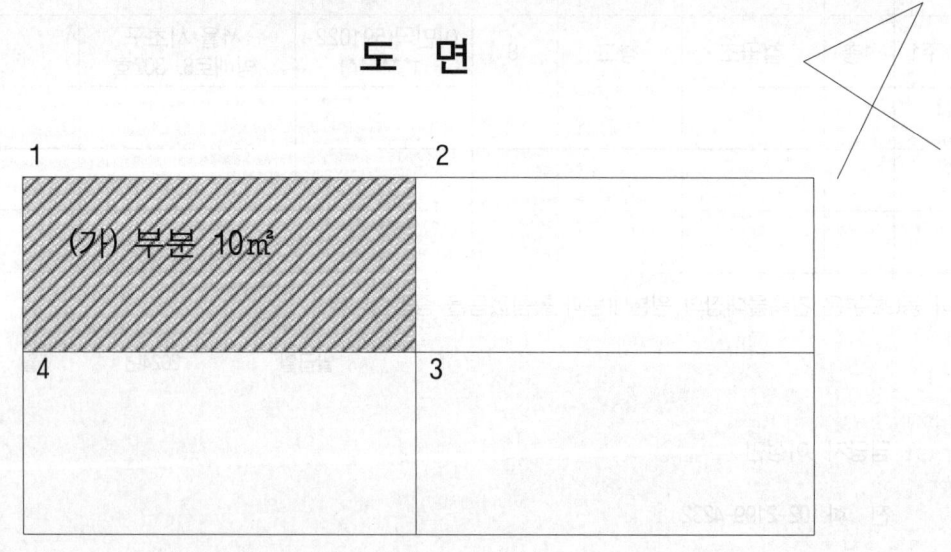

매 매 계 약 서

매 도 인   성   명 : 이 민 국
                 주   소 : 서울 서초구 방배로 8, 302호(방배동)

매 수 인   성   명 : 아렌델공화국 주대한민국 대사관

매도인과 매수인은 제1항 기재 목적물에 대한 매매계약을 체결하였다.

1. 매매목적물
    가. 서울 용산구 한남동 726-25 대 483㎡ 및 그 지상 건물 1층 주택 241㎡
    나. 서울 용산구 한남동 726-26 대 지상 1층 창고건물 8㎡
2. 매매대금
    합계 50억 원
※ 계약 당일 매매대금 전액 지급받았음을 확인함. 이민국(인)
※ 계약 당일 위 각 부동산을 인도받았음을 확인함. 주대한민국 아렌델공화국 대사관 (인)

특약사항

※ 위 매매대금 50억 원에는 한남동 726-26 대 지상 1층 창고건물의 매매대금이 포함되어 있는 것으로서, 이민국은 위 한남동 726-26 토지 중 창고부지 10㎡를 매수한 후 그 소유권을 아렌델공화국에게 이전하기로 약정함.

2018년 3월 1일

매 도 인 : 이 민 국 (인)
매 수 인 : 주대한민국 아렌델공화국 대사관 (인)

임료 시세 확인서

부동산 표시

서울 용산구 한남동 726-26 대지 중 창고부지 10㎡

위 대지를 전부 사용하는 경우

아래와 같이 월세가 형성되어 있음을 확인합니다.

1. 임대차보증금이 2억 원인 경우 월세 70만 원
2. 임대차보증금이 없는 경우 월세 200만 원

참고: 1. 위 평가는 2020. 1. 1.을 기준으로 이루어진 것임
      2. 현재까지도 시세의 변동은 없는 것으로 판단됨
      3. 위 평가는 인터넷 관련 사이트에서 거래된 내역을 토대로 이루어진 것으로서, 공적인 판단과는 무관함

2024. 7. 10.

공인중개사 권혁천 (인)

등기사항전부증명서(말소사항 포함)-집합건물

[집합건물] 서울특별시 강남구 역삼동 324 서준빌 101호 　　　고유번호 1145-5548-155651

【 표 제 부 】　　(1동의 건물의 표시)

표시번호	접 수	소재지번, 건물명칭	건물내역	등기원인 및 기타사항
1	2000년7월1일	서울특별시 강남구 역삼동 324 [도로명 주소]서울특별시 역삼2길 339	철근콘크리트조 슬래브 지붕 4층 건물 1층 145.2㎡ 2층 145.2㎡ 3층 145.2㎡ 4층 145.2㎡	도면편철장 제4책 제43면

(대지권의 목적인 토지의 표시)

표시번호	소재지번	지목	면적	등기원인 및 기타사항
1	서울특별시 강남구 역삼동 324	대	296㎡	2000년7월1일

【 표 제 부 】　　(전유부분의 건물의 표시)

표시번호	접수	건물번호	건물내역	등기원인 및 기타사항
1	2000년7월1일	제1층 제101호	철근콘크리트조 44.85㎡	도면편철장 제4책 제43면

(대지권의 표시)

표시번호	대지권의 종류	대지권비율	등기원인 및 기타사항
1	소유권대지권	296분의 37	2000년7월1일 대지권 2000년7월1일 등기

【 갑　　구 】　　(소유권에 관한 사항)

순위번호	등기목적	접 수	등기원인	권리자 및 기타사항
1	소유권보존	2000년7월1일 제3233호		소유자 삼직건설 주식회사 110125-0****** 서울특별시 종로구 계동 1583-15
2	소유권이전	2001년3월9일 제1927호	2000년11월25일 매매	소유자 박병철 370411-1****** 서울특별시 서초구 양재동 134
3	가압류	2011년9월1일 제11593호	2011년9월1일 서울북부지방법원의 가압류결정 (2011카단43434)	청구금액 금140,000,000원 채권자 김갑동 681017-1****** 서울특별시 동대문구 망우로 112
4	소유권이전	2016년7월1일 제1927호	2016년6월30일 매매	소유자 박일채 501024-1****** 서울특별시 서초구 양재로 9, 301호 (양재동, 양재빌라)

[집합건물] 서울특별시 강남구 역삼동 324 서준빌 101호   고유번호 1145-5548-155651

순위번호	등기목적	접 수	등기원인	권리자 및 기타사항
5	3번가압류등기말소	2016년7월1일 제13153호	2016년7월1일 가압류신청취하	
6	소유권이전	2020년10월4일 제72321호	2020년3월15일 매매	소유자 박이채 670609-1****** 서울특별시 마포구 공덕로 41, 201동 309호(공덕동, 대명아파트)

【을   구】   (소유권 이외의 권리에 관한 사항)

순위번호	등기목적	접 수	등기원인	권리자 및 기타사항
1	근저당권설정	2022년9월1일 제61611호	2022년9월1일 설정계약	채권최고액 금 100,000,000원 채무자 박이채 670609-1****** 서울특별시 마포구 공덕로 41, 201동 309호 (공덕동, 대명아파트) 근저당권자 이을수 670920-1****** 경기도 안산시 단원구 중앙로 212(중앙동)

---- 이 하 여 백 ----

수수료 1,000원 영수함 관할등기소 서울중앙지방법원 등기국 / 발행등기소 법원행정처 등기정보중앙관리소

이 증명서는 등기기록의 내용과 틀림없음을 증명합니다.

서기 2024년 7월 9일

법원행정처 등기정보중앙관리소 전산운영책임관

*실선으로 그어진 부분은 말소사항을 표시함. *등기기록에 기록된 사항이 없는 갑구 또는 을구는 생략함.
*증명서는 컬러 또는 흑백으로 출력 가능함.

문서 하단의 바코드를 스캐너로 확인하거나 **인터넷등기소(http://iros.go.kr)의 발급확인 메뉴에서 발급확인번호를** 입력하여 **위·변조 여부를 확인할 수 있습니다. 발급확인번호를** 통한 확인은 발행일부터 3개월까지 5회에 한하여 가능합니다.

발행번호 12115121581541815218934082939015788   2/2   발급확인번호 EGET-EGEY-1578 발행일 2024/07/09

서 울 중 앙 지 방 법 원
판 결

사 건	2020가단354660 소유권이전등기	
원 고	박이채	
	서울 마포구 공덕로 41, 201동 309호(공덕동, 대명아파트)	
피 고	박일채	
	서울 강남구 역삼2길 339, 101호(역삼동, 서준빌)	
변론종결	무변론	
판결선고	2020. 7. 30.	

주 문

1. 피고는 원고에게 별지 기재 부동산에 관하여 2020. 3. 15. 매매를 원인으로 한 소유권이전등기절차를 이행하라.
2. 소송비용은 피고가 부담한다.

청 구 취 지

주문과 같다.

이 유

1. 청구의 표시
   원고는 2020. 3. 15. 피고로부터 별지 목록 기재 부동산을 대금 2억 원에 매수하였음
2. 인정 근거: 무변론 판결(민사소송법 제208조 제3항 제1호, 제257조 제1항)

판사 정 용 성

목 록 (부동산의 표시)

1. (1동의 건물의 표시)
    서울 강남구 역삼동 324
    [도로명주소] 서울 강남구 역삼2길 339
    철근콘크리트조 슬래브지붕 4층 건물
    1~4층 각 145.2㎡
    (대지권의 목적인 토지의 표시)
    서울 강남구 역삼동 324 202-2 대 296㎡
    (전유부분의 건물의 표시)
    제1층 제101호 철근콘크리트조 44.85㎡
    (대지권의 표시)
    소유권대지권 296분의 37. 끝.

확 정 증 명

아래와 같이 판결이 확정되었음을 증명함

사 건	서울중앙지방법원 2020가단354660 소유권이전등기
원 고	박이채
피 고	박일채
증명신청인	박일채

위 사건의 판결이 2020. 8. 20.자로 확정되었음을 증명합니다. 끝.

2024. 7. 9.

서울중앙지방법원

법원주사 김대성   [서울중앙지방법원 법원주사 인]

서 울 중 앙 지 방 법 원
판 결

사 건	2023고단7829	사기미수, 사문서위조, 위조사문서행사, 공전자기록등불실기재, 불실기재공전자기록등행사
피 고 인	박이채(670609-1******), 무직	
	주거 서울 마포구 공덕로 41, 201동 309호(공덕동, 대명아파트)	
	등록기준지 서귀포시 서광남3길 81	
검 사	한혜미(기소), 이철민(공판)	
변 호 인	변호사 서온유(국선)	
판 결 선 고	2024. 1. 14.	

등본입니다.
2024. 7. 9.
법원주사 강웅기

서울중앙
지방법원
법원주사

주 문

피고인을 징역 6월에 처한다.

이 유

범 죄 사 실

피해자 박일채는 서울특별시 강남구 역삼동 324 서준빌 101호 44.85㎡(이하 '이 사건 부동산'이라 한다)의 소유자이고, 양도소득세를 감면받고자 이 사건 부동산으로 허위로 전입신고를 마쳤다. 피고인은 피해자의 동생으로, 부인과 가정불화를 겪게 되자 피해자 소유의 이 사건 부동산에 전입신고를 하지 않고 거주하게 되었다.

피고인은 피해자 소유의 이 사건 부동산에 머무르던 중 같은 해 5. 초순경 이 사건 부동산의 서재 안에서, 소유권이전등기소송에 필요한 매매계약서 등을 위조하여 위와 같이 위조한 증거를 이용하여 피해자 몰래 이 사건 부동산에 관하여 피고인 앞으로 소유권이전등기를 마치기로 마음먹었다.

가. 사문서위조, 위조사문서행사, 사기미수

(1) 피고인은 2020. 5. 5. 위 서재에서 소유권이전등기소송에 증거로 행사할 목적으로 피해자의 승낙 없이, '피해자가 2020. 3. 15. 피고인에게 이 사건 부동산

을 매매대금 2억 원으로 정하여 매도하였다'는 내용의 부동산매매계약서를 작성하고 그 하단 피해자의 이름 옆에 임의로 조각한 피해자의 도장을 찍어 권리의무에 관한 사문서인 피해자 명의의 부동산매매계약서 1매를 위조하고,

　　(2) 피고인은 2020. 5. 15. 14:00경 위와 같이 위조한 부동산매매계약서 1매를 그 위조된 사실을 알지 못하는 성명불상의 서울중앙지방법원 소속 공무원에게 제출하여 이를 행사하였으며,

　　(3) 피고인은 (2)항 기재 일시, 장소에서 서울중앙지방법원 2020가단354660호로 '2020. 3. 15.자 매매를 원인으로 이 사건 부동산에 관한 소유권이전등기절차의 이행을 구한다'는 청구취지와 청구원인을 기재한 소유권이전등기 청구 소장을 제출하면서, 피해자의 주소로 피고인이 거주하고 있는 피해자의 주민등록상 주소지인 이 사건 부동산을 기재하였고, 위와 같이 위조한 매매계약서 1장을 증거로 제출하였다. 이를 알지 못한 위 사건 재판부는 2020. 5. 22. 피해자에 대한 소장을 위 소장에 적힌 피해자의 주민등록상 주소지로 송달하였고, 피고인은 2020. 5. 25. 15:20경 피해자인 것처럼 이를 송달받은 후 아무런 답변서를 제출하지 아니하였다. 이에 속은 서울중앙지방법원 2020가단354660호 사건의 재판부는 2020. 7. 30. 피고인의 청구를 인용하는 무변론판결을 선고하였고, 피해자에 대한 판결 정본 역시 2020. 8. 5. 피해자의 주민등록상 주소지로 송달되었으나 피고인이 피해자인 것처럼 이를 송달받았다. 이로써 피고인은 피해자 소유의 시가 2억 원 상당의 위 부동산을 편취하려 하였으나 그 뜻을 이루지 못하고 미수에 그쳤다.

나. 공전자기록등불실기재 및 불실기재공전자기록등행사

　　피고인은 2020. 10. 4. 서울중앙지방법원 등기국에서 이 사건 부동산에 관한 소유권이전등기를 신청하면서, 위 등기국 소속 성명 불상의 공무원에게 등기원인을 증명하는 서류로서 위 가. (3)항에 따라 기재한 소유권이전등기 승소 판결 정본 및 그 확정증명원을 제출하여, 위 공무원으로 하여금 이 사건 부동산에 관하여 2020. 3. 15. 매매를 원인으로 한 피고인 명의의 소유권이전등기를 공정증서원본과 동일한 공전자기록인 등기부시스템에 입력하도록 하고, 즉시 위 등기부시스템이 구동되어 전산조회가 가능하도록 하였다.

(이하 생략)

확 정 증 명

아래와 같이 판결이 확정되었음을 증명함

사 건   서울중앙지방법원 2023고단7829 사기 등
피 고 인   박이채
선 고 일 자   2024. 1. 14.
확 정 일 자   2024. 1. 22.

2024. 7. 9.

서울중앙지방법원

법원주사 강웅기

내 용 증 명 에 대 한 회 신

수신인: 박이채
　　　　서울 마포구 공덕로 41, 201동 309호(공덕동, 대명아파트)

1. 박이채 보아라.
2. 이는 네가 2024. 3. 13. 발송한 내용증명에 대한 회신이다.
3. 너는 아래와 같은 내용의 내용증명을 보냈다.

> ○ 서울 강남구 역삼동 324 서준빌 101호는 본인과 귀하의 아버지가 본인에게 본인이 어렸을 때부터 상속하여 주기로 약속하였음에도, 귀하가 아버지로부터 소유권이전등기를 마쳤습니다. 물론 본인에 대한 형사판결이 유죄로 확정된 이상 위 등기절차가 위법하게 이루어졌다는 점을 부정할 생각은 없습니다만, 본인은 이를 매우 억울하게 생각합니다.
> ○ 본인은 위 서준빌 101호에 관한 소유권이전등기를 확정판결에 기하여 마쳤습니다. 본인이 듣기로는 귀하는 본인에 대한 형사 유죄 판결이 확정되었다는 사실을 알고서도 재심을 청구하지 아니하여 위 민사 확정판결에 대한 재심기간이 도과되었다고 들었습니다. 따라서 본인은 위 소유권이전등기를 말소할 법적 의무가 없습니다.
> ○ 나아가 귀하는 서준빌 101호에 설정된 근저당권의 말소를 구하고 있으나, 근저당권자인 이을수는 이 사건과 무관하므로 근저당권을 말소할 의무가 없습니다.
> ○ 본인은 이을수의 근저당권의 피담보채무액을 변제할 능력도 없습니다.

4. 이에 대한 나의 답변은 아래와 같다.

> ○ 내가 서준빌 101호의 소유권을 이전받은 경위를 잊었느냐. 아버지가 네 빚보증을 서서 네 채권자인 김갑동이 아버지가 살고 있던 서준빌 101호에 가압류를 하였다. 내가 너의 김갑동에 대한 빚 1억 4,000만 원을 대신 갚아주고 가압류를 말소하였다. 아버지가 그 대가로 위 서준빌의 소유권을 이전하여 준 것이라는 점을 나도 알고, 너도 알지 않느냐.
> ○ 나는 너의 김갑동에 대한 빚도 갚아주었고, 네가 제수씨와 이혼하겠다고 하자 무상으로 너를 서준빌 101호에 살게 해주었다. 그런데 네가 이를 이용하여 나를 상대로 소송을 제기한 후 나인 척 가장하여 승소 판결을 받았다니, 참담한 마음을 가눌 수 없다. 은혜를 원수로 갚는다는 말을 이럴 때 쓰는 것이 아니겠느냐.
> ○ 이제서라도 위 부동산에 설정된 모든 부담을 말소하고 등기를 조속히 원상회복하여라.

　　　　　　　　　　　　　　2024년 7월 2일

발신인 : 박일채　　(인)
　　　　서울 강남구 논현로 9, 201호(논현동, 논현빌라)

내용증명에 대한 답신

받는 분: 박일채, 서울 강남구 논현로 9, 201호(논현동, 논현빌라)

 귀하의 2024. 7. 14.자 내용증명에 대하여 본인의 입장을 밝힙니다.
 귀하는 위 내용증명을 통하여 본인의 근저당권의 말소를 구하고 있습니다. 귀하는 서울 강남구 역삼동 324 서준빌 101호의 소유자라고 하면서 위 토지에 마쳐져 있는 본인의 근저당권설정등기가 무효이니 위 등기를 2024. 7. 말까지 말소하라는 내용의 내용증명을 보냈습니다.
 저도 귀하가 첨부해서 보내 준 박이채에 대한 형사판결문과 확정증명원을 보고 깜짝 놀랐습니다.
 그러나 저의 근저당권설정등기를 말소하라는 귀하의 요청에는 응할 수 없습니다. 저는 지인인 박이채에게 빌려주고도 오랫동안 받지 못한 돈이 있어 고민하던 중, 박이채가 위 빌라를 취득했다는 소식을 듣고 위 빌라의 부동산등기부를 확인해 봤더니 실제로 박이채 앞으로 소유권이전등기가 마쳐져 있는 것을 확인하고 이를 신뢰하여 비용과 노력을 들여 근저당권을 설정받은 것입니다. 저는 박이채의 서류 위조 등에 대해서는 전혀 알지 못했습니다.
 우리나라에서 부동산 소유권 관계는 부동산등기부를 믿을 수밖에 없고 그래서 이를 국가가 작성하고 관리하는 것이므로, 저처럼 그 기재를 신뢰하고 근저당권을 마친 선의의 제3자는 보호되는 것이 당연합니다.
 나아가 귀하의 주장에 의하면 박이채 앞으로의 소유권이전등기는 박이채의 기망행위에 의한 것이라 할텐데, 본인은 이를 알지 못한 선의의 제3자이므로 민법 제110조 제3항에 의하여 보호받을 수 있습니다.
 이러한 이유로 귀하의 요청을 거절하오니 양해하시기 바랍니다. 끝.

2024년 7월 31일

보내는 사람: 이을수 670920-1****** (인)
     안산시 단원구 중앙로 21(중앙동)

기록이면표지

확 인 : 법학전문대학원협의회

소　장

원　고　　박일채
　　　　　서울 강남구 논현로 9, 201호(논현동, 논현빌라)
　　　　　소송대리인 변호사 김이승
　　　　　서울 서초구 서초로 7, 305호(서초동)
　　　　　전화 02-520-1215, 팩스 02-530-2345, 이메일 2seung@kmail.com

피　고　　1. 정서윤
　　　　　　 하남시 위례중앙로 10번길 3(학암동)
　　　　　2. 이정호
　　　　　　 서울 중랑구 동일로 192(상봉동)
　　　　　3. 이미자
　　　　　　 서울 용산구 장문로 201(동빙고동)
　　　　　4. 아렌델공화국(Republic of Arendelle)
　　　　　　 송달장소 서울 용산구 한남대로 36길 11(한남동)
　　　　　　 대표자 법무부장관 크리스토프 비요르만(Kristoff Bjorgman)
　　　　　5. 이민국
　　　　　　 서울 서초구 방배로 8, 302호(방배동)
　　　　　6. 박이채
　　　　　　 서울 마포구 공덕로 41, 201동 309호(공덕동, 대명아파트)
　　　　　7. 이을수
　　　　　　 안산시 단원구 중앙로 21(중앙동)

매매대금 등 청구의 소

청 구 취 지

1. 원고에게,

   가. 피고 정서윤은 별지 목록 제1항 기재 부동산에 관하여 수원지방법원 성남지원 하남등기소 2021. 6. 1. 접수 제95817호로 마친 전세권설정등기에 대하여 (2023. 8. 15. 변제를 원인으로 한)[1] 말소등기절차를 이행하고,

   나. 피고 이정호는 원고로부터 10,000,000원을 지급받은 다음 위 가.항 기재 말소등기에 관하여 승낙의 의사표시를 하라.[2]

2. 피고 이미자는 원고로부터 별지 목록 제2항 기재 부동산을 인도받음[3]과 동시에 원고에게 310,000,000원을 지급하라.

3. 피고 아렌델공화국, 이민국[4]은 공동하여 원고에게 2020. 3. 15.부터 별지 목록 제3항 기재 부동산 중 별지 도면 표시 1, 2, 3, 4, 1의 각 점을 순차로 연결한 선내 (가) 부분 10m^2의 사용·수익 종료일까지[5] 월 2,000,000원의 비율로 계산한 돈을 지급하라.

4. 원고에게 별지 목록 제5항 기재 부동산에 관하여,

   가. 피고 박이채는 서울중앙지방법원 등기국 2020. 10. 4. 접수 제72321호로 마친 소유권이전등기의,

   나. 피고 이을수는 같은 등기국 2022. 9. 1. 접수 제61611호로 마친 근저당권설정등기의,[6]

   각 말소등기절차를 이행하라.

5. 소송비용은 피고들이 부담한다.
6. 제2, 3항은 각 가집행할 수 있다.

라는 판결을 구합니다.

---

[1] 후발적 실효 사유에 의한 말소등기의 경우 그 사유를 말소등기의 원인으로 기재하는 것이 원칙이나[민사재판실무, 사법연수원 (2024), 101면], 실무에서는 기재하지 않은 경우가 많다.
[2] 원고는 정서윤에 대한 전세권설정등기 말소등기청구권을 보전하기 위하여 정서윤의 이정호에 대한 전세권에 대한 근저당권설정등기 말소등기청구권을 대위하여 청구할 수도 있을 것이나, 원고는 정서윤을 대위하여 이정호의 근저당권설정등기의 말소를 청구할 의사는 없다고 하였으므로(기록 6면), 대위청구를 하여서는 아니된다.
[3] 이미자의 매매대금 지급의무는 원고의 부동산 인도의무뿐 아니라 소유권이전등기의무와도 동시이행관계에 있으나, 이미자는 소유권이전등기에 필요한 서류를 제공받았음을 전제로 인도에 대해서만 동시이행항변을 하고 있으므로(기록 25면), 인도와의 동시이행을 구하는 것으로 구성하면 된다. 다만 소유권이전등기의무를 포함하여 동시이행을 구하는 것으로 구성하더라도 무방하다.
[4] 원고는 아렌델공화국의 창고 부지 무단 사용에 대하여 책임 있는 자 모두를 상대로 사용이익에 대한 반환을 구하고 싶다고 하고 있으므로(기록 6면), 피고 이민국에 대하여도 소를 제기하여야 한다.
[5] 토지 인도 및 건물 철거청구는 재판권이 면제되어 구할 수 없으므로, 사용·수익종료일까지로 기재하였다.
[6] "피고 이을수는 위 가.항 기재 말소등기에 관하여 승낙의 의사표시를 하라."라고 기재하여도 무방하다.

청 구 원 인

1. 하남시 건물에 관한 전세권 설정등기 관련하여

가. 피고 정서윤에 대한 청구

1) 전세권 설정등기 말소청구

가) 전세권설정계약의 체결 및 전세권 설정등기 경료

원고는 2021. 6. 1. 피고 정서윤에게 원고 소유의 별지 목록 제1항 기재 부동산(이하 '하남시 부동산'이라 합니다)을 임대차 보증금 1억 원, 월 차임 100만 원, 임차 기간 2021. 6. 1.부터 2023. 5. 31.까지로 정하여 임대하고, 피고 정서윤에게 하남시 부동산에 관하여 수원지방법원 성남지원 하남등기소 2021. 6. 1. 접수 제95817호로 전세금을 1억 원으로 하는 전세권 설정등기(이하 '이 사건 전세권 설정등기'라 합니다)를 마쳐주었습니다.

나) 피담보채권의 소멸

그런데, 피고 정서윤은 원고에게 2022.8.부터 2023.5.까지의 차임 합계 1,000만 원을 지급하지 아니하였습니다. 원고는 2023.8.15. 임대차 보증금 1억 원에서 피고 정서윤의 연체차임 합계 1,000만 원을 공제한 나머지 9,000만 원을 전세금 반환 채권에 대한 추심채권자인 피고 이정호에게 지급하였고, 이로써 이 사건 전세권 설정등기의 피담보채권인 전세금[7]은 소멸하였습니다.

2) 피고 정서윤의 예상되는 항변

가) 1,000만 원 미변제

피고 정서윤은 원고가 피고 이정호에게 전세금 1억 원 중 변제되지 아니한 나머지 1,000만 원을 지급할 때까지는 위 전세권 설정등기를 말소할 수 없다고 주장합니다.

그런데, 임대인과 임차인이 임대차 보증금을 담보하기 위한 목적으로 전세권설정계약을 체결하여도, 임대차 보증금은 임대차계약이 종료된 후 임차인이 목적물을 인도할 때까지 발생하는 차임 및 기타 임차인의 채무를 담보하는 것이므로, 임대차 보증금에서 연체차임 등을 공제하고 남은 돈을 전세금으로 하는 것이 임대인과 임차인의 합치된 의사라고 볼 수 있습니다.

그렇다면, 원고가 임대차 보증금 1억 원에서 연체차임 1,000만 원을 공제한 나머지 9,000만 원을 모두 변제한 이상, 피고 정서윤은 원고에게 전세권 설정등기의 말소등기절차를 이행해 줄 의무가 있고, 피고 이정호가 원고로부터 1,000만 원을 변제받기 전에는 전세권 설정등기의 말소에 대한 승낙을 해 줄 의무가 없다고 하더라도, 이는 집행 장애사유에 해당할 뿐[8] 피고 정서윤에 대한 의무 자체가 부정되는 것이 아니므로, 피고 정서윤의 주장은 이유가 없습니다.

따라서, 피고 정서윤의 항변은 타당하지 않습니다.

---

[7] 임대차보증금반환채권을 담보할 목적으로 설정한 전세권의 피담보채권은 임대차보증금에서 연체차임을 공제하고 남은 전세금으로 하는 것이 임대인과 임차인의 합치된 의사이므로(대법원 2021. 12. 30. 선고 2018다268538 판결), '전세금'이라고 기재하였으나, 실질적 피담보채권인 '임대차보증금'이라고 기재하여도 무방하다.
[8] 부동산등기법 제57조 제1항.

나. 피고 이정호에 대한 청구

1) 승낙의 의사표시를 구하는 청구

가) 부동산등기법 제57조 제1항

피고 정서윤은 2021. 6. 15. 피고 이정호에게 이 사건 전세권에 관하여 채권최고액을 1억 원으로 하는 수원지방법원 성남지원 하남등기소 2021. 6. 15. 접수 제100023호로 근저당권 설정등기를 마쳐주었습니다. 그런데, 원고는 피담보채권을 변제하여 전세권 설정등기의 말소를 하고자 하므로, 그 말소에 대하여 등기상 이해관계 있는 제3자가 있을 때에는 제3자의 승낙이 있어야 하는바(부동산등기법 제57조 제1항), 전세권근저당권자인 피고 이정호에 대하여 승낙의 의사표시를 구하고자 합니다.

2) 피고 이정호의 예상되는 항변

가) 1,000만 원 미변제

피고 이정호는 원고로부터 전세금 1억 원 중 변제되지 아니한 나머지 1,000만 원을 지급받은 다음 이 사건 전세권설정등기의 말소등기에 관하여 승낙을 할 의무가 없다고 주장할지 모릅니다.

그런데, 이 사건 전세권설정계약은 외관상으로는 그 내용에 차임지급 약정이 존재하지 않고 이에 따라 전세금이 연체차임으로 공제되지 않는 등 임대인과 임차인의 진의와 일치하지 않는 부분이 존재합니다. 이러한 전세권설정계약은 임대차계약과 양립할 수 없는 범위에서 통정허위표시에 해당하여 무효이고, 그러한 전세권설정계약에 의하여 형성된 법률관계에 기초하여 새로이 법률상 이해관계를 가지게 된 제3자에 대하여는 그 제3자가 그와 같은 사정을 알고 있었던 경우에만 그 무효를 주장할 수 있습니다.

그렇다면, 피고 이정호는 피고 정서윤 명의의 전세권설정등기가 사실은 임대차계약에 기한 것이고 차임에 관한 약정이 있다는 사실을 알지 못한 선의의 제3자에 해당하므로, 원고는 피고 정서윤과의 차임 약정으로 피고 이정호에게 대항할 수 없는바, 원고가 이정호에게 1,000만 원을 추가로 지급할 의무가 있음은 인정합니다.[9]

따라서, 피고 이정호의 항변은 고려합니다.

다. 소결

이에, 피고 정서윤은 원고에게 이 사건 전세권설정등기를 말소해 줄 의무가 있고, 피고 이정호는 전세권설정등기의 말소등기에 대하여 등기상 이해관계 있는 제3자로서 원고로부터 1,000만 원을 지급받은 후 이 사건 전세권설정등기의 말소등기에 관하여 승낙을 해 줄 의무가 있습니다.

---

[9] 정서윤은 아직 부동산을 점유하고 있는바(기록 12면), 전세금반환채권은 목적물반환채권과 동시이행의 관계에 있으므로 나머지 전세금 1천만 원에 대해서는 지연손해금이 붙지 아니한다. 이정호는 원고가 정서윤으로부터 부동산을 인도받은 이후의 지연손해금을 청구할 수는 있을 것이나, 이정호가 원금 1천만 원의 변제만을 요청한다는 의사를 명확히 밝히고 있는 이상(기록 15면) 원고가 이정호의 가정적 주장까지 고려하여 지연손해금 부분에 대해서까지 선이행의무를 인정할 필요는 없다.

2. 학익동 토지 매매계약 관련하여

가. 피고 이미자에 대한 청구

1) 매매대금청구

가) 매매계약체결

원고는 2023. 10. 1. 김한성에게 별지 목록 제2항 기재 부동산을 7억 원에 매도하면서 계약금 7천만 원은 당일 지급받았고, 중도금 2억 1천만 원은 2023. 11. 1. 지급받았으며, 잔금 4억 2천만 원은 2023. 12. 1. 지급받기로 하였습니다(이하 '이 사건 매매계약'이라 합니다).

나) 매수인의 사망에 따른 상속

그런데, 김한성은 2023. 12. 5. 사망하였고 그의 상속인인 배우자 피고 이미자, 자녀 김미래, 김석래 중 김미래, 김석래가 2023. 12. 15. 상속을 포기하였으므로, 배우자인 피고 이미자가 김한성의 재산을 단독으로 상속하였는바, 원고는 피고 이미자에게 잔금 4억 2,000만 원의 지급을 구하고자 합니다.

2) 피고 이미자의 예상되는 항변

가) 채권자지체를 이유로 한 해제 항변[10]

피고 이미자는 2023. 12. 1. 원고가 잔금 수령을 지체하여 김한성이 이 사건 매매계약을 해제하였다고 주장합니다.

그런데, 원고가 김한성의 정당한 이행제공을 수령거절하여 채권자지체에 빠졌다고 하더라도, 원고에게 명시적·묵시적 약정이나 신의칙상 잔금 수령의무나 협력의무가 인정된다고 볼 만한 사정이 없는 이상, 김한성은 민법 제401조, 제402조, 제403조, 제538조 제1항에서 정하고 있는 채권자지체의 효과를 주장할 수 있음은 별론으로 하고, 그것만으로 이 사건 매매계약을 해제할 수는 없습니다.

따라서, 피고 이미자의 항변은 타당하지 않습니다.

나) 손자녀와 동일 비율로 공동상속

피고 이미자는, 자녀인 김미래, 김석래가 상속을 포기하였으므로 자신은 손자녀인 김아영, 김준영과 함께 1/3 지분 범위내에서만 김한성의 채무를 상속한다고 주장합니다.

그런데, 민법 제1043조는 '상속인이 수인인 경우에 어느 상속인이 상속을 포기한 때에는 그 상속분은 다른 상속인의 상속분의 비율로 그 상속인에게 귀속된다'고 규정하고 있고, 이때 '상속인이 수인인 경우'의 공동상속인이나 '다른 상속인'에는 배우자도 당연히 포함된다고 보아야 하므로, 공동상속인인 배우자와 자녀들 중 자녀 전부가 상속을 포기한 경우 민법 제1043조에 따라 상속을 포기한 자녀의 상속분은 남아 있는 '다른 상속인'인 배우자에게 귀속되므로, 배우자인 피고 이미자가 단독상속인이 됩니다.

따라서, 피고 이미자의 항변은 타당하지 않습니다.

---

[10] 원고가 잔금을 수령하지는 아니하였으나 소유권이전등기 서류를 김한성에게 교부하였고, 매매계약을 이행할 의사가 있음은 명확히 밝히고 있으므로 이를 이행거절로 보아서는 안 된다.

다) 상계

피고 이미자는 자신의 원고에 대한 대여금 채권으로 이 사건 매매대금 채권과 대등액에서 상계한 다고 주장합니다.

그런데, 피고 이미자는 2021. 12. 2. 강혜주에게 1억 원을 변제기 2022. 12. 2. 이자 연 5%로 대여하였는데, 이는 원고와 강혜주가 공동으로 거주하는 거주지의 임대차보증금에 사용된 것이므로, 위 차용행위는 부부의 공동생활을 위해 필요한 주거공간을 마련하기 위한 것으로서 일상가사의 범위에 속하여(민법 제832조), 그 배우자인 원고 또한 이를 연대하여 변제할 책임이 있습니다.

또한, 피고 이미자의 원고에 대한 위 대여금 채권은 2022. 12. 2., 원고의 피고 이미자에 대한 매매대금 채권은 2023. 12. 1. 각 변제기에 도달하여 2023. 12. 1. 상계적상에 놓이게 되었으며, 피고 이미자의 상계 의사표시가 기재된 2024. 2. 1.자 내용증명 우편은 2024. 2. 15. 원고에게 도달되었습니다.

그렇다면, 원고의 매매대금 채권 4억 2천만 원은 상계적상일에 소급하여 피고 이미자의 대여금 채권 1억 원 및 이에 대한 2021. 12. 2.부터 2023. 12. 1.까지의 이자 및 지연손해금 합계 1억 1,000만 원(=1억 원+ 1억 원×0.05×2년)과 대등액에서 상계되어 3억 1,000만 원(=4억 2천만 원 - 1억 1,000만 원)만이 남게됩니다.

따라서, 피고 이미자의 항변은 고려합니다.

라) 동시이행항변

피고 이미자는 원고로부터 별지 목록 제2항 기재 부동산을 인도받기까지는 잔금을 지급할 수 없다고 주장합니다.

그런데, 부동산 매매에 있어서 당사자 사이에 다른 특약이 있는 등 특별한 사정이 없다면 매매부동산의 인도의무와 잔대금지급의무와 동시이행의 관계에 있습니다.

따라서, 피고 이미자의 항변은 고려합니다.

3) 소결

이에, 피고 이미자는 원고로부터 별지 목록 제2항 기재 부동산을 인도받음과 동시에 원고에게 3억 1,000만 원을 지급할 의무가 있습니다.

3. 한남동 창고 부지 무단 사용 관련하여

가. 피고 이민국, 아렌델공화국에 대한 청구

1) 부당이득 반환청구

가) 부당이득 발생사실

원고는 2020. 3. 15. 별지 목록 제3항 기재 토지의 소유권을 취득하였습니다. 피고 이민국은 2015. 12. 1. 위 토지 중 별지 도면 표시 1, 2, 3, 4, 1의 각 점을 순차로 연결한 선내 (가) 부분 10㎡(이하 '한남동 토지'라 합니다) 지상에 별지 목록 제4항 기재 건물(이하 '창고 건물'이라 합니다)을 신축한 소유자입니다. 피고 아렌델 공화국은 2018. 3. 1. 피고 이민국으로부터 서울 용산구 한남동 726-25 대 483㎡ 및 그 지상 철근콘크리트조 평슬래브지붕 1층 주택 241㎡를 소유권보존등기가 경료되지 않은 창고 건물과 함께 매매대금 50억 원에 매수하고, 같은 날 매매대금을 모두 지급한 후 이를 인도받아 점유하고 있습니다.

그런데, 미등기건물을 양수하여 건물에 관한 사실상의 처분권을 보유하게 됨으로써 그 양수인이 건물 부지 역시 아울러 점유하고 있다고 볼 수 있는 경우에는 미등기건물에 관한 사실상의 처분권자도 건물 부지의 점유·사용에 따른 부당이득반환의무를 부담하며, 미등기건물의 원시취득자와 사실상의 처분권자가 토지 소유자에 대하여 부담하는 부당이득반환의무는 동일한 경제적 목적을 가진 채무로서 부진정연대채무 관계에 있습니다.

현재 피고 이민국은 창고 건물의 원시취득자이자 그 소유자로서, 피고 아렌델공화국은 창고 건물의 사실상 처분권자로서, 그 부지인 한남동 토지를 법률상 원인 없이 점유하면서 그 부지의 차임 상당액의 이익을 얻고 이로 인하여 위 토지의 소유자인 원고에게 같은 금액 상당의 손해를 가하고 있습니다.

나) 부당이득 반환범위

한남동 토지의 차임 상당액은 2020. 3. 15.부터 현재까지 임대차보증금이 없는 경우 월 200만 원입니다. 원고는 피고 이민국, 아렌델공화국에게 원고가 한남동 토지의 소유권을 취득한 2020. 3. 15.부터 위 한남동 토지의 사용·수익종료일까지 월 200만 원의 비율로 계산한 부당이득금을 공동하여 지급할 것을 구합니다.

2) 피고 아렌델공화국의 예상되는 항변

가) 재판권면제

피고 아렌델공화국은 한남동 토지를 피고 아렌델공화국의 대사관 일부로 사용하고 있으므로, 한남동 토지의 부당 점유로 인한 부당이득반환청구는 피고 아렌델공화국의 주권적 활동과 밀접한 관련이 있어서 대한민국의 재판권이 미치지 아니한다고 주장합니다.

그런데, 국제관습법에 의하면 국가의 주권적 행위는 다른 국가의 재판권으로부터 면제되는 것이 원칙이지만, 우리나라의 영토 내에서 행하여진 외국의 사법적 행위에 대하여는 그것이 주권적 활동에 속하는 것이거나 이와 밀접한 관련이 있어서 이에 대한 재판권의 행사가 외국의 주권적 활동에 대한 부당한 간섭이 될 우려가 있다는 등의 특별한 사정이 없는 한 해당 국가를 피고로 하여 우리나라 법원이 재판권을 행사할 수 있습니다.

즉, 이 사건 한남동 토지가 대사관으로 사용되어 국가의 주권적 활동과 밀접한 관련이 있는 것은 사실이나, 외국의 공관지역 점유로 부동산에 관한 사적 권리나 이익이 침해되었음을 이유로 해당 국가를 상대로 차임 상당의 부당이득반환을 구하는 판결절차는 그 자체로 외국의 공관지역 점유에 영향을 미치지 아니하고, 그 청구나 그에 근거한 판결이 외교공관의 직무 수행과 직접적인 관련성이 있다고 보기도 어렵습니다.

그렇다면, 한남동 토지의 점유 사용으로 인한 이 사건 금전지급 청구는 한남동 토지가 피고 아렌델공화국의 대사관으로 사용되더라도 위 피고의 직무 수행을 방해할 우려가 없습니다.

따라서, 피고 아렌델 공화국의 항변은 타당하지 않습니다.

나) 미등기매수인

피고 아렌델공화국은 미등기건물인 창고 건물의 소유자는 원시취득자인 이민국이고, 피고 아렌델공화국이 창고 건물에 관하여 소유권이전등기를 마치지 못한 이상 창고 건물의 소유자가 아니므로, 부당이득반환의무가 없다고 주장합니다.

그런데, 사회통념상 건물은 그 부지를 떠나서는 존재할 수 없으므로 건물의 부지가 된 토지는 그 건물의 소유자가 점유하는 것으로 볼 것이고, 이 경우 건물의 소유자가 현실적으로 건물이나 그 부지를 점거하지 않더라도 건물의 소유를 위하여 그 부지를 점유한다고 보아야 하는바, 미등기건물을 양수하여 건물에 관한 법률상 또는 사실상 처분권을 보유한 양수인도 건물 부지의 점유·사용에 따른 부당이득반환의무를 부담합니다.

따라서, 피고 아렌델 공화국의 항변은 타당하지 않습니다.

다) 소멸시효

피고 아렌델공화국은 한남동 토지에 관한 사용료의 지급을 구하는 것은 제163조 제1호에서 정한 3년의 단기소멸시효가 적용되므로 이 사건 소 제기일로부터 역산하여 3년 전에 발생한 채권은 소멸시효가 완성되었다고 주장합니다.

그런데, 원고는 피고 아렌델공화국 사이에 한남동 토지에 관한 임대차계약이 체결되었음을 전제로 그 임료의 지급을 구하는 것이 아니라 토지의 무단 점유·사용으로 인한 임료 상당 부당이득의 반환을 구하는 것이므로, 부당이득반환채권은 특별한 사정이 없는 한 10년의 민사소멸시효가 적용됩니다.

그렇다면, 원고의 이 사건 소가 원고가 소유권을 취득한 2020. 3. 15.로부터 10년이 경과되기 전인 2024. 8. 8. 제기되었음은 기록상 명백하므로 위 부당이득반환채권이 시효로 소멸하였다고 볼 수 없습니다.

따라서, 피고 아렌델 공화국의 항변은 타당하지 않습니다.

3) 소결

이에, 피고 아렌델공화국, 이민국은 공동하여 한남동 토지의 소유자인 원고에게 원고가 소유권을 취득한 2020. 3. 15.부터 한남동 토지 인도 완료일까지 월 200만 원의 비율로 계산한 부당이득금을 반환할 의무가 있습니다.

4. 역삼동 빌라 무단 소유권이전등기 관련하여

가. 피고 박이채에 대한 청구

1) 소유권이전등기말소 청구

가) 원고 건물 소유

원고는 2016. 6. 30. 소외 박병철로부터 별지 목록 제5항 기재 건물(이하 '서준빌 101호'라 합니다)를 매수하는 계약을 체결하고, 서울중앙지방법원 등기국 2016. 7. 1. 접수 제1927호로 소유권이전등기를 마친 역삼동 빌라의 소유자입니다.

나) 피고 건물 소유권이전등기

피고 박이채는 2020. 3. 15. 원고로부터 서준빌 101호를 매수하였다고 주장하면서, 2020. 5. 15. 원고를 상대로 서울중앙지방법원 2020가단354660호로 서준빌 101호에 관하여 위 매매를 원인으로 한 소유권이전등기를 구하는 소를 제기하였습니다. 위 소의 소장 부본은 2020. 5. 22. 피고 박이채가 원고의 주소로 기재한 서준빌 101호로 발송되었고, 서준빌 101호에 거주하고 있던 피고 박이채는 2020. 5. 25. 원고인 것처럼 이를 수령하였습니다. 이후 원고로부터 답변서가 제출되지 아니하자, 위 법원은 2020. 7. 30. "원고는 피고 박이채에게 서준빌 101호에 관하여 2020. 3. 15. 매매를 원인으로 한 소유권이전등기절차를 이행하라."는 취지의 무변론 판결을 선고하였습니다(이하 '선행 판결'이라 합니다). 위 판결문 정본 역시 2020. 8. 5. 서준빌 101호로 송달되었고, 피고 박이채가 원고인 것처럼 이를 수령하였습니다. 위 판결이 2020. 8. 20. 형식적으로 확정되자 피고 박이채는 2020. 10. 4. 서울중앙지방법원 등기국에서 위 판결문 정본을 등기관에게 등기원인을 증명하는 서류로서 제출하였고, 이에 따라 서준빌 101호에 관하여 피고 박이채 앞으로 서울중앙지방법원 등기국 2020. 10. 4. 접수 제72321호로 소유권이전등기가 마쳐졌습니다.

다) 피고 건물 소유권이전등기 원인무효

이는 부적법한 절차에 의하여 이루어진 등기로 이른바 '사취 판결'에 따라 마쳐진 소유권이전등기는 실체적 권리관계에 부합될 수 있는 다른 사정이 없는 한 원인무효로 말소되어야 하므로, 원고는 피고 박이채에게 서준빌 101호에 대한 소유권이전등기말소를 구하고자 합니다.

2) 피고 박이채의 예상되는 항변

가) 기판력

피고 박이채는 이 사건 소유권이전등기말소 청구는 확정된 선행 판결의 기판력에 반하고 피고 박이채가 재심을 청구하지 아니하는 한 허용될 수 없다고 주장합니다.

그런데, 종국 판결의 기판력은 판결의 형식적 확정을 전제로 하여 발생하는 것이므로 허위로 표시한 주소로 송달하여 상대방 아닌 다른 사람이 그 소송서류를 받아 자백간주의 형식으로 판결이 선고되고 다른 사람이 판결정본을 수령하였을 때에는 상대방은 아직도 판결정본을 받지 않은 상태에 있는 것으로서 위 사위판결은 확정판결이 아니어서 기판력이 없고, 확정판결이 아닌 한 재심의 대상이 아니므로, 위 판결에 기하여 마쳐진 소유권이전등기는 말소되어야 합니다.

그렇다면, 위와 같은 선행 판결정본을 송달받은 사람은 원고가 아니라 피고 박이채이므로, 원고에 대한 항소기간이 아직 도과하지 아니하여 위 판결은 확정되지 아니하였는바, 선행 판결은 기판력이 없고, 재심의 대상이 되지도 아니합니다.

따라서, 피고 박이채의 항변은 이유가 없습니다.

나. 피고 이을수에 대한 청구

1) 근저당권 설정등기 말소청구

가) 원고 건물 소유

상술한 바와 같이 원고는 서준빌 101호의 소유자입니다.

나) 피고 건물에 대한 근저당권 설정등기 경료

서준빌 101호에 관하여 2022. 9. 1. 피고 이을수 앞으로 서울중앙지방법원 등기국 2022. 9. 1. 접수 제61611호로 근저당권설정등기가 마쳐졌습니다.

다) 근저당권설정등기원인 무효

그런데, 이는 원인무효의 소유권이전등기에 터잡아 이루어진 것으로 피고 이을수의 근저당권설정등기 역시 무효입니다.

2) 피고 이을수의 예상되는 항변

가) 등기의 공신력

피고 이을수는 자신은 피고 박이채 앞으로의 소유권이전등기를 믿고 거래하여 선의이므로, 원고는 자신을 상대로 원인무효를 주장할 수 없다고 주장합니다.

그런데, 우리나라는 부동산등기의 공신력을 인정하지 않고 있으므로, 피고 박이채 명의의 등기가 무효인 이상 그에 터잡은 피고 이을수 명의의 등기는 피고 이을수가 선의인지 여부와 무관하게 역시 무효입니다.

따라서, 피고 이을수의 항변은 타당하지 않습니다.

나) 선의의 제3자

피고 이을수는 피고 박이채가 판결 편취를 이유로 사기죄로 처벌받았으므로, 자신은 민법 제110조에서 정한 선의의 제3자로서 원고가 자신을 상대로 원인무효를 주장할 수 없다고 주장합니다.

그런데, 원고는 이 사건 토지의 소유자로서 피고 박이채와 아무런 매매계약 등 등기원인이 존재하지 않음에도 피고 박이채 앞으로의 소유권이전등기가 원인무효의 등기임을 이유로 이 사건 청구를 하는 것이지, 피고 박이채와의 매매계약을 취소한다고 주장하면서 그 말소를 구하는 것이 아니므로, 민법 제110조 제3항에서 정한 선의의 제3자와 관련된 규정이 적용되지 않습니다.

따라서, 피고 이을수의 항변은 타당하지 않습니다.

다. 소결

이에, 원고에게 피고 박이채는 위 소유권이전등기의 말소등기절차를, 피고 이을수는 위 근저당권설정등기의 말소등기절차를 각 이행할 의무가 있습니다.

5. 결어

이상과 같은 이유로 원고는 청구취지와 같은 판결을 구합니다.

2024. 8. 8.

원고 소송대리인
변호사 김이승

서울중앙지방법원 귀중

지은이 **이관형** 변호사(辯護士), 법학박사(法學博士) 지은이 **송재광** 변호사(辯護士)

[학 력]
- 인천 세일고 졸업
- 성균관대 법학과 졸업
- 경북대 법학전문대학원 졸업
- 성균관대 일반대학원 법학과 졸업(Ph. D - 조세법)

[학 력]
- 대구고등학교
- 서울대학교 국사학과(학사),
- 서울대학교 법학전문대학원 졸업(석사)
- 13회 변호사시험 합격

[경 력]
- 제7회 변호사시험 합격, 법무법인 세지원 구성원 변호사
- 베리타스 법학원 민사법 전임강사
- 강남대학교 정경학부 세무학과 겸임교수(兼任敎授)
- 한국조세법학회 우수 박사학위 논문상 수상
- 대법원 국선변호인
- 인천광역시 환경분쟁조정위원
- 인천광역시 부평구청 법률고문·재건축분쟁조정위원·행정자치위원·의정비심의위원

[저 술]
- COMPACT 변시 2024년 6모 민사법(선택사례기록형) 해설(학연, 2024)

[저 술]
- 학위논문 "상속형 신탁 활성화를 위한 상속·증여 세제 개선방안에 관한 연구" - 지도교수 이전오
- 학술논문 "상속형 신탁과 유류분의 관계", 「법학논고」 제79권, 2022. 10. - 윤진수 교수님 著 친족상속법 강의 제5판 참고문헌 기재
- COMPACT 변시기출 연도별 민사법사례연습(학연, 2023)
- COMPACT 변시모의 연도별 민사법사례연습(학연, 2023)
- COMPACT 변시 진도별 환경법사례연습(학연, 2023)
- COMPACT 변시 청구별 민사기록연습(학연, 2023)
- 한 눈에 보는 COMPACT 민사집행법(학연, 2023)
- 한 눈에 보는 COMPACT 어음수표법(학연, 2023)
- 한 눈에 보는 COMPACT 친족상속(학연, 2023)
- COMPACT 변시 진도별 민법사례연습(학연, 2024)
- COMPACT 변시 진도별 민사소송법사례연습(학연, 2024)
- COMPACT 변시 진도별 상법사례연습(학연, 2024)
- COMPACT 변시 진도별 민법선택연습(기출편)(학연, 2024)
- COMPACT 변시 진도별 민법선택연습(모의편)(학연, 2024)
- COMPACT 변시 진도별 민사소송법선택연습(기출편)(학연, 2024)
- COMPACT 변시 진도별 민사소송법선택연습(모의편)(학연, 2024)
- COMPACT 변시 민법의 感(판례편)(학연, 2024)
- COMPACT 변시 민법의 感(이론편)(학연, 2024)
- COMPACT 변시 민사소송법의 感(이론편/판례편)(학연, 2024)
- COMPACT 변시 환경법의 感(이론과 사례)(학연, 2024)
- COMPACT 변시 진도별 상법선택연습(기출편)(학연, 2024)
- COMPACT 변시 진도별 상법선택연습(모의편)(학연, 2024)
- COMPACT 변시 2024년 6모 민사법(선택사례기록형) 해설(학연, 2024)

COMPACT 변시 2024년 8모 민사법(선택·사례·기록형) 해설

발 행 일 : 2024년 10월 28일
저　　자 : 이 관 형, 송 재 광
발 행 인 : 이 인 규
발 행 처 : 도서출판 (주)학연
주　　소 : 충청북도 진천군 백곡면 명암길 341
출판등록 : 2012.02.06. 제445-2510020120000013호
www.baracademy.co.kr / e-mail:baracademy@naver.com / Fax : 02-6008-1800

저자와 협의하여 인지를 생략함

정가 : 18,000 원　　　　ISBN : 979-11-94323-01-3(93360)

* 파본은 구입하신 서점에서 바꿔드립니다
* 본 서는 저작권법에 의하여 보호를 받는 저작물이므로 무단 전재와 복제를 금합니다.